Peter Schütz,
Siegrid Schneider-Sommer,
Brigitte Gross, Helmut Jelem,
Yvonne Brandstetter-Halberstadt

Theorie und Praxis der Neuro-Linguistischen Psychotherapie (NLPt)

Das wissenschaftliche Fundament für die Europa-Anerkennung von NLPt

Mit Geleitworten von Gunther Schmidt, Harry Merl, Stephen Gilligan & John Grinder

Junfermann Verlag • Paderborn
2001

Cartoons: Michael Wittmann, Wien

Satz: La Corde Noire – Peter Marwitz, Kiel

Die Deutsche Bibliothek – CIP-Einheitsaufnahme
Schütz, Peter:
Theorie und Praxis der Neuro-Linguistischen Psychotherapie (NLPt): Das wissenschaftliche Fundament für die Europa-Anerkennung von NLPt / Peter Schütz; Siegried Schneider-Sommer; Brigitte Gross; Helmut Jelem; Yvonne Brandstetter-Halberstadt. – Paderborn: Junfermann, 2001.
ISBN 3-87387-475-X

ISBN 3-87387-475-X

Inhalt

Worte zum Geleit

Wenn man die Situation im Feld der Psychotherapie vor ca. 25 Jahren mit der heute vergleicht, zeigt sich ein dramatischer Wandel. Die traditionell wie naturwüchsige Wahrheiten gehandelten Annahmen, dass psychische oder psychosomatische Probleme linear-kausal auf pathologische Prozesse und Defizite/Inkompetenzen im individuellen Klienten zurückzuführen seien, waren zu quasi verpflichtenden Handlungsleitlinien geworden. Denn diese Annahmen versuchen ja nicht nur bestimmte Phänomene zu erklären, aus ihnen wird dann auch die Logik der Behandlung abgeleitet. Und diese zeigte zwingend, dass in aller Regel nur sehr lang dauernde und die sog. Vergangenheit aufarbeitende Maßnahmen sinnvoll und effektiv sein könnten. Dies drückte sich in Behandlungszahlen, z.B. im ambulanten Bereich von oft bis 300 Stunden und mehr aus, die eher als selbstverständlich galten. Und im stationären Bereich waren Aufenthalte von 6-9 Monaten durchaus keine Seltenheit, im Bereich der Therapie von Alkoholabhängigkeit z.B. galt als „eiserne Regel" ein Mindestaufenthalt von 6 Monaten, oft schon mit der Erwartung, dass nach einiger Zeit dann eine sog. „Festigungs-Kur" (von noch einmal mehreren Monaten) eher wahrscheinlich und auch fast selbstverständlich sein dürfte, wo doch die KlientInnen so mit schweren Defiziten behaftet erschienen. Sicher war dies gut gemeint, und den Strategen der jeweiligen Klinikverwaltungen war dies allemal recht, belegungstechnisch gesehen, zumal die Kostenträger klaglos zahlten.

Heute haben wir, was ich sehr begrüße, eine deutlich andere Situation. Mehr und mehr setzen sich Ansätze durch, welche die Aufrechterhaltung von Symptomen anders erklären und auch ein völlig anderes Interventionsverständnis zugrunde legen. Zusammenfassend könnte man sie bezeichnen als Ansätze mit Kompetenzprämissen, d.h. mit Grundannahmen, welche davon ausgehen, dass die sog. Störungen bei KlientInnen keineswegs ein Ausdruck grundlegender Defizite sind, welche als linear-kausale „Ursachen" wirken. Vielmehr sehen sie Klienten sehr wohl als grundsätzlich kompetente lebende Systeme, die sich autonom selbst organisieren und durch entsprechende Interventionen auch wieder (meist relativ schnell) wirksamen Zugang zu ihren Kompetenzen finden, die zwar auch bisher schon in ihrem Erfahrungsrepertoire gespeichert waren, aber aus den Lebensbereichen dissoziiert, in denen sie mit Symptomen reagierten.

Damit einher geht die von der modernen hirnphysiologischen Forschung gestützte Perspektive, dass jedes Erleben verstanden werden kann als Ergebnis komplexer Prozesse der Assoziationsbildung und der Fokussierung von Aufmerksamkeit, sowohl auf bewusster als auch auf unbewusster Ebene. Konsequent daraus abgeleitet geht man dann davon aus, dass der Zugang und die wirksame Aktivierung der hilfreichen Ressourcen und Kompetenzen durch systematische Strategien der Aufmerksamkeitsfokussierung erreicht wird, insbesondere a) durch Konzentration auf die Erlebnispotentiale, die schon jetzt erfolgreich abliefen und b) durch gezielte Unterschiedsbildungen in die problemstabilisierenden Muster hinein. Symptome bekommen so auch eine andere Bedeutung, sie werden eher gesehen als wertvolle Informationen über berechtigte Bedürfnisse. Und selbst die Dissoziationsprozesse, welche dazu beitrugen, dass die hilfreichen Kompetenzen nicht ausreichend genutzt wurden, können dabei verstanden werden als Kompetenz, z.B. als Ausdruck anerkennenswerter Loyalitätsleistungen im Dienste anderer.

Solche Grundannahmen haben sehr vielfältige Konsequenzen. Sie führen nicht nur dazu, dass man mit ihnen von der Möglichkeit viel kürzerer Behandlungszeiten ausgeht. Auch der Fokus, der jeweils in der therapeutischen Kooperation gebildet wird, gestaltet sich anders. Statt einseitiger Orientierung auf die vermeintlich so entscheidenden Defiziterfahrungen in der Vergangenheit mit dem Versuch, das Problem und seine „Ursachen" zu verstehen (und der Annahme, erst dann könne hilfreiche Änderung geschehen), wird es nun entscheidend, eher die gewünschten Erlebnisprozesse und Beziehungsgestaltungen in der Zukunft und die Episoden der Vergangenheit zu „verstehen" (oder besser vielleicht: zu rekonstruieren), welche die dafür nötigen Ressourcen ja schon enthalten.

Und sie führen auch quasi automatisch zu einem anderen Verständnis der Beziehung zwischen TherapeutInnen und KlientInnen, nämlich dem einer völlig gleichrangigen Begegnung kompetenter KooperationspartnerInnen. So entsteht eine sehr kongruente Begegnung mit wechselseitiger Würdigung, die der Einzigartigkeit der KlientInnen (aber auch der TherapeutInnen) stimmigen Ausdruck verleiht. Dabei wird besonders zentral der achtungsvolle Umgang mit den autonomen Zieldefinitionen der KlientInnen selbst.

Dies ist im Feld der Psychotherapie bis heute keineswegs selbstverständlich. Noch immer drückt sich der Mainstream der Haltung KlientInnen gegenüber eher noch dadurch aus, dass diese ja, da eben gestört, letztlich noch gar nicht wissen können, was sie brauchen. Noch heute prangt unübersehbar groß in einer sehr bekannten psychosomatischen Klinik in Deutschland, für die ich lange als Supervisor tätig war, der Spruch, der dies nur in prägnanter Form auf den Punkt bringt: „Hier bekommst du nicht, was du willst, sondern was du brauchst". Und was ein Klient braucht, kann mit solchen Definitionen ja nun schon gar nicht etwa das sein, was er will; und was er braucht, kann er dann auch nicht selbst definieren, das bleibt dann schon den Experten, also uns Psychotherapeuten, überlassen. So wird aber suggestiv die Kompetenz für ein Gelingen auf die Experten hinüberdefiniert und damit eine Wirklichkeit konstruiert, die man ja gerade auflösen will.

Im Bereich der Kostenträger und Versorgungssysteme haben allerdings solche Konzepte (jedenfalls in Deutschland) bisher noch quasi ein Monopol, kompetenzorientierte Modelle haben so gut wie gar nicht Berücksichtigung gefunden. Ich kann dies quasi täglich in meiner Rolle als Leiter einer Klinikabteilung, in der wir konsequent mit hypno-systemischer Kompetenzorientierung arbeiten, mit oft erheblicher Frustration erleben. Denn obwohl wir sogar durch Evaluationsstudien die hohe Effektivität dieser Arbeit bei niedrigeren Kosten als mit herkömmlichen Verfahren gut belegen können und die Zufriedenheit der KlientInnen sehr hoch ist (und diese dies auch den Kassen mitteilen), zögern die Kassen oft zunächst mit Kostenzusagen, während sie ohne Weiteres Belegungen in pathologieorientierten Kliniken mit höheren Sätzen und längerer Verweildauer bewilligen. Da kann man, aus der Perspektive von PsychotherapeutInnen aus gesehen, eher neidvoll nach Österreich blicken und den altbekannten Spruch „tu, felix Austria..." in abgewandelter Form wiederbeleben. Das österreichische Psychotherapiegesetz, so stellt es sich mir dar, lässt offenbar wesentlich mehr Anerkennung und Fairness in der Berücksichtigung diverser Psychotherapiekonzepte zu, als es bisher in Deutschland möglich ist.

Häufig werden in den letzten Jahren die Ansätze, die sich an solchen Prämissen orientieren, mehr und mehr als „lösungs- und kompetenzorientierte Ansätze" bezeichnet. So griffig (und komplexitätsreduzierend) solche Bezeichnungen auch sind, sie nivellieren doch auch wichtige Unterschiede zwischen einzelnen Konzepten. Wie schon gesagt nimmt ihr Einfluss in der tatsächlichen Praxis der Psychotherapeuten stetig zu (nicht in dem, was offiziell z.B. den Kassen gegenüber deklariert wird). Die Grundlagen dieser kompetenzorientierten Entwicklung lassen sich weitgehend auf einige Pioniere zurückführen, wie z.B. auf Virginia Satir, aber auch auf Fritz Perls und nicht zuletzt Viktor Frankl, vor allem aber auf die genialen Konzepte von Milton H. Erickson. Erickson gilt als der wichtigste Weiterentwickler der klinischen Hypnose und als der originellste, kreativste und effektivste Schöpfer neuer Modelle der Psychotherapie im 20. Jahrhundert. Die gesamte Entwicklung der strategischen Kurzzeitpsychotherapiemodelle, der wichtigsten Familientherapieschulen, der systemischen Therapie, der lösungsorientierten Therapieansätze und auch die des NLP bauen direkt oder indirekt auf seinem Werk auf. Er wird als genialer Meister der Beobachtung und Nutzung bewusster und vor allem unbewusster Signale menschlicher Kommunikation angesehen. Ebenso ist unumstritten, dass er diese Beobachtungen wie kein Zweiter in wertschätzenden Aufbau einer tragfähigen Interaktion und Kooperation mit den KlientInnen umzusetzen verstand. So verwundert es nicht, dass seine praktischen Methoden und theoretischen Überlegungen auch immer häufiger als wichtige Anregungsquellen in nicht-therapeutischen Arbeitsbereichen, z.B. in Kommunikationstrainings, im Bereich der Organisationsentwicklung, im Bereich schulischer Kommunikation etc. verstanden und herangezogen werden.

Das so stark gewachsene Interesse drückt sich auch in einer inzwischen enormen Vielfalt von Publikationen zum Erickson'schen Ansatz aus, die sich um seine eigenen Veröffentlichungen (über 2000 Seiten an Büchern und Artikeln zu Fragen der Theorie, Forschung und Praxis von Hypnose, Hypnotherapie und Psychotherapie allgemein) quasi herumranken.

Einerseits bietet dieses Angebot für alle, die sich mit Ericksons Denk- und Arbeitskonzepten vertraut machen wollen, große Informationschancen. Andererseits führt es bei vielen InteressentInnen zunächst manchmal zu Verwirrung und Verunsicherung. Dies weiß ich durch viele Rückmeldungen und „Hilferufe" von TeilnehmerInnen an Weiterbildungsangeboten im Bereich der Hypnotherapie und der systemischen Therapie, die ich als Ausbilder der Milton-Erickson-Gesellschaft, der Internat. Gesellschaft für systemische Therapie und im Bereich der Organisationsberatung durchführe. Das hat schon damit zu tun, dass er der Ansicht war, man solle lieber keine konsistent ausformulierte Theorie der Psychotherapie formulieren, da sie dazu einladen könnte, die komplexen Interaktionsprozesse zwischen Menschen verdinglicht erscheinen zu lassen. Er forderte von sich und anderen, dass praktisch für jede Therapiestunde das für die betreffenden Menschen passende Angebot neu entwickelt werden sollte, da jeder Mensch für ihn ganz einzigartig war und deshalb auch die jeweiligen Angebote ganz einzigartig und auf ihn/sie passgenau zugeschnitten sein sollten. So können aus dieser Sicht die Autonomie und die eigenen Weltsichten und Wertsysteme der KlientInnen optimal gewürdigt werden. Aus Ericksons Sicht aber ist es die Aufgabe von TherapeutInnen, sich auf die Weltmodelle der KlientInnen einzustellen, nicht umgekehrt. Dies war sehr gut gemeint, aber macht es vielen InteressentInnen auch sehr schwer, diese so wertvollen Ansätze fundiert und praktisch umsetzbar zu lernen.

Würden uns nur seine Ansätze zur Verfügung stehen, bin ich davon überzeugt, dass sich die kompetenzorientierten Modelle nicht annähernd so schnell und vielfältig verbreitet hätten. Ich halte es für einen sehr großen Verdienst gerade der Ansätze des NLP und mit ihm zusammenhängender Konzepte, diese wertvollen Modelle so gut lern- und lehrbar gemacht zu haben. So ist es keine Überraschung, dass sich die NLP-Modelle nicht nur in der Psychotherapie, sondern auch in vielen anderen Bereichen, wie der Pädagogik, der Organisationsberatung und vieler Selbsthilfeprogramme, in höchst hilfreicher Weise verbreitet haben.

Sie bieten ausgezeichnete, gut strukturierte Konzepte, welche die enorme Komplexität psychischer und interaktioneller Prozesse in überschaubarer Weise effektiv beschreibbar machen. So kann dann oft verblüffend schnell der passende Zugang für die einzigartigen Organisationsmuster der jeweiligen KlientInnen gefunden werden. Auch dies trägt wieder sehr wirksam dazu bei, dass leidvolles Erleben von Menschen, die sich lange nur als ausgeliefertes Opfer erleben mussten, schnell verwandelt werden kann in Erfahrungen, dass man selbst wieder erfolgreich Gewünschtes gestalten kann. Und respektvoller Umgang mit der Autonomie gleichrangiger Begegnungspartner wird so sehr viel mehr gewährleistet.

In den Anfangsjahren der NLP-Entwicklung hatte ich oft den Eindruck, dass sie vielfach Erwartungen auslösten, dass man mit NLP-Techniken praktisch alle Probleme schnell und sozusagen strategisch-pfiffig lösen könnte und dabei auch noch so geschickt kommunizieren könnte, dass man praktisch jedes Gegenüber zu dem bringen könnte, was man selbst kommunikativ vermitteln will. Oft genug habe ich auch in Seminaren, die ich leitete, solche Erwartungen an mich gehört und auch (z.B. für Verkäufertrainings) entsprechende Aufträge angeboten bekommen. Als jemand, der von Milton Erickson und seiner unglaublich kongruenten Wertschätzung Menschen gegenüber noch persönlich lernen und profitieren durfte, war es für mich immer klar, solche Aufträge abzulehnen.

Außerdem rezeptierten viele InteressentInnen nach meinem Eindruck NLP mit der Haltung, dass man mit ihnen endlich gezielt mit dem bewussten Denken die vieldeutigen und so schnell fluktuierenden unbewussten Prozesse programmieren und kontrollieren könne. Damit aber würde implizit wieder (wenn auch ungewollt) eine neue Art einseitigen Dominanz- und Gewaltstreben entstehen.

Aber mit den in diesem Buch vertretenen Ansätzen, so mein Eindruck nach seiner Lektüre, wird eine deutlich andere Haltung unterstützt, nämlich die eines großen Respekts vor der autonomen Weisheit unbewusster Prozesse, so dass nicht Programmierung und Kontrolle, sondern achtungsvolle Kooperation zwischen kognitiven und intuitiven Prozessen zur Leitlinie werden. Dies halte ich für sehr hilfreich – ich glaube, dass dieses Buch zu einem guten Beitrag zu solch achtungsvoller Haltung werden kann. Und weiter ist den AutorInnen zu danken dafür, dass sie das Spektrum der ursprünglichen NLP-Ansätze wesentlich bereichert und erweitert haben, z.B. um die systemischen, kontext- und beziehungsorientierten Konzepte, welche erst ermöglichen, die anerkennenswerte Kompetenz kongruent plausibel zu machen, die in Symptomgestaltungen als Ausdruck von Loyalitätsleistungen implizit enthalten sind. Für mich drückt sich diese offene und der Menschenwürde zugeeignete Haltung sogar darin aus, dass sie von Neurolinguistischer Psychotherapie sprechen und den missverständlichen Begriff der „Programmierung“ damit wieder eher dahin verwiesen haben, wo er hingehört, nämlich in den Bereich der (wie Heinz von Foerster so prägnant gesagt hat) „trivialen Maschinen“, in die Welt der leblosen Systeme. Der nicht berechenbaren, letztlich zu Demut, Ehrfurcht und Staunen anregenden Welt lebender Systeme wie z.B. Menschen werden sie damit viel gerechter. Ich kann mir gut vorstellen, dass dieses Buch (wenn dies zumindest in Deutschland auch noch eine Weile dauern dürfte) ein sehr hilfreicher Beitrag dazu wird, dass sogar im Bereich der Versorgungsinstitutionen der Psychotherapie die kompetenzorientierten Konzepte, für die es steht, erfolgreich Einfluss gewinnen. Ich wünsche ihm, schon deshalb, den verdienten Erfolg.

Dr. med. Dipl. rer. pol. Gunther Schmidt
Milton-Erickson-Institut Heidelberg,
Leit. Arzt der Abt. Systemisch-
hypnotherap. Psychosomatik,
Fachklinik am Hardberg,
69483 Waldmichelbach-Siedelsbrunn

*****

Als Bandler und Grinder an V. Satir und M. Erickson zu untersuchen begannen, was die Essenz effektiver Therapie sei, konnte noch niemand annehmen, dass sich daraus eine höchst effektive Methode entwickeln würde, wie Menschen ihre Einstellungen und Verhaltensweisen zum Positiven verändern können. Bandler und Grinder nannten sie Neuro-Linguistisches Programmieren – NLP –, weil sie erkannten, wie bestimmte verbale und nonverbale Kommunikation besonders wirksam war, in Menschen Veränderungsprozesse anzustoßen. Dabei war der Schwerpunkt zunächst auf der Entdeckung der Grundsätze, nach denen diese Veränderung eingeleitet werden konnte, weniger auf der Qualität der Beziehung, die diese Grundsätze letztlich wirksam machten. Und es ging um Therapie.

Seit den Anfängen hat NLP sich stark weiterentwickelt, leider auch in Richtungen, die, wie ich selbst „erleiden“ musste, nicht mehr viel damit zu tun hatten, leidenden Menschen zu helfen. Diese Abweichungen gingen oft ins Lächerliche und manchmal geradezu ins Absurde und vermittelten einen völlig falschen Eindruck von dem, was hätte vermittelt werden sollen. (Ich erinnere mich an die „gläubige Gemeinde“ meiner Seminare, die das alles als NLP verstanden.) Sie dienten eher dazu, dem/den Trainer(n) zu bestätigen, wie gut die Methode war und vor allem, wie gut er sie beherrschte. Natürlich weckte, und tut es noch immer, NLP auch Hoffnung auf schnelle Veränderung und vor allem auf die Möglichkeit, Menschen in bestimmte Richtungen scheinbar mühelos zu manipulieren, wie dies etwa jetzt eine politische Partei, nach NLP Trainings ihrer Führer und Funktionäre versucht, aber auch in Trainings, in denen Methode vor Beziehung geht. Hier ist die Gefahr, dass NLP als seelenlos in Misskredit kommt. Dabei ist natürlich zu bedenken, dass einerseits der Trainer im Training seine

Qualifikation beweisen muss, was sich dann daran zeigt, wie viel Herz und Verständnis seinerseits **auch** mit im Spiel ist, andererseits er entscheiden muss, wen er trainiert und welche Erwartungen er erfüllen sollte. Natürlich hat er letztlich keinen Einfluss darauf, was die Trainierten dann damit anfangen.

So ist gerade die scheinbare Leichtigkeit in der Anwendung der Methode gleichzeitig auch die Herausforderung, ihre wissenschaftliche Basis und ethische Seriösität zu beweisen. Das vorliegende Buch versucht das in gründlicher Weise. Nicht zuletzt durch Präsentation einer Ausbildungsordnung, die sich seriös nennen darf.

Univ. Doz. Prim. Dr. Harry Merl
Langjähriger Leiter des Instituts für Psychotherapie
an der Oberösterreichischen Landes-Nervenklinik
Dozent für Psychotherapie und Familientherapie an der Uni Graz
Lehrbeauftragter am Institut für Psychologie an der Uni Salzburg
Dr. Harry Merl gilt als der Vater der Familientherapie in Österreich
Er ist Entwickler des „Gesundheitsbild-Modells", einer speziellen Anwendungsform
der NLPt und der Systemischen Familientherapie

*****

Während ich 1974 in den ersten Semestern an der Universität Santa Cruz studierte, traf ich John Grinder und Richard Bandler, die Begründer des NLP. Etwa zur gleichen Zeit begegnete ich auch Gregory Bateson und Milton Erickson. Die nächsten Jahre meines Lebens waren ein Wirbelsturm von Veränderung, Meta-Veränderung und spektakulären Entwicklungen. Alte Ideen wurden überprüft, neue Möglichkeiten geboren. Obwohl ich mich 1977 aus der NLP-Szene fortbewegte, um viel intensiver ein Schüler von Milton Erickson zu werden, verdanke ich vieles meiner späteren Entwicklungen diesen frühen Tagen des NLP.

Alle Bewegungen erleben notwendige Veränderungen. So müssen z.B. die Leidenschaften des Pionierstadiums in der Folge erweitert werden, um in eine Überprüfung und Detaillierung eines gegebenen Systems einpassen zu können. Konvergierende Ansätze sind hilfreich, inklusive der wissenschaftlichen Forschung. Während uns Wissenschaft nicht alles erklären kann, kann sie doch deutlich darauf hinweisen, ob deine spezifischen Behauptungen Glaubwürdigkeit und Gültigkeit haben. Der Mangel an Forschung und Wissenschaftlichkeit im NLP hat, so glaube ich, dessen Akzeptanz als glaubwürdiger Ansatz unter vielen Klinikern geschadet.

Ich bin daher sehr begeistert, diese Publikation von Peter Schütz und seinen KollegInnen vorzufinden. Sie stellt in sehr hilfreicher Weise NLP-Studien aus der ganzen Welt zusammen, die NLP betreffen. Sowohl Therapieergebnisstudien werden dargestellt, als auch Forschung über die grundlegenden Basisannahmen, wie Sinnesprädikate und Augenzugangshinweismuster. Gleichermaßen wichtig, werden die Wurzeln des NLP in der historischen Tradition der Psychologie dargestellt und gefestigt, um dadurch eine größere Anerkennung und Relevanz für den klinischen Bereich zu erhalten.

Ich gratuliere den Autoren für ihre exzellente Leistung und hoffe, dass dieses Buch es für andere Leser gleichermaßen hilfreich ist, wie es für mich war.

Stephen Gilligan, Ph.D.
Autor und Psychologe
Encinitas, CA
Juli 2001

*****

Ich anerkenne die Gründung der EANLPt und die Unterscheidung von NLPt und NLP als eine sinnvolle und intelligente Entwicklung. Unvermeidbar und überfällig. Für diese Unterscheidung und die harte Arbeit, die nach meinem Wissensstand dahintersteht, gratuliere ich Peter Schütz & Helmut Jelem. Die beiden repräsentieren eine Gruppe von entschlossenen Personen, die hart daran gearbeitet haben, NLPt als de facto anerkannte Form von effektiver, professioneller Veränderungsarbeit zu etablieren. Carmen Bostic St. Clair und ich waren geehrt, beim ersten deutschsprachigen Meeting dieser Gruppen 1996 im Cafe Landtmann dabei zu sein, wo es darum ging, Strategien für eine Anerkennung in der EU für NLPt zu entwickeln. Das ist sicherlich ein würdiges Ziel.

Die tatsächliche Positionierung von NLPt als lebendige und anerkannte Schule der Psychotherapie in der EU ist eine willkommene Entwicklung.

John Grinder
Co-Entwickler des Neurolinguistischen Programmierens

Vorwort und Danksagungen

NLP hat im Laufe der letzten 25 Jahre, vor dem Hintergrund einer fast hundertjährigen theoretischen Entwicklung der kognitiven Wissenschaften, eine größere Anzahl therapeutisch wirksamer Interventionsmuster entwickelt und innerhalb des integrativen Verständnisses zusammengetragen. Daraus hat sich, getragen durch viele Vertreter, neben einer eigenen Pädagogik auch eine eigenständige psychotherapeutische Richtung, die Neuro-Linguistische Psychotherapie (NLPt), entwickelt.

Das vorliegende Buch basiert im Wesentlichen auf den Inhalten der Antragstellung des Österreichischen Trainingszentrums für NLP (ÖTZ-NLP) als Ausbildungsträger auf Anerkennung der NLPt als psychotherapeutischer Methode gemäß § 7 PthG.

Die theoretischen Grundlagen der NLPt reichen weit zurück. Faktisch ist es so, dass es sich bei der NLPt um eine inzwischen gut tradierte und europaweit ausgeübte, etablierte Psychotherapiemethode handelt. In der Europäischen Gesellschaft für Psychotherapie (EAP), die von wesentlichen österreichischen Psychotherapieausbildnern gegründet wurde, ist die NLPt über die EWAO-Mitgliedschaft der EANLPt als Psychotherapiemethode für das European Certificate for Psychotherapy (ECP) voll anerkannt. Aus kulturellen, juristischen und historischen Gründen wird je nach Region der Begriff NLP auch oft synonym mit NLPt verwendet.

Dieses Buch ist auf mehreren Ebenen eine Gemeinschaftsarbeit. Zunächst ist es eine Gemeinschaftsarbeit der fünf Herausgeber, darüber hinaus aber auch eine „Multi-Mind“-Produktion, so wie es einer modernen wissenschaftlichen Arbeit würdig ist. Unser Dank gilt zunächst allen Menschen, die uns begleitet haben mit Aufmunterung, Loyalität, Kritik und Freundschaft und die uns in unserer eigenen Ausbildung und später als Kollegen besonders und immer wieder direkt und indirekt geprägt haben: Gene Early, Robert Dilts, John Grinder, David Gaster †.

Ebenso, auch wenn wir sie nie direkt erleben konnten, gilt unser Dank Virginia Satir, Fritz Perls und – ganz besonders – Milton Erickson für das, was sie zur Entstehung unserer Disziplin beigetragen haben.

Danke auch Suitbert Hellinger für viele Anregungen, theorisch und praktisch, und für seinen Mut!

Viktor Fiala möchten wir danken für seine wertvollen Beiträge für die Entstehung einiger Textteile dieses Buches.

Humor gehört mit zu den wesentlichen Grundhaltungen jeder modernen psychotherapeutischen Arbeit. Michael Wittmann, Jurist im Gesundheitsministerium, hat mit seinen liebevoll-bösartigen Comics viel zu einer emotionellen Lesbarkeit des trocken-wissenschaftlichen Stils beigetragen. Danke!

Und im Sinne der doppelten Beschreibung haben wir einige in NLP-Kreisen bekannte humoristische Metaphern eingefügt. Dank dem Carl-Auer-Systeme Verlag für die freundliche Genehmigung des Abdrucks einiger Anregungen aus dem Buch von Bernhard Trenkle. Über Ergänzungen und Anregungen für die zweite Auflage freuen wir uns.

Steven Gilligan, Don und Susan Davies und Sid Jacobsen haben uns manche NLPt-Aspekte gezeigt, die bislang nur mündlich tradiert sind. Danke!

Danke auch an Wolfgang Lenk vom Milton Erickson Institut Berlin und ebenso Joanne Riou vom Zentrum für NLPt in Quebec für ihre Freundschaft und Ermunterung.

Ebenso danken wir der Forschungsdatenbank der DVNLP sowie der Forschungsarbeit von Richard Bolstad, Neu Zeeland.

Besonderen Dank für die vielen Inputs und das Aushalten unseres „Wir-sind-so-mit-dem-Buch-beschäftigt, sorry-wir-haben-so-wenig-Zeit, könnt-Ihr-uns-nicht-hiermal-etwas-helfen"-Syndroms durch das ÖTZ-Trainerteam: Karin Petrovic in Graz, Konrad Hepp in Linz, Birgit Trattler in Klagenfurt, Wolfgang Karber und Ihor Atamaniuk in Wien und Kodo Österreicher in Traiskirchen.

Und Dank auch den Lebenspartnern des Autorenteams für das Verständnis für die vielen Koordinationssitzungen, die Nächte am PC, die Telefonkonferenzen.

Gundl Kutschera und Thies Stahl sei gedankt für ihren Input in der deutschsprachigen NLP-Szene, auch wenn wir über das Konzept NLPt oft unterschiedlicher Meinung waren, in vielen anregenden Diskussionen über Weg und Ziel.

Dank auch den österreichischen etablierten Psychotherapeuten, die großherzig und weitsichtig genug waren, unsere Arbeit und NLPt nicht als Konkurrenz zu erleben, sondern als positive neue Entwicklung, und uns im Hintergrund immer unterstützt haben.

Besonderer Dank gilt Daniela Kammer, Bielefeld, deren wissenschaftliches Hintergrundwissen uns viel in diesem Buch ermöglicht hat.

Conny Christmann, und Ian McDermott (London), Bent Hansen, (Kopenhagen), Gyula Biro und Istvan Cserne (Budapest), Anne Wahlen Buri (Interlaken), Catherine Tamisier und Regis Lamotte (Avignon), Risto Piätileinen (Helsinki), Birgit Bader (Hamburg), Mirka Huflejt-Lukasik und Benedykt Peczro (Warschau) und Jasna Srdar (Zagreb) waren in den letzten Jahren tolle *sounding boards* für unsere Ideen. Danke!

Ein großer Dank den MitarbeiterInnen des Sekretariats im ÖTZ-NLP und Ingrid Senk vom Propädeutikum des ÖTZ-NLP für die vielen kleinen Recherchen und Unterstützungen.

Viel Freude beim Lesen!

Das Herausgeberteam
Wien, im Mai 2001

Vorwort der Autoren

An Sie, den/die Lesende, habe ich die Bitte, wenn der Inhalt dieses Buches aufs Erste als trockene Theorie erscheint, dass Sie den Forschergeist oder diese erfrischende kindliche Neugierde in sich wachrufen. Beides ist ja dankenswerterweise in uns allen vorhanden. Und so, wie es zum Beispiel Menschen gibt, die begeistert kochen und, wenn ihnen ein Gericht geschmeckt hat, sehr interessiert daran sind, aus welchen Zutaten es bestand und wie diese kombiniert wurden; oder wie der Autofan unbedingt wissen will, wie ein bestimmtes Modell gebaut ist und funktioniert, so glaube ich, dass jeder Mensch neugierig sein müsste, herauszufinden, weshalb und wie er so denkt, fühlt und handelt, wie er es eben tut. Und wie er das dann auch, wenn notwendig oder sinnvoll, ändern kann.

Über die Anwendung von NLP wurden zahlreiche Bücher veröffentlicht. Dieses nun soll Ihnen erstmals die Matrix des Angewandten im Kontext der Psychotherapie veranschaulichen. Da ich persönlich privat und beruflich durch meine NLP-Erfahrungen sehr viel gewonnen habe, war es mir ein Anliegen, diese Matrix mit meinen langjährigen Kollegen und Freunden Siegrid Schneider, Peter Schütz, Helmut Jelem genau zu erkunden und zu beschreiben. Für den therapeutisch Arbeitenden bzw. den beratenden Menschen halte ich dieses Hintergrundwissen für eine wichtige Voraussetzung.

Brigitte Gross

Bereits während meines Malerei-Studiums begann ich, mich für verschiedene therapeutische Ansätze – im Speziellen für Kunsttherapie und deren Anwendungen in der Psychosomatik – zu interessieren. Dies führte mich zum Studium der Psychologie, zur intensiven Eigentherapie in analytischen Therapiemethoden und solchen der humanistischen Psychologie sowie meiner ersten psychotherapeutischen Ausbildung in klientenzentrierter Psychotherapie.

Mit NLP kam ich das erste Mal in Amerika in Kontakt, wo ich dann auch mit meiner Ausbildung bei John Grinder und Robert Dilts begann. Ich fühlte mich sehr angezogen von dem ganzheitlichen, lösungsorientierten Ansatz des NLP mit seiner kybernetisch-systemischen, ökologischen Ausrichtung. Die darauf basierenden vielfältigen Interventionsformen, die alle Sinne einbeziehen, und die Arbeit mit unbewussten Prozessen und Trancezuständen begeisterten mich, da sie Menschen dazu verhelfen, eigene Lösungsvisionen zu entwerfen und sich auf tiefgreifende neue Erlebnisweisen einzulassen. Auch die verschiedenen Grundannahmen des NLP überzeugten mich, vor allem die Erkenntnis, dass jeder Mensch eine andere innere Landkarte hat. Dies vertieft meiner Erfahrung nach eine achtungs- und respektvolle innere Haltung gegenüber dem „Anders-Sein" anderer Menschen und kommt in einer raumgebenden und ermutigenden Beziehungsgestaltung zum Ausdruck. Neues Lernen – oft verbunden mit Freude und Leichtigkeit – kann angeregt werden. Die verschiedenen Verfahren können gelehrt und kreativ kombiniert oder neu gestaltet werden, so dass sie eigenständig im Alltag umgesetzt werden können.

Mir gefiel auch, dass die Arbeit mit Problemen und Symptomen in eine konstruktive Sichtweise eingebettet ist, die das Entdecken und Nutzen von kreativen Ressourcen, die das Erleben von Selbstliebe und Selbstachtung nähren und stärken, in den Vordergrund stellt. Erfahrungen von Akzeptanz und Präsenz, Bezogenheit und Zugehörigkeit werden auf diese Weise möglich.

Die Auseinandersetzung mit NLP bereicherte mich sowohl persönlich als auch in meiner therapeutischen Tätigkeit. Auch die Bereitschaft meiner KlientInnen, SupervisandInnen und GruppenteilnehmerInnen, sich auf tiefgehende, sowohl ernsthafte als auch heitere Prozesse einzulassen und dabei Neuland zu betreten und wesentliche Veränderungen zu erfahren, ließ mich die große Wirksamkeit des NLP als eines psychotherapeutischen Verfahrens mehr und mehr erleben. Dies und die Tatsache, dass die Vorbilder für die Entwicklung des NLP hervorragende Psychotherapeuten und innovative Denker waren, die ganz allgemein als Wegbereiter therapeutischen Arbeitens gelten, inspirierte mich, gemeinsam mit meinen Kolleginnen und Kollegen die theoretischen Hintergründe des NLP gründlicher zu erarbeiten. Dadurch eröffnet sich für mich ein viel umfassenderes Bild von NLP, das Raum für weiteres Erforschen lässt. In diesem Sinne hoffe ich, dass auch die LeserInnen dieses Buches zu bereichernden Entdeckungsreisen angeregt werden.

Siegrid Schneider-Sommer

Die Neuro-Linguistische Psychotherapie ist eine Entwicklung, die aus der konsequenten Anwendung des NLP auf das Spezialgebiet der Psychotherapie entstanden ist. Sie ist eine Therapiemethode jenseits der Showeffekte und der Wunder und auch abseits eines Bühnenstückes, das da heißt: „NLP macht dich glücklich, und alles ist möglich."

Das von Bandler und Grindler entworfene NLP stellte in den siebziger Jahren den Prozess psychischer Veränderungsprozesse radikal in Sache. Nicht zuletzt durch das

Modellieren sehr effizienter und erfahrener Therapeuten wurde der Anschein erweckt, als wäre Veränderung grundsätzlich nur eine Frage von Minuten oder eines Augenblicks. Hier wurde die Ausnahme zur Regel gemacht und als Qualitätskriterium postuliert. Therapeuten bräuchten demnach zwei Wartezimmer. Eines für die Frösche vor der Behandlung und eines für die Prinzen und Prinzessinnen nach der Behandlung, wahrscheinlich nebst einer Möglichkeit, daselbst mit Kreditkarte bezahlen zu können („Frogs into Princes"). Man hatte bewusst „übersehen", dass für therapeutische Veränderungen oder Lebensveränderungen im Allgemeinen ein Prozess notwendig ist, der Zeit braucht.

Die Neuro-Linguistische Psychotherapie (NLPt) beruht darauf, Prozesse und Entwicklungen gemeinsam mit Klienten anzuregen und zu ermöglichen, sofern dazu ein Auftrag besteht. Es wird auf eine genaue Rollendefinition zwischen Klienten und Therapeuten Wert gelegt. Die Techniken sind willkommene Instrumente, sozusagen Sprossen auf einer Leiter der Veränderung, die vielleicht über eine Mauer in einen anderen Garten des Lebens führt.

Psychotherapie wird ganz allgemein als co-kreativer Prozess, also als gemeinsames schöpferisches Tun aufgefasst. Es werden dabei Zukünfte erschlossen und Vergangenheiten in ihrer Wirkung auf Gegenwart und Zukunft modifiziert.

Wunder kann und soll es weiterhin geben; es ist nur wichtig zu wissen, dass sie *relativ selten* auftreten.

Das vorliegende Buch soll eine Anregung sein und enthält eine Sammlung von Elementen, die das Herzstück der NLPt ausmachen. Ebenso wichtig wie die Praxis und die Theorie einer Methode sind der Standard und die Ethik der Ausbildung. Im Buch wird daher Fragen des Curriculums ein entsprechender Platz eingeräumt. Es sollte durch die Begründung der Neuro-Linguistischen Psychotherapie eine Möglichkeit geschaffen werden, das berufliche Wissen und die berufliche Erfahrung als Psychotherapeut auch ohne Umwege über andere Methoden erwerben zu können.

Die Entstehung dieses Buches reflektiert die jahrelange Zusammenarbeit und den beruflichen Austausch mit meinen Kollegen Peter Schütz, Brigitte Gross und Siegrid Schneider–Sommer; noch wichtiger ist mir jedoch die ebenso lange Freundschaft, die uns verbindet, für die ich mich an dieser Stelle bedanke und der das Buch gewidmet sein soll. Auch dem Team des ÖTZ-NLP sei Dank für Unterstützung und Feedback.

Helmut Jelem

1983 besuchte ich in London, gemeinsam mit meinem Freund Helmut Jelem, mein erstes NLP-Seminar bei David Gaster. (Danke, Siegfried Essen, dass du mich 1982 bei Waldefrieds Professional Bioenergetik Workshops in Holzöster auf NLP hingewiesen hast!) Ich war – als ausgebildeter ÖAGG-Groupworker – mit viel Gestalt-, Bioenergetik- und Psychodrama-Ausbildung als Journalist, Trainer und Therapeut tätig, und ich war auf der Suche nach einem positiven, freundlich-effizienten und lösungsorientierten Konzept – nur hatte ich damals noch keine Worte dafür. Ich wusste nur tief innerlich, Psychotherapie muss auch noch besser gehen können, als ich es 1974–1982 gelernt hatte.

Damals in London war es Liebe auf den ersten Blick. Und es entstand die Vision, das alles wirklich zu lernen und das sehr amerikanisch geprägte NLP in den europäischen Psychotherapie- und Kulturhintergrund zu integrieren und seriös zu etablieren – eine Kultur, die mein Ururgroßonkel Sigmund Freud mitgestaltet hat. Die Vision scheint zur Realität zu werden. Ein Ausdruck davon ist dieses Buch.

Dank an Brigitte, Siegrid, Helmut und Yvonne ... Dank den vielen, vielen Freunden und Begleitern – Gerhard Schwarz, Ronny und Margret Scheer, Peter Heintel, Peter Bolen, Richard Picker, Barbara Erlacher-Farkas, Wolf Aull, Hellmuth Müller und dem AGT-Staff 1978–1986. Dank gleichermaßen all denen, die in unsere ÖTZ-NLP-Ausbildung gekommen sind und von denen wir lehrend lernen durften. Und meinen Eltern!

Dank auch denen, die uns von Beginn an in manchen Gremien bekämpft haben. Sie haben uns die beste Chance gegeben, Sir Winston Churchills Worte „Never, never give up" und „Never take no for an answer" in ihrer vollen Bedeutung zu verstehen und zu leben.

Und Dank an Sylvia und Ingrid für eure Unterstützung über viele Jahre.

Peter Schütz

Dem Autorenteam dieses Werkes darf ich ein persönliches Wort des Dankes sagen. Denn die Chance, als Researcher an dieser Arbeit beteiligt zu sein, bedeutet für mich eine zweifache Herausforderung.

Zum einen konnte hier auf theoretisch-wissenschaftlicher Ebene dokumentiert werden, dass es sich bei der NLPt um ein fundiertes Gedankengebäude handelt, das auf einem freundlich-ethischen Menschenbild gründet. Und zum anderen habe ich erkannt, dass meine fundierte wissenschaftliche Ausbildung zur klinischen Psychologin mir Wissen vermittelt hat, das ich mit Hilfe der profunden praktischen Ausbildung im ÖTZ-NLP in der Arbeit mit meinen Patienten unmittelbar ein- und umsetzen kann.

So freue ich mich auf eine weitere Zusammenarbeit bei Herausgabe von Band II dieses Werkes.

Yvonne Brandstetter-Halberstadt

Einleitung

Jede psychotherapeutische Methode basiert auf einem kommunikativen Vorgang und unverzichtbaren verbalen und nonverbalen Austauschprozessen, die über die Beeinflussung der psychischen Ebene (Erleben, Bewusstsein, emotionale und kognitive Prozesse etc.) zu einer konstruktiven Veränderung (Linderung) von Krankheitszuständen und Verhalten und zu einer Neuorganisation des Erlebens und Verhaltens führen (zit. n. den Richtlinien des Bundesministeriums für soziale Sicherheit und Generationen).

Neuro-Linguistische Psychotherapie (NLPt) ist eine systemisch imaginative Psychotherapiemethode mit integrativ-kognitivem Ansatz und sinnesspezifischer Ausrichtung. Im Zentrum der Neuro-Linguistischen Psychotherapie (NLPt) steht die ziel- und ressourcenorientierte Arbeit unter besonderer Berücksichtigung der Repräsentationssysteme, Lebensmetaphern und Beziehungsmatrizen der Person. Dabei wird dem verbalen und dem analogen Ausdruck sowie der Struktur der Informationsprozesse in der NLPt gleichermaßen viel Raum eingeräumt, um eine passende Integration in den Lebenszusammenhang der Person zu unterstützen.

Ziel der Methode ist es, Menschen beim Erreichen ökologisch verträglicher Ziele zu begleiten und zu unterstützen und die den Krankheitssymptomen subjektiv zugrunde liegenden guten Absichten durch Wertschätzung so zu positionieren, dass alte Fixierungen an inneres und äußeres unproduktives Verhalten und Einstellungen gelöst und neue, subjektiv und intersubjektiv gesunde Verhaltensweisen und Einstellungen entstehen können.

Das Neuro-Linguistische Programmieren (NLP) ist als Methode der Persönlichkeitsentwicklung und als Kommunikationstraining zwar sehr wohl in den Bereichen Pädagogik, Lebens- und Sozialberatung, Supervision, Coaching, Managementtraining, Sport- und Gesundheitspsychologie zu finden, hat aber seit Beginn der Methodenetablierung faktisch einen deutlich abgrenzbaren, theoretisch und methodisch ausgearbeiteten Kern- und Anwendungsbereich als Psychotherapie, welche sowohl im Langzeitbereich tief greifende Persönlichkeitsentwicklung ermöglicht als auch im Kurzzeitbereich wirksame Interventionen zu setzen vermag.

Lang- sowie Kurzzeittherapie finden in einem einzel-, paar- oder gruppentherapeutischen Setting statt. Im Rahmen des psychotherapeutischen Arbeitsvertrages, eines schützenden Raumes und der Schweigepflicht steht das Ziel der Erreichung von individuellen Gesundungszielen im Vordergrund.

Für den wissenschaftlichen Nachweis einer zusammenhängenden Theorie und einer sich daraus ergebenden Praxis (Konsistenz der philosophischen Grundannahmen, der theoretischen Vorstellungen und der praktischen Anwendung) steht die folgende erkenntnistheoretisch wissenschaftliche Präambel:

Im wissenschaftlichen Verständnis der NLPt ist grundsätzlich das Prinzip mehrfacher Beschreibungen und damit auch mehrfacher bzw. simultaner Theoriebildungen enthalten. Es wird davon ausgegangen, dass die Welt zu komplex ist, um mittels einer vereinfachenden (linearen) Logik begriffen werden zu können. Insofern hat NLPt einen integrativen Ansatz, als es theoretisch wie praktisch unterschiedliche, jeweils einen Ausschnitt beleuchtende Theoriemodelle integriert.

Das Prinzip der mehrfachen Beschreibung kann in Kürze so dargestellt werden:

- Jedes Beschreibungssystem operiert mit seinem eigenen Instrumentarium und seiner eigenen Terminologie.
- Jedes Set an Instrumenten und Termini induziert eine (in sich konsistente) Sicht der Objekte der Beschreibung sowie eine spezifische Selektion der zu beobachtenden Parameter.
- Eine Beschreibung innerhalb eines Systems ist tautologisch, respektive rekursiv/konstruktivistisch aus Axiomata formalwissenschaftlich generiert. Diese Axiome sind nicht innerhalb des Systems begründbar.
- Jedes System der erlebbaren Welt gehört mehreren anderen Systemen an; die Beschreibungen aus der Sicht all dieser Systeme sind gleichberechtigt und supplementär.

Anwendung (Beispiele):

Licht

Wird Licht als Welle beschrieben, können Beugungs-, Brechungs- und Bündelungsphänomene gut beschrieben werden. Um modellhaft Reflexion, Quantelung und Streuung zu beschreiben, ist jedoch die Sichtweise der Korpuskelbeschreibung erforderlich.

Elektromagnetismus

Schon in der Antike war Elektrostatik bekannt: Der am Wolltuch geriebene Bernstein (griechisch: elektron) zieht Staub und leichte Holundermarkstückchen an. Auch der Magnetismus war Gegenstand antiker und mittelalterlicher Naturbetrachtung. Doch erst die im 19. Jahrhundert entwickelte vereinheitlichende feldtheoretische Beschreibung des Elektromagnetismus ermöglichte die Nutzung der Elektrizität mit all ihren Folgen.

Umgang mit Gewalt

Die Jurisprudenz liefert ein Modell im Umgang mit Gewalt, das für das Gemeinwohl unverzichtbar ist. Der psychologische Ansatz, Gewaltphänomene verstehen zu wollen, kann für das Individuum heilsam sein. Beide Vorgehensweisen gemeinsam erlauben zielführende Maßnahmen in sozialer Rehabilitation und Prävention.

Textanalyse

Die Inhaltsangabe eines literarischen Werkes bedarf auch der Gehaltsangabe, um das Wesentliche zu übermitteln; beide sind in sich konsistente Wege, den Text zu beschreiben. Stilanalyse und linguistische Betrachtung eines Schriftstückes liefern in sich bündige und sich allein genügende Darstellungen, die einander supplementär zum tieferen Verstehen ergänzen können.

Teil I

Nachvollziehbarkeit der problemgeschichtlichen Entwicklung von Theorie und praktischer Anwendung der Schulentradition

Metatheoretische Vorüberlegungen

Psychotherapie bedeutet, Menschen mit Leidenszuständen mit ihrem Einverständnis zu begleiten, im Regelfall bei der Veränderung von einem Zustand minderer Zufriedenheit und minderen Glückserlebens zu Zuständen von mehr Ausgewogenheit und höherer Zufriedenheit sowie zu höherer Kompetenz im Umgang mit konflikthaften Strukturen und damit zur Basis glückhafterer Handlungen für sich selbst und die Umwelt – wobei das ständige Bemühtsein um ökologische Sinnhaftigkeit den Rahmen bildet.

Nun gibt es eine Fülle therapeutischer Schulen und eine noch größere Anzahl Interventionstechniken, die alle in der einen oder anderen Weise wirken, sich aber aus unterschiedlichen Theorien ableiten und sich zumindest in den theoretischen Paradigmen oft grundlegend widersprechen. Dennoch scheint jede Schule für sich mit Recht sagen zu können, dass ihre Interventionen auch von Erfolg getragen sind.

In der aktuellen Diskussion wird häufig die Meinung vertreten, dass das eigentlich Ausschlaggebende für geglückte therapeutische Interventionen primär die Beziehung ist, die zwischen Therapeut und Patient aufgebaut wird. Dem ist – als Fundamentierung – im Wesentlichen zuzustimmen, und um so mehr sind – darauf aufbauend – wirksam gesetzte Interventionen zur Erreichung des Therapieziels wesentlich von Bedeutung.

1. Geschichtliche Entwicklung der NLPt

Das Neurolinguistische Programmieren (NLP) wurde Anfang der siebziger Jahre in den USA von dem Psychologen Richard BANDLER und dem Linguistik-Professor John GRINDER begründet, und zwar zunächst als ein Modell für Modellbildung und wirkungsvolle Kommunikation. Daraus entwickelte sich eine eigene therapeutische Schule, die sich primär einem neurobiologischen, phänomenologisch-systemischen und metatheoretischen Ansatz verpflichtet fühlt. Sie griff dabei auf die psychotherapeutische Tradition der „General Semantics" – der Allgemeinen Bedeutungslehre von KORZYBSKI – zurück, die ihre Blüte zwischen 1933 und 1960 hatte, sowie die NLP-Modelle, die aus der Modellierarbeit von BANDLER und GRINDER, GILLIGAN und DILTS et al. entstanden.

Die berufsrechtlichen Regelungen hinsichtlich der Psychotherapie sind in USA und Europa sehr unterschiedlich. In den USA muss ein lizensierter Psychotherapeut zwar keine einzige Stunde Selbsterfahrung nachweisen, dafür aber einen Ph.D. (akademischer Grad, in Europa vergleichbar etwa zwischen Doktorat und Habilitation). In Europa reicht meist ein Hochschulabschluss in Medizin oder Psychologie, oft auch Humanwissenschaften, zusätzlich wird viel Eigentherapie und Selbsterfahrung verlangt. Aus diesen juristischen Gründen konnten BANDLER & GRINDER sich selbst nie als Psychotherapeuten bezeichnen und verwendeten daher den Begriff Kommunikation. Die meisten ihrer europäischen Schüler hingegen besaßen in ihren Heimatländern jeweils eine psychotherapeutische Berufsberechtigung.

BANDLER und GRINDER vereinigten ihre linguistischen und psychotherapeutischen Forschungsinteressen, um die kommunikativen Fähigkeiten und Verhaltensweisen von erfolgreichen Psychotherapeuten unterschiedlicher Schulen zu beobachten und sie auf grundlegende Denk- und Interaktionsmuster, Prozesse und Strukturen hin zu untersuchen. Ihre forschungsleitende Arbeitshypothese dabei war, dass der Erfolg einer Therapie weniger von der therapeutischen Richtung als vielmehr von der Person des Therapeuten abhängt. Es müssten somit erfolgreiche Therapeuten über besondere kommunikative Fähigkeiten und Verhaltensweisen verfügen, die in der jeweiligen psychotherapeutischen Schule zumeist nicht explizit gelehrt werden.

Diese exzellenten Fähigkeiten und Interventionsmöglichkeiten wurden demnach nur implizit weitergegeben.

Um dieses Implizit explizit und in kleinen Schritten lehrbar zu machen, wählten BANDLER und GRINDER als therapeutische „Vorbilder" einige der damals in den USA erfolgreichsten Psychotherapeuten aus:

- die Begründerin der system- und entwicklungsorientierten Familientherapie Virginia SATIR,
- den Begründer der Gestalttherapie Fritz PERLS,
- den Begründer der amerikanischen Hypnotherapie Milton H. ERICKSON,
- den ganzheitlich denkenden Philosophen und Universalgelehrten, Systemtheoretiker und -therapeuten Gregory BATESON.

Virginia SATIR, die Mitbegründerin des Mental Research Institute (MRI) in Palo Alto, Kalifornien, und langjährige Leiterin dortiger Ausbildungsprojekte, bot GRINDER, BANDLER und DILTS innerhalb der Palo-Alto-Gruppe – zu der auch Gregory BATESON, Paul WATZLAWICK u.a. gehörten – einen adäquaten geistigen Rahmen, innerhalb dessen sie ihre innovativen Ideen und Konzepte entwickeln konnten. BANDLER und GRINDER entlehnten viele Bausteine des NLP aus den Konzepten ihrer Vorbilder, wobei es ihnen um eine pragmatische Analyse und Synthese, Aufbereitung und Weiterentwicklung derselben ging.

Das Forschungsziel von BANDLER und GRINDER bezog sich auf das Herausarbeiten der bestimmenden Wirkmechanismen einer erfolgreichen Therapie und deren methodische Weiterentwicklung zu einem *lehr- und lernbaren System.*

Den subjektiven Entwicklungsprozess der *Modellbildung* (siehe S. 58) sowie auch ihre im Rahmen seiner Erforschung entwickelten Methoden und Interventionsformen nannten GRINDER und BANDLER, basierend auf den theoretischen Überlegungen Alfred KORZYBSKIs (1933), „Neuro-Linguistisches Programmieren".

NLP hat im Laufe der Jahre durch den Ansatz des Modelling (siehe S. 98f sowie DILTS, BANDLER, GRINDER 1980) eine größere Anzahl therapeutisch wirksamer Interventionsmuster herausgefiltert und innerhalb des integrativen Verständnisses zusammengetragen. Daraus hat sich, getragen durch viele Vertreter, neben einer eigenen Pädagogik auch eine eigenständige psychotherapeutische Richtung entwickelt.

Zwischen 1975 und 1978 veröffentlichten BANDLER und GRINDER ihre Forschungsergebnisse in fünf Büchern, beginnend mit The Structure of Magic, Vol I. NLP wurde von ihnen sowie auch von ihren Schülern – vor allem von Robert DILTS, Leslie CAMERON-BANDLER, Judith DeLOZIER, David GASTER, David GORDON, Connirae und Steve ANDREAS in den USA und in Europa z.B. von Gene EARLY kontinuierlich weiterentwickelt. In weiterer Folge begann sich eine Aufteilung in zwei Forschungsgruppen abzuzeichnen: das „Meta-Modell-Team" und das Erickson-Team (Steve Gilligan, Paul Carter, Steve Lankton, Jeff Zeig). Weitere Beiträge in den USA kamen und kommen von Tim HALLBOM, Suzie SMITH, Jonathan und Andrea RICE, Don und Susan DAVIS, Sid JACOBSEN.

In landesweiten Seminaren führten BANDLER und GRINDER die praktischen Anwendungsmöglichkeiten ihrer Forschungen vor. Sie sammelten einen Mitarbeiterstab um sich, dem Leslie CAMERON-BANDLER, Judith DeLOZIER, Robert DILTS und David GORDON sowie Connirae und Steve ANDREAS, später auch Tad JAMES und Wyatt WOODSMALL angehörten. In dieser Zeit entwickelte diese Gruppe mit Bezug auf „viele neuere Fortschritte in der Neurologie, der Psychophysiologie, der Linguistik, der Kybernetik, der Kommunikationstheorie und der Informationswissenschaft" (DILTS et al. 1980/1985) eine Reihe von überwiegend (psycho)therapeutischen Interventionsformen und Techniken sowie theoretischen Konzepten.

Zwischen 1978 und 1982 wurden von dieser Gruppe (psycho)therapeutisch relevante Arbeiten in sechs Büchern – teilweise in Form von Transkripten von Seminaren und Workshops – publiziert. Aus diesen Publikationen soll das 1980 erschienene Buch *NLP Vol. 1: The Study of the Structure of Subjective Experience* (deutsch: Strukturen subjektiver Erfahrung) von DILTS, GRINDER, BANDLER, CAMERON-BANDLER und DeLOZIER besonders hervorgehoben werden, da darin das bis dahin entwickelte NLP-Material auch theoretisch aufgearbeitet und zum „NLP-Strategiemodell" ausgebaut wird. „Das Strategiemodell beschreibt die einzelnen Elemente individueller kognitiver Strategien zur Erreichung von Verhaltenszielen als geordnete Abfolge sinnesspezifischer Einzelrepräsentationen mit der Perspektive, wenig effiziente Strategien durch individuell angepasste, effizientere zu ersetzen." (WEERTH 1992).

Seit Anfang der achtziger Jahre gehen die Protagonisten des NLP eigene Wege, die zu Erweiterungen und Akzentuierungen des NLP-Grundmodells geführt haben.

- DILTS' „Unified Field Theory" des NLP*;
- JAMES' und WOODSMALLs „Time Line"-Konzept;
- das „Zeitebenenmodell" von Steve und Connirae ANDREAS;
- GRINDERs und DeLOZIERs „Personal Editing";
- BANDLERs „Submodalitäten-Konzept";
- CAMERON-BANDLERs, GORDONs und LEBAUs „Emprint Method" und „Imperative Self Analysis".

* Die neueren theoretischen und praktischen Arbeiten von Robert DILTS sind wesentlich von den Forschungsergebnissen der Physik (z.B. der Quantentheorie und Relativitätstheorie von Albert EINSTEIN), der Biologie sowie den Systemwissenschaften (z.B. den Theorien der Selbstorganisation) und des Konstruktivismus beeinflusst.

In den achtziger Jahren haben im deutschsprachigen Europa Thies STAHL, Wolfgang EBERLING, Wolfgang LENK, Annegret HALLANZY, Gundl KUTSCHERA, Helga MEZGOLICH, Anne WAHLEN-BURI, Renate LIPKE-FISCHER, Brigitte GROSS, Siegrid SCHNEIDER-SOMMER, Helmut JELEM, Peter SCHÜTZ und Rupprecht WEERTH die NLP-Psychotherapiekonzepte weiterentwickelt und in eine für die europäische psychotherapeutische Denk- und Ausbildungstradition passende Form gebracht. In Belgien haben Alain MONAERT, in Holland Jaap und Anneke HOLLANDER interessante Beiträge geleistet, in Frankreich Josianne de St. PAUL, Catherine TAMISIER, Annie RAPP und Régis LAMOTTE. Seit Beginn der neunziger Jahre verbreitete sich NLP immer mehr. Es ist auch anzuerkennen, dass durch die sehr umstrittene Person von R. BANDLER NLP/NLPt in der Öffentlichkeit sehr unterschiedlich bewertet wurde, und es mehr und mehr zu einer Differenzierung von marktschreierischen NLP-Formen und seriös-wissenschaftlichen psychotherapeutischem NLP kam, begleitet von entsprechenden Spiegelungen in verschiedenen NLP-Verbänden und Zertifizierungen. (Siehe dazu im Anhang C: SCHÜTZ, P.: *Ein Konsumentenführer durch die Vielfalt von NLP-Kursen, -Diplomen und -Angeboten – eine professionell-europäische Perspektive.*)

Die Neuro-Linguistische Psychotherapie (NLPt) entwickelte sich im Rahmen der Entwicklung des gesamten NLP-Modells und integriert

1. das **ganzheitlich systemische Denken und Handeln** mit starker Berücksichtigung der Ökologie von Gregory BATESON;
2. die „**Unified Field Theory**" des NLP nach Robert DILTS;
3. den **Utilisations- und Kooperationsansatz** in der Hypnotherapie nach Milton ERICKSON;
4. die spezifische **Arbeit mit inneren Persönlichkeitsanteilen** nach Fritz PERLS;
5. den **entwicklungs- und gesundheitsorientierten Ansatz** der Familientherapie von Virginia SATIR (mit der wichtigen Interventionsform der **Familienrekonstruktion**).

Die österreichische Schule der NLPt entwickelte sich im Rahmen der internationalen NLP-Psychotherapieentwicklung zu einer eigenständigen systemisch-imaginativ orientierten Neuro-Linguistischen Psychotherapie (NLPt) mit integrativ-kognitivem Ansatz weiter und integriert in ihrer psychotherapeutischen Praxis und Ausbildung *zusätzlich* grundlegende Ansätze der Paar-, Familien- und Systemtherapie sowie der Systemwissenschaften (unter Einbeziehung des Konzeptes der Mehrgenerationenperspektive nach I. BOSZORMENYI-NAGY, B. HELLINGER und J. FRAMO) sowie die Weiterentwicklung davon.

2. Eigenständigkeit der psychotherapeutischen Methode

„Eine eigenständige Methode muss praktische Elemente und theoretische Perspektiven enthalten, die in einem Kontrast, nicht unbedingt in einem Gegensatz, zu anderen Schulen stehen oder eine theoretisch begründete und praktisch nachvollziehbare Weiterentwicklung oder auch Differenzierung einer bestehenden oder älteren Methode darstellen" (zit. n. den Richtlinien des Bundesministeriums für soziale Sicherheit und Generationen).

Exemplarische Darstellung von Beispielen für Ähnlichkeiten und Unterschiede zu anderen in Österreich vertretenen Methoden:
Unter der Perspektive der Unterschiede lässt sich im Vergleich zur **Psychoanalyse**, mit der uns die grundsätzliche Betonung der Wichtigkeit von Beziehung und der wesentlichen Kraft unbewusster Prozesse und der Psychodynamik verbindet, die konsequente und detaillierte Ziel- und Handlungsorientierung nennen, ebenso die Betonung der kreativen Ressourcen sowie die Konzeption der Teilemetaphorik, ohne primär inhaltlich symboldeutende Bindung sowie eine unterschiedliche Konzeption hinsichtlich des Umgangs mit Widerstand – methodisch und theoretisch. Auch ist die Herstellung des Kontaktes zu unbewusstem Material von unterschiedlicher Art.

Für tiefer liegenden Persönlichkeitsstörungen, bei denen auch der Stützungsaspekt relevant ist, gibt es in der NLPt den Ansatz der über ein bis mehrere Jahre gehenden psychotherapeutischen Begleitung. In der NLPt sind vielfach kürzere Interventionen üblich, mit bewusst längeren Intervallen zwischen den Sitzungen. Die verstärkungsorientierte Konzeption des Future-Pace – mentales und reales Probehandeln – bildet eine der speziellen Interventionsformen.

Ein weiterer Unterschied ist die Betonung analoger Darstellung und Externalisierung innerer Realitäten, sei es durch grafisches Darstellen der Wahrnehmungspositionen oder direkte Aufstellungen. Ein weiterer Unterschied besteht in der Verwendung NLP-spezifischer Imaginationstechniken.

Gleiches gilt auch für das Verhältnis zur **Gruppenpsychoanalyse** und anderen **tiefenpsychologischen Verfahren**.

Eine konzeptionelle Ähnlichkeit sei angemerkt zwischen dem Konzept der Ermutigung im Rahmen der tiefenpsychologischen Schule der **Individualpsychologie** nach Alfred ADLER und dem Ansatz der subjektiv guten Absicht der NLPt.

Hauptkontraste zur **dynamischen Gruppenpsychotherapie**, insbesondere in der Einzelarbeit, sind die stärkere Betonung analoger Parameter bei der Arbeit und die wesentlich stärkere Zielorientierung, die in der DG erst langsam, vertreten durch W. PECHTL (1994) und P. SCHÜTZ, Einzug findet.

Der Hauptunterschied zur **integrativen Gestalttherapie** traditioneller Prägung, mit der uns neben dem Phänomenologen VAIHINGER der Begründer Fritz PERLS und seine Arbeit verbindet, besteht in der differenzierteren Zielarbeit, der stärkeren Betonung der Repräsentationssysteme, der bewussten Arbeit mit Ankern, formalen Denkstrategien und Submodalitäten sowie einer stärkeren Betonung von assoziierten und dissoziierten Zuständen bei der Arbeit in erster, zweiter und dritter Position (Chairwork) bzw. bei Übergängen.

Gleiches gilt für die Unterschiede zum **Psychodrama**, wobei sowohl historisch als auch pragmatisch in der NLPt mehr die Einzel- und im Psychodrama mehr die Gruppenarbeit im Vordergrund steht. Darüber hinaus soll angemerkt werden, dass in der Gruppentherapieform der NLPt das Schwergewicht in der äußeren Darstellung der inneren Repräsentationen, der Loyalitätsorganisation und der für psychotherapeutische Unterstützung relevanten Umorientierung derselben liegt.

Ein Unterschied zur traditionellen **Verhaltenstherapie** bzw. den traditionell verwendeten **behavioristischen** Modellen, mit denen uns die gemeinsame Nähe zu kognitiven Ansätzen verbindet, die uns ebenfalls fasziniert, ist die bei der NLPt engere Indikationsstellung von Ankern (Setzen von Stimuli) und die integrative Arbeit mit Trancen und Metaphern. Einen weiteren Kontrast bildet die psychodynamische Orientierung in der NLPt-„Belief"-Arbeit.

Die Kontrastbereiche zum klassischen **Autogenen Training**, mit dem uns die Wertschätzung vieler Annahmen über Tranceprozesse verbindet, liegen primär darin, dass die NLPt nur im Ausnahmefall mit formelhaften Vorsatzbildungen arbeitet und den personen-individuenspezifischen Repräsentationssystemen sowie dem Finden spezifischer Eigenbilder sehr viel Raum lässt.

Den Kontrastbereich zu der **katathym-imaginativen Psychotherapie KIP** bildet die sehr viel stärkere Betonung inhaltsarmer Arbeit (z.B. 6-Step-Reframing, siehe S. 149f) im Gegensatz zur Symboldeutung und Symbolvorgabe und auch die stärkere zielorientierte Arbeit.

Im Unterschied zur klassischen **Hypnose**, mit der sich die NLPt aufgrund gemeinsamer Wurzeln in Milton ERICKSONs Arbeit verwandt fühlt, steht die Integration detaillierter repräsentionaler Denkstrategien und Mischphysiologien in die Arbeit und die stärkere Betonung der Loyalitätsorganisation des Menschen.

Der Kontrast zur klassischen **klientenzentrierten Gesprächspsychotherapie** nach Carl ROGERS, mit dem wir die unbedingte und geduldige Hinwendung zum Menschen teilen, ist ebenfalls durch stärkere Zielorientierung, die Verwendung gezielter Interventionen und anderer Sprachmodelle geprägt.

Von der klassischen **Transaktionsanalyse**, mit der uns die Akzeptanz des Unbewussten, die Betonung der Loyalitätsorganisation und die Handlungsorientierung in der Interventionstechnik verbinden, unterscheiden uns konzeptionell die offene Architektur des Modells der Teile im Gegensatz zu fix benannten Ich-Zuständen sowie die stärkere Zielorientierung.

Mit der **Systemischen Psychotherapie** verbinden uns u.a. die Lösungsorientierung, die Teilekonzepte, die theoretischen Konzepte der unterschiedlichen Beschreibungen der Welt, darüber hinaus auch die Erlaubnis zum paradigmatischen Einsatz von Humor in der Psychotherapie.

Eine Differenzierung der NLPt zur klassischen systemischen Psychotherapie als systemisch-imaginativer Ansatz ist in der stärkeren Integration und Beachtung von Trancen und Alltagstrancezuständen und deren Einfluss auf System und Einzelpersönlichkeit zu sehen, darüber hinaus auch die detailliertere Arbeit an Zielorientierungen und Zielzuständen in der Einzelarbeit, die starke Betonung von Rapport und Resonanzphänomenen und die Arbeit mit Repräsentationssystemen, Submodalitäten und Timeline-Konzepten.

Teil II

Theoretische Grundlagen

Die Neuro-Linguistische Psychotherapie (NLPt) basiert auf fünf historisch zu unterschiedlichen Zeitpunkten entstandenen, einander ergänzenden Theorien und einer aus dem Modellierprozess (siehe S. 98–99) resultierenden Grundannahme. Diese sind:

- die auf William JAMES zurückgehende Theorie der sinnesspezifischen Repräsentationssysteme als Grundbausteine der Informationsverarbeitung und des subjektiven Erlebens;
- die Transformationsgrammatik von Noam CHOMSKY und die darauf aufbauenden und unter dem Einfluss der Postulate von Alfred KORZYBSKI und v. GLASERSFELD durch BANDLER und GRINDER weiterentwickelten Modelle der Sprache (Metamodell und Milton-Modell);
- die Annahme einer grundsätzlichen Zielorientierung menschlichen Handelns (MILLER, GALANTER, PRIBRAM);
- die kybernetisch orientierte Theorie des Geistes von Gregory BATESON, insbesondere die logischen Ebenen des Lernens, und die Unified Field Theory als Weiterentwicklung (Robert DILTS);
- die sozial-kognitive Lerntheorie von Albert BANDURA mit dem von BANDLER und GRINDER praktisch weiterentwickelten Modelling-Ansatz;
- die durch die Postulate von W. JAMES und die Praxis des Modellierens von PERLS, SATIR und ERICKSON resultierende Grundannahme der Existenz funktional autonomer Persönlichkeitsanteile mit bewussten und unbewussten Prozesskomponenten.

Auf der Basis dieser Theorien und Annahmen sowie generativ angelegter Modellieransätze und neuerer neurophysiologischer Forschungsergebnisse wird die NLPt regelmäßig durch aus der Praxis gewonnene Konzepte erweitert.

1. Theorie der sinnesspezifischen Repräsentationssysteme

Kurzer historischer Überblick – der Einfluss JAMES' auf die moderne Psychologie

Gilt in Europa Wilhelm WUNDT (1832–1920) als der „Vater der Psychologie", so gebührt in den Vereinigten Staaten William JAMES (1842–1910) dieser Titel. JAMES, der zweimal zum Präsidenten der APA (American Psychological Association) gewählt wurde, arbeitete an der Universität Harvard im ersten psychologischen Laboratorium Amerikas und gilt als der Begründer der wissenschaftlichen Psychologie in Amerika.

Die Untersuchungsmethode – sowohl bei WUNDT als auch bei JAMES – war die Introspektion. Doch erschien sie JAMES immer unzureichender, je weiter er seine Vorstellung vom „Bewusstseinsstrom" ausarbeitete. „Sie ist eine Methode, die die Geduld des Forschers bis aufs Äußerste strapaziert, und kann unmöglich in einem Land gedeihen, in dem die Bewohner sich unter keinen Umständen langweilen wollen." Die Forschungsmethode müsse daher eine analytische sein.

1890 veröffentlichte er sein Buch *The Principles of Psychology*, welches gleich nach dem Erscheinen ein sensationeller Erfolg wurde. Trotz seines Umfangs von 1.400 Seiten und der nicht eben leicht zugänglichen Thematik ist es JAMES gelungen, ein spannendes Werk zu schreiben.

Während WUNDT ein wissenschaftliches Gebäude mit handfesten Ergebnissen hinterließ, war JAMES eher der Begründer eines Trends: Er verschaffte der Psychologie ein geistiges Klima, in dem sie zur Blüte kommen konnte. Er begründete keine „Schule", sondern ist seinen Nachfolgern eher so etwas wie ein Quell der Inspiration mit der Möglichkeit, eigene Gedanken zu entwickeln.

JAMES galt auch als Bewunderer von Sigmund FREUD, mit dem er 1909 anlässlich einer Vortragsreihe in den Vereinigten Staaten zusammentraf. FREUD schreibt in seiner *Selbstdarstellung*: „In Europa fühlte ich mich verachtet, aber dort (Anm.: in den USA) wurde ich von herausragenden Wissenschaftlern als ihresgleichen begrüßt" (KIVITS 1994).

Der Bewusstseinsstrom

Die Psychologie beruht für JAMES in erster Linie auf der Biologie. Wahrnehmen und Denken stehen im Dienst der Notwendigkeit zu handeln. Dennoch kann man JAMES keinen Behavioristen nennen. Er glaubte an die interne Strukturiertheit, an den freien Willen sowie die daraus resultierende Fähigkeit, Entscheidungen zu treffen. Das menschliche Bewusstsein ist eigentlich ein Bewusstseinsstrom (*stream of consciousness*), das Kontinuum einer Folge von einzelnen Elementen oder Gedanken.

Das Bewusstsein ist nach JAMES nicht bloß kraft- und tatenloser Zuschauer des sich abspielenden Lebens, sondern verhält sich aktiv als eine „Instanz, die das Nervensystem funktionieren lässt", indem es die Nervenzentren zur Verfolgung seiner Zwecke veranlasst.

Das Bewusstsein ist eine individuelle Größe: Ständig sind wir dabei, zu hören, zu sehen, zu ertasten, zu denken, zu empfinden und zu urteilen. Dabei hat das Bewusstsein zugleich auch selektierende Funktion: Wir leben in einer großen, überwältigenden Welt, in der „Geräusche, Gerüche und Wahrnehmungen insgesamt eine endlose Konfusion erzeugen, wenn sie nicht vom Bewusstsein gesiebt werden" (JAMES 1890).

Diese selektive Wahrnehmung unserer Sinne bestimmt unser Denken und Erleben, und in der Folge auch unsere Persönlichkeit, welche ihrerseits unsere Wahrnehmung bestimmt. Durch die selektive Tätigkeit unseres Geistes leben wir in einer individualisierten Welt, unsere „Erfahrung" genannt, welche fast gänzlich durch unsere Aufmerksamkeitsgewohnheiten bestimmt ist.

Vorstellungsfähigkeit

Einmal erlebte Empfindungen modifizieren das Nervensystem, so dass Abbilder derselben im Geist wieder auftauchen können, nachdem der ursprüngliche äußere Reiz vergangen ist. JAMES unterscheidet zwischen der optischen, akustischen, taktilen und motorischen Vorstellung und verweist dabei auch auf die Untersuchungen von GALTON, welcher beobachtete, dass die Fähigkeit, optische Vorstellungsbilder zu erzeugen, von Mensch zu Mensch enorm unterschiedlich ist. Personen mit guter Visualisierungsfähigkeit können eine genaue Beschreibung dieser Bilder abgeben, sehen Gegenstände klar und deutlich, in lebhaften Farben, und sie können es kaum verstehen, wie Menschen, welche diese Fähigkeit nicht besitzen, überhaupt denken können.

Personen, die dem akustischen Typus angehören, stellen sich alles, was sie denken, in der Sprache der Töne vor. Um sich beispielsweise an eine Lektion zu erinnern, prägen sie ihrem Geist nicht das Aussehen der betreffenden Seite, sondern den Klang der Wörter ein. Sie denken mit dem Ohr und führen ihre Gedächtnisleistungen mit Hilfe des Gehörsinns aus.

Beim „Motoriker" wiederum gehen die Erinnerungen an eigene und Fremdbewegungen unfehlbar mit deutlichen Muskelempfindungen in denjenigen Teilen seines Körpers einher, die bei der Ausführung oder Verfolgung der Bewegung gewöhnlich gebraucht werden. Bei einigen Menschen sind taktile Vorstellungen (touch-images) stark entwickelt.

Nach James unterscheiden sich die Menschen im Gebrauch ihrer Vorstellung: Bei vielen ist der gewöhnliche Denkstoff visuell, bei anderen ist er akustisch, artikulatorisch oder motorisch; bei den meisten Menschen wahrscheinlich gemischt. „Bei dem einen überwiegen die visuellen, bei dem anderen die taktilen Bilder. Bei einem ist der Gedankenverlauf mit Gefühlen verbunden, beim anderen nicht. Bald ist er sehr abgekürzt, synthetisch und schnell verlaufend; bald stockend und mehrfach unterbrochen. Dennoch können bei verschiedenen Personen die Gedankenketten, wie sehr sie auch unter sich verschieden sein mögen, in dieselbe Schlussfolgerung auslaufen, so dass wir dann sagen, und zwar mit Recht, dass alle diese Denker im Wesentlichen denselben Gedanken gehabt haben. Es würde wahrscheinlich jeder überaus erstaunt sein, wenn er in seines Nachbars Geist Einblick erhalten und entdecken würde, wie ganz anders hier die Szenerie ist als bei ihm selbst" (James 1890).

Die Repräsentationssysteme

Im NLP werden fünf sensorische (analoge) und ein abstraktes (digitales) Repräsentationssystem unterschieden. Die fünf sensorischen Repräsentationssysteme entsprechen den fünf Sinnesmodalitäten: visuell, auditiv, kinästhetisch (propriozeptiv/taktil), olfaktorisch und gustatorisch; als abstraktes Repräsentationssystem dient jede Form von Sprache.

Die Repräsentationssysteme dienen dem Menschen zur externen und internen Informationsaufnahme sowie zur kognitiven Weiterverarbeitung. Jede menschliche Erfahrung, alle Inhalte des menschlichen Bewusstseins können durch eine Analyse des Geschehens innerhalb der Gesamtheit Repräsentationssysteme weitgehend vollständig beschrieben werden.

Ihrem konstruktivistischen Grundansatz folgend, wird in der NLPt nicht explizit zwischen realer Wahrnehmung und imaginierter Vorstellung unterschieden, es werden die Repräsentationssysteme für beide gleichermaßen genutzt. Dabei mischen sich Wahrnehmungen und Vorstellungen zu einem kognitiven Gesamtmodell.

Denken wird in der NLPt als das Produkt der Gesamtheit der internen Aktivitäten der einzelnen Repräsentationssysteme verstanden.

Auch für BANDLER und GRINDER (1981) ist niemand rein visuell, akustisch oder kinästhetisch orientiert. Auch sie stellten fest, dass die meisten Menschen dazu neigen, ein bestimmtes System zur bewussten Repräsentation ihres Erlebens und ihrer Erinnerungen zu bevorzugen, wobei die Unterscheidungsfähigkeit und Flexibilität in diesem System deutlich besser als in den anderen sind. Solch ein bevorzugtes Repräsentationssystem nannten GRINDER und BANDLER *„primäres Repräsentationssystem"*.

BANDLER und GRINDER erkannten, dass PERLS, SATIR und ERICKSON systematisch Wörter benutzten, die sich auf eine bestimmte Klasse von Sinneswahrnehmungen (Sichtbares, Hörbares, Tastbares) bezogen, und identifizierten diese als „sinnesspezifische Prädikate". Sie erkannten, dass visuelle Prädikate (wie „klar", „grün" etc.) beim Empfänger eine vollkommen andere Qualität von Erinnerungen auslösten als etwa kinästhetische Prädikate (wie „schmerzhaft", „kratzig", „zärtlich" u.ä.). So hat es z.B. einen deutlich anderen Effekt, ob man einen Klienten fragt: „Wie sehen Sie Ihre gegenwärtige Situation?" oder: „Wie fühlen Sie sich jetzt?".

BANDLER und GRINDER stellten darüber hinaus fest, dass es nicht zufällig ist, welche Prädikate Menschen wählen, um ihr Erleben sprachlich auszudrücken, sondern dass auf unbewusster Ebene eine Wahl getroffen wird, die das bewusste Erleben widerspiegelt. Ihre Forschungen ergaben, dass visuelle Prädikate in der Sprache eines Menschen bedeuten, dass sein bewusster Zugang zu Erinnerungen sich primär in Form innerer Bilder abspielt, während kinästhetische Prädikate auf wiedererlebte Gefühle hindeuten.

Die Verständigung zwischen Therapeut und Klient funktioniert wesentlich müheloser, wenn sich der Therapeut in der Wahl seiner Prädikate dem Klienten anpasst. Missverständnisse und Blockierungen treten vorwiegend dann auf, wenn der Therapeut Fragen stellt, deren Beantwortung die Benutzung eines nur schwer zugänglichen Repräsentationssystems des Klienten impliziert.

Um einen Klienten in ein im besonderen Fall günstigeres – aber anderes als von ihm bevorzugtes – Repräsentationssystem zu führen (*leading*), ist es wichtig, dass der Therapeut dem Klienten zuerst in dessen Erleben begegnet (*pacing*). (Siehe auch S. 128–131, „Zur Beziehung zwischen Klient und Therapeut".)

Zwischen den einzelnen Repräsentationssystemen werden direkte Verbindungen, Synästhesien, angenommen. Es gibt zumindest 36 verschiedene Synästhesie-Muster. Eine typische Synästhesie wäre z.B. Sehen–Fühlen: Man sieht Blut, und es wird einem übel. Ein weiteres Beispiel wäre Hören–Fühlen: Man hört eine Melodie, und man wird sentimental. Anhand von Kombinationen von Prozessverben aus unterschiedlichen Repräsentationssystemen ist es dem Therapeuten möglich, Synästhesie-Muster zu erkennen (z.B.: „sein kühler Blick", „sein strahlender Charakter").

Die Adaptation der Sinnesorgane

In den *Principles* beschreibt JAMES (1890), wie wir beim Spähen oder Lauschen unwillkürlich unsere Augen und Ohren akkomodieren und Kopf und Körper drehen; beim Schmecken oder Riechen stellen wir Zunge, Lippe und Atmung auf den Gegenstand ein; beim Betasten einer Oberfläche bewegen wir das Tastorgan in entsprechender Weise. Die Folge ist eine mehr oder weniger deutliche Organempfindung dieser Aufmerksamkeitstätigkeit.

Nach JAMES haben aber auch alle geistigen Zustände unmittelbar körperliche Tätigkeit irgendwelcher Art zur Folge. Sie geben Veranlassung zu unscheinbaren Veränderungen der Atmung, der Blutzirkulation, der allgemeinen Muskelspannung, der Drüsen- und der Viszeraltätigkeit. Selbst bloße Gedanken sind also motorisch in ihren Konsequenzen. Gröbere Gemütsbewegungen wie Zorn, Furcht, Liebe, Hass, Freude, Kummer, Scham, Stolz und ihre Varianten sind mit relativ starken körperlichen Rückwirkungen verbunden. Die feineren Gemütsbewegungen sind die moralischen, intellektuellen und ästhetischen Gefühle, und die ihnen zugehörigen körperlichen Reaktionen sind gewöhnlich viel weniger stark.

Das Konzept der Zugangshinweise

Als Beleg dafür, dass auch bloße Gedanken motorisch in ihren Konsequenzen sind, führt JAMES an, dass, wenn Menschen ihre Aufmerksamkeit auf Erinnerungsvorstellungen richten, sich z.B. die Augen nach aufwärts und auswärts bewegen.

Nachdem schon PERLS, SATIR und ERICKSON auf sog. „minimale Hinweise" verwiesen hatten, entdeckten BANDLER und GRINDER, dass bei vielen Menschen deutliche Zusammenhänge zwischen der Blickrichtung, den verwendeten Prädikaten und dem im jeweiligen Augenblick bewusst erlebten Anteil einer Erinnerung bestehen.

Die Begründer des NLP haben diese Zusammenhänge systematisch beobachtet und daraus das „Konzept der Zugangshinweise" (*accessing cues*) entwickelt. Dieses

Konzept besagt, dass ein geschulter Beobachter anhand der Augenbewegungen und anderer non-verbaler Verhaltensmuster erkennen kann, ob ein Mensch zu einem bestimmten Zeitpunkt innere Bilder (erinnerte oder konstruierte), innere Geräusche (erinnerte oder konstruierte), inneren Dialog oder aber Gefühle erlebt.

Die sichtbaren Zugangshinweise stellen nur eine der Möglichkeiten dar, die Information des individuellen Zugangs zu gespeicherten Informationen zu bekommen. Es gibt vielerlei Hinweise: Auch Stimmlage, Sprechtempo, Atemmuster und andere beobachtbare Phänomene lassen entsprechende Zusammenhänge erkennen. Die Stimmlage ist höher bei visuellem Zugang und tiefer bei kinästhetischem. Das Tempo beschleunigt sich bei visuellem und verlangsamt sich bei kinästhetischem Zugang. Die Atmung geht höher in den Brustkorb bei visuellem Zugang und tiefer in den Bauch bei kinästhetischem. Es hat sich aber gezeigt, dass der Zugang zu der Information „Repräsentationssystem" über die Augenbewegungen der leichteste ist.

Informationen dieser Art ermöglichen es dem Therapeuten, seine eigene Kommunikation optimal auf den Klienten abzustimmen und zu verstehen, wie ein Klient sich sein „Modell der Welt" zu schaffen pflegt.

BANDLER und GRINDER verweisen darauf, dass das von ihnen entwickelte Standardschema keineswegs universelle Gültigkeit beanspruchen kann. Bei Linkshändern sind die Zugangshinweise in der Regel seitenverkehrt. Bei umgelernten Linkshändern gibt es unregelmäßige Abweichungen vom Standardschema: Visuell und Auditiv sind häufig analog zum Rechtshänderschema zu finden, Kinästhetisch (K) und Innerer Dialog (Id) bleiben in der für Linkshänder typischen Position. In jedem Fall aber zeigte sich, dass die Augenbewegungsmuster intraindividuell konstant sind (DILTS, BANDLER & GRINDER 1985).

Die Entwicklung der hier beschriebenen Theorie der sinnesspezifischen Repräsentationssysteme als Grundbausteine der Informationsverarbeitung und des subjektiven Erlebens geht, wie gesagt, auf die Erkenntnisse von William JAMES zurück. Wir werden JAMES im Verlauf dieses Buches immer wieder begegnen, da die Entwicklung weiter Bereiche der Neuro-Linguistischen Psychotherapie (NLPt) durch seine Arbeit mitgeprägt und beeinflusst wurde und sich die Inhalte der *Principles* – sozusagen wie ein roter Faden – durch die Theorie der NLPt ziehen.

LANGWEILE ICH DICH, ODER DENKST DU NUR AN EIN ERINNERTES BILD?
Witt

2. Linguistik

Theorem der allgemeinen Semantik

Der 1889 in Polen geborene Alfred Habdank KORZYBSKI, Mitarbeiter des Nachrichtendienstes, übersiedelte 1914 als militärischer Sachverständiger nach Amerika, wo er die englische Sprache wie eine zweite Muttersprache erlernte. Seine Forschungen führten ihn in die Arbeitsbereiche Psychologie, Neurologie und Linguistik, und es beschäftigte ihn als Professor in Chicago vor allem die Frage der engen und komplizierten Zusammenhänge zwischen Wortsymbolen und dem menschlichen Nervensystem und der Rolle der Sprache im menschlichen Verhalten überhaupt. In seinem Buch *Science und Sanity* (1933) fand die allgemeine Semantik ihren ersten wissenschaftlichen Ausdruck .

Die allgemeine Semantik befasst sich mit dem Studium der Bedingungen, unter denen Zeichen und Symbole einschließlich der Worte als sinnvoll angesehen werden können, sowie mit der Frage, wie menschliches Verhalten durch Worte beeinflusst wird. Menschen sind die einzigen Lebewesen, die sich durch Sprechen in Schwierigkeiten bringen können, und die allgemeine Semantik befasst sich damit, wie sich das vermeiden lässt.

Die grundlegenden Postulate der allgemeinen Semantik besagen:

1. dass Worte nicht mit Sachen verwechselt werden dürfen,
2. dass Worte niemals alles sagen können,
3. dass Worte über Worte usw. ohne Ende gesagt werden können.

Der zentrale Gedanke der allgemeinen Semantik ist folgender: Da das Verhalten eines Menschen zu sich selber und zur Welt niemals auf den Dingen beruht, so wie sie wirklich sind, sondern immer nur auf seinen begrifflichen Fassungen und seiner individuellen Bedeutungsgebung, muss der Einzelne sich stets bewusst sein, dass diese seine abstrahierten Begriffe (in Form von Worten oder Gedankenbildern) es sind, die seine Einstellung beeinflussen, nicht die Dinge oder Situationen selbst.

KORZYBSKI vergleicht die Sprache mit einer Landkarte, sie ist eine Landkarte von der Wirklichkeit. Dies ist ein treffender Vergleich. Eine gewöhnliche Landkarte dient dazu, die Lage wichtiger Punkte im Gelände zu markieren. Die Landkarte ist gut, wenn die räumlichen Beziehungen zwischen den auf ihr markierten Punkten genau den räumlichen Beziehungen zwischen den dargestellten Örtlichkeiten entsprechen. Eine Karte von den Vereinigten Staaten müsste also zeigen, dass Chicago zwischen New York und San Francisco liegt. Die Struktur der Landkarte sollte also der Struktur des dargestellten Geländes entsprechen. (RAPOPORT 1972)

Die Landkarte ist nicht das Territorium

Die drei Postulate von KORZYBSKI lauten:

1. Die Landkarte ist nicht das Gebiet.
2. Die Landkarte zeigt nicht das ganze Gebiet.
3. Die Landkarte spiegelt sich selbst wider.

„Die Landkarte ist nicht das Gelände“ ist eine Umschreibung von A.B. JOHNSONs Satz „Das Wort ist nicht die Sache“, wie er auch bei KORZYBSKI vorkommt. Dieser Satz besagt z.B.: Das Wort ‚Stuhl‘ besteht aus fünf Buchstaben. Der Gegenstand STUHL besteht nicht aus Buchstaben. Auf dem nicht aus Buchstaben bestehenden Stuhl kann man sitzen, dagegen kann man nicht auf dem Wort ‚Stuhl‘ sitzen.

Nach KORZYBSKI verabsäumt es die Sprache, zwischen den „Karten“ in unserem Kopf und dem Gebiet, auf das sich die Karten beziehen, zu unterscheiden. Die Beziehung zwischen Wort und Ding gleicht der einer Landkarte oder Seekarte zum dargestellten Gebiet.

Tatsächlich kann keine Landkarte das ganze Gebiet darstellen, schon weil die Landkarte so viel kleiner ist als das Gebiet. Wollen wir z.B. irgendeinen Gegenstand ‚vollständig‘ beschreiben, stellen wir fest, dass wir immer etwas auslassen müssen, wenn wir Dinge benennen oder gar genau beschreiben. Ähnlich ist es bei den Landkarten; nicht nur wegen ihres begrenzten Umfangs lassen sie Dinge aus, sondern auch, weil für verschiedene Zwecke verschiedene Landkarten angefertigt werden. Jede Landkarte wird für einen bestimmten Zweck hergestellt. Die Landkarte sollte nicht mehr darzustellen versuchen, als was sie für ihren Zweck braucht, weil unwichtige Eintragungen nur unsere Aufmerksamkeit ablenken.

Mit dem Satz „Die Landkarte spiegelt sich selbst wider“ meint KORZYBSKI Folgendes: Wenn eine Landkarte auf das von ihr dargestellte Gelände gelegt würde und genügend Einzelheiten enthielte, müsste sie eine Darstellung ihrer selbst enthalten.

Dabei entstünden einige Schwierigkeiten. Man denke etwa an die allbekannten Packungen für Frühstücksnahrung, Waschmittel oder Büchsenmilch, auf denen die Packung selbst abgebildet ist. Um genau zu sein, muss die verkleinerte Abbildung der Packung eine noch kleinere Abbildung von der Abbildung sein usw. Als Kinder haben wir uns vielleicht gewundert, wo das aufhören soll, und dabei unsere erste Begegnung mit der Unendlichkeit gemacht.

KORZYBSKI behauptete, dass die Menschen sich so verhalten, als verwechselten sie ihre sprachlichen Landkarten mit dem Gelände der Wirklichkeit und Wörter mit Dingen. In der Verbindung von Subjekt und Prädikat durch die Kopula „ist" sieht KORZYBSKI die Grundlage der indoeuropäischen Sprachen. Das Wort „ist" hat jedoch verschiedene Bedeutungen:

a) Zur Aufstellung einer *Identität,* wie z.B. in dem Satz: „Ein Junggeselle ist ein unverheirateter Mann." In diesem Sinne lässt sich das Wort „Junggeselle" durch „unverheirateter Mann" ersetzen.
b) Im Sinne einer *Zugehörigkeit zu einer Klasse*, wie z.B. „Ein Franzose ist ein Europäer." Franzose kann dann nicht in jedem Fall an die Stelle von „Europäer" gesetzt werden. Aus „Alle Franzosen sprechen Französisch" lässt sich nicht ableiten „Alle Europäer sprechen Französisch."
c) Zur Beschreibung einer *Eigenschaft:* „Die Rose ist rot." Hier wird gewiss die Blume nicht mit der Farbe gleichgesetzt.
d) Zur *Benennung* eines Gegenstandes: „Dies ist eine Rose." Diese Feststellung lässt sich auch als Zuteilung zu einer Klasse interpretieren: „Dieser Gegenstand gehört zur Klasse der Rosen."

Nach Meinung KORZYBSKIs hat die Subjekt-Prädikat-Struktur der Sätze in den indoeuropäischen Sprachen Menschen dazu verleitet, die Kopula „ist" in erster Linie als das „Ist" der Identität zu verstehen und die übrigen Bedeutungen außer Acht zu lassen. Wenn wir sagen: „Dies ist eine Rose", dann verstärken wir einen konditionierten Reflex auf das Wort „Rose". Nach KORZYBSKI müssen wir lernen, Wahrnehmungen und Beobachtungen zu machen, ohne sie zu benennen, zu klassifizieren oder in Kategorien einzuteilen. Wenn wir dies tun, dann machen wir uns die Einsicht zu eigen, dass jede Rose sich von jeder anderen Rose unterscheidet, dass Rose1 nicht mit Rose2 identisch ist, und dass auch Rose1 nicht mit sich selbst identisch ist, weil sie sich ständig verändert.

Das gesagte Wort (X) im Zeit- und Kontextrahmen 1 ist nicht das Wort (X) im Zeit- und Kontextrahmen 2, das Wort (X)2 ist nicht das Wort (X)3 ... (usw.). *Ein bestimmtes Wort hat niemals zweimal genau dieselbe Bedeutung.*

Dies ist wohl das allgemeinste Theorem der allgemeinen Semantik und ein zentrales Axiom (vgl. Korzybski 1933; Hayakawa 1941; Rapoport 1972). Das Theorem besagt, dass ein bestimmtes Wort „X“ uns die *intensionalen* Bedeutungen, sowohl die informativen als auch die affektiven, gibt (die Welt aus unserer eigenen Erfahrung). Es ruft in unserem Kopf die Merkmale wach, die diese Sache (X) mit anderen Sachen (Xen) gemeinsam hat. Die benutzte Indexzahl zeigt an, dass diese eine Sache X anders ist; dass das Wort „X“ uns nicht alles über die Sache sagt; sie erinnert uns des Weiteren an die beim Abstraktionsprozess ausgelassenen Merkmale; sie bewahrt uns davor, das Wort mit der Sache (mit dem Ding an sich) gleichzusetzen. Das heißt: Die Abstraktion „X“ kann mit der extensionalen Sache X nicht verwechselt werden. Die *extensionale* Bedeutung einer Äußerung ist jene, die auf die physische, äußere Welt hinweist. Mit anderen Worten: Die extensionale Bedeutung kann nicht mit Wörtern ausgedrückt werden, weil es sich dabei um etwas handelt, an dessen Stelle Worte stehen. Die verbale Welt ist nicht die extensionale Welt.

Die Erscheinung der Rose ist nur eine von unseren Sinnen erschaffene Abstraktion, die nicht die Struktur der Rose in allen Einzelheiten erfassen kann. Auf einer anderen Beobachtungsebene ist eine Rose überhaupt kein fester Gegenstand. Die Materie besteht aus winzigen Teilchen (Molekülen, Atomen, Elektronen usw.), die in ständiger Bewegung sind.

In diesem Sinne ist Korzybskis Leugnung des Grundsatzes der Identität keine Leugnung eines logischen Grundsatzes, sondern eine Warnung, diesen Grundsatz auf die Wirklichkeit zu projizieren. Der Grundsatz der Identität besagt: „A ist A“. Indem wir das Wort mit dem betreffenden Ding gleichsetzen, verstehen wir das so, dass es bedeutet: „Eine Rose ist eine Rose“, d.h., dass eine Rose mit sich selbst identisch ist. Das trifft aber nicht zu.

Die Unterschiede zwischen den sprachlich hergestellten Identitäten und den in der Natur gefundenen Nicht-Identitäten sind in bestimmten Zusammenhängen wichtig. Wenn wir menschliche Wesen oder irgendwelche Verhältnisse in Kategorien einteilen, dann vergewaltigen wir unser Wissen von individuellen Menschen und spezifischen Verhältnissen. In ihrer Struktur ist die Aussage „Ein Jude ist ein Jude“ gleich dem Satz „Eine Rose ist eine Rose“ und dem Satz „A ist A“. In bestimmten gesellschaftlichen Zusammenhängen werden durch eine solche Aussage rassische oder religiöse Vorurteile verstärkt.

Obwohl für die meisten Menschen etwas nicht schwarz zu sein braucht, wenn es „nicht weiß“ ist, verhalten sich viele so, als ob alles, was nicht gut ist, schlecht wäre, und als ob jeder, der nicht ein Freund ist, ein Feind wäre, als ob „Erfolg“ oder „Misserfolg“ die einzigen Ergebnisse wären, die ein Unternehmen habe kann, als ob die Alternative zu Freiheit die Sklaverei, die Alternative zu Sieg die Niederlage wäre usw.

Das vereinfachende Entweder-Oder-Denken beherrscht in der Praxis die Theologie, die Philosophie und die Politik. Die Unterscheidung zwischen zwei Bedingungen, die Dichotomie, ist die einfachste mögliche Unterscheidung; die Wahl zwischen nur zwei Alternativen ist am einfachsten. Dichotomien, die wir sprachlich vornehmen, vereinfachen unsere Wahl.

Eine weitere Ursache des Irrtums liegt in der Annahme, dass die Struktur der Sprache der Struktur der Welt entspreche. KORZYBSKI versuchte Erkenntnisirrtümer dadurch zu erklären, dass wir die einzigartig menschlichen Eigenschaften unseres Nervensystems nicht voll ausnützen. Stattdessen, sagte er, „kopieren wir Tiere“. Tiere reagieren auf Reize wie auf Signale. Wenn einem Hund beigebracht wird, „richtige“ Reaktionen auf verbale Befehle auszuführen, und wenn er so Sprache zu „verstehen“ scheint, dann reagiert er in Wirklichkeit in konditionierten Reflexen. Unsere Reaktion auf Wörter, als ob sie Dinge wären, sind nach KORZYBSKIs Meinung im Grunde von gleicher Art.

Ein großer Teil von *Science and Sanity* ist dem Training des menschlichen Nervensystems gewidmet, auf die Sprache und auf die Welt richtig zu reagieren. Das Ziel des „Neuro-Linguistischen Trainings“ (*neurolinguistic education*) liegt darin, die Abstraktionsebenen bewusst zu machen. Unser Nervensystem verarbeitet unsere Sinneseindrücke derart, dass wir einen Gegenstand als „etwas“ wahrnehmen. Dieser wahrgenommene Gegenstand ist die erste Abstraktionsebene. Der Name des Gegenstandes ist eine weitere (höhere) Abstraktionsebene. Namen von Klassen von Gegenständen, Eigenschaften, die Klassen definieren, Verallgemeinerungen, Theorien und so weiter stehen auf zunehmend höheren Abstraktionsebenen.

Die Neuro-Linguistische Psychotherapie (NLPt) übernimmt von Alfred KORZYBSKI ein Bild von der Sprache als eines sich selbst korrigierenden, kybernetischen Systems. Dieses System besteht aus verbal-visuellen (motorischen) Karten, die provisorisch und hypothetisch sind und jederzeit revidiert, erweitert oder reduziert, integriert oder verworfen werden können. Diese Karten können immer nur einen Teil des Gebietes repräsentieren, und sie können am besten als Beziehungen zwischen dem „Geist“ (bei aller Problematik des Begriffes) und seiner Umwelt verstanden werden (vgl. Gregory BATESONs *Theorie des Geistes. Wo Engel zögern.* 1981 [Engl. 1972]).

1. Die Bedeutung der Worte liegt nicht in den Wörtern; sie liegt *in uns.*
2. Die Bedeutung ergibt sich aus dem Zusammenhang bzw. Kontext vor dem Hintergrund der individuellen Erfahrung.
3. Mit Worten beschreiben und beeinflussen wir nicht nur, sondern gestalten auch künftige Ereignisse und angestrebte Ziele (vergleiche dazu das NLP-Zielmodell, S. 137 und 201–208). Diese Steuerungsäußerungen sagen etwas über die

Zukunft. Sie sind selbst Landkarten, die von jenem Gelände handeln, das erst in der Zukunft entstehen soll. Sie beeinflussen die Wahrscheinlichkeit des Eintretens von Ereignissen.
Diese „Steuerungssprache" und ihre affektiven Elemente können eine tiefe Wirkung auf unser Erinnern (Gedächtnis), unser Denken, Fühlen und Handeln haben.
4. *Steuerungsäußerungen* müssen von *Informationsäußerungen* unterschieden werden. Verbaläußerungen und innere Festlegungen, die Ziele aufstellen, werden nicht unbedingt die tatsächliche Lage kennzeichnen. Beispiele dazu: „Die Polizei beschützt die Schwachen"; „Der Strafvollzug dient der Resozialisierung"; „Ein Lehrer ist geduldig, einfühlend und verstehensbereit usw."; „Alle Menschen sind von Geburt an gleich"; u.a.
5. Wenn es möglich ist, bevorzugen und fördern wir das *Denken in Beispielen* und ziehen es Definitionen und Abstrahierungen (die Worte über Worte sind) vor.

Erkenntnistheoretisches Theorem

Auch für Gregory BATESON (1972) ist der elementare Gegensatz von „Karte" und „Territorium" grundlegend für alle gesunden Epistemologien, wie es auch als zentrales erkenntnistheoretisches Theorem des NLP zu identifizieren ist:

Die Landkarte ist nicht die Landschaft

Karte und Landschaft sind in der psychotherapeutischen Arbeit auseinander zu halten. Es ist eine irrige Annahme, dass die Regeln zum Zeichnen von Karten in der Natur dessen, was auf der Karte abgebildet wird, enthalten sind.

1. Aus dem Gesagten folgt, dass keine „wirkliche Wirklichkeit" (d.h. keine objektive Wirklichkeit) erfahrbar ist, die gänzlich unabhängig von uns als den Beobachtern existiert. In der NLPt wird die Position des *partizipierenden Beobachters* bezogen (vgl. auch die Position des „Radikalen Konstruktivismus", von GLASERSFELD 1997 u.a.). Als menschliche Wesen können wir niemals wissen, was wirklich (wahr) ist. Wir können nur wissen, **wie** wir die Wirklichkeit wahrnehmen. Wir erfahren und bilden die Welt in uns und um uns über unsere Sinnessysteme, wobei diese keine passiven Inputmechanismen sind, sondern prozessieren (modulieren) durch ihre vielfältigen, neuralen Verbindungen (neuronale Vernetzung) die innere Repräsentation der Außenwelt und deren Verarbeitung und somit auch die Reaktionen auf die jeweilig gemachten Erfahrungen (externes Verhalten/internes Verhalten) prozessieren (modulieren).

Die innere Repräsentation der Welt ist eine subjektive Abbildung der Welt und unserer Erfahrungen, sie ist also ein Modell.

2. Die Menschen reagieren demnach auf ihre persönliche Abbildung der Realität und nicht auf die Realität selbst. Das heißt: Zwischen der Realität und der Realitätserfassung eines Organismus besteht ein entscheidender Unterschied. Jeder hat sein eigenes Modell der Wirklichkeit, mit dessen Hilfe er sein Verhalten organisiert und steuert. Das innere Modell (die Landkarte) ist grundlegend für jedes Verhalten.

Die Landkarte (d.h. das Wahrnehmen und Repräsentieren der Welt) wird durch folgende Faktoren und deren Wechselbeziehungen beeinflusst:

a) Durch die *Anlagen* jedes Menschen: Das sind genetische Faktoren, die das Entwicklungspotenzial, die biologischen Möglichkeiten und Grenzen sowie insbesondere die neuronale Ausstattung betreffen.

b) Durch seine *Umwelt(en):* Das sind die Möglichkeiten und Grenzen der sozioökonomischen Lage, des soziokulturellen Milieus und der individuellen Lebenssituation (situative Bedingung) in ihrer gegenseitigen Wechselbeziehung.

c) Durch die Möglichkeiten und Grenzen, die sich aus den Prägungen (*imprints*) der individuellen Lern- und Lebensgeschichte ergeben. Es besteht daher eine zirkuläre und reziproke Beziehung zwischen Anlage, Umwelt(en) und Verhalten.

3. Modelle können so gestaltet sein oder gestaltet werden, dass sie für den Menschen die Möglichkeit für Flexibilität, Bereicherung der Erfahrung, persönliches Wachstum und zu einer Vielfalt von Wahlmöglichkeiten für den Umgang mit der Welt beinhalten. Sie können auch derart gestaltet sein, dass sie Erfahrungen verkümmern lassen, Wachstum blockieren oder die Fähigkeit, effektiv zu handeln und sich selbst zu erfahren und zu erkennen, einschränken.

Die Validität eines Modells richtet sich also innerhalb biologischer und ethischer Rahmenbedingungen streng nach dem Nützlichkeitsprinzip. Menschen mit mehr oder weniger schwierigen Problemen und Konflikten leiden an ihren reduzierten und inadäquaten Landkarten, die ihnen unzureichende Möglichkeiten des Verhaltens und des Erlebens vorspiegeln. Es ist nicht so sehr die Wirklichkeit an sich, die uns beschränkt oder befähigt, sondern unser Modell (Landkarte) von ihr.

Jeder Mensch ist einzigartig, und man sollte ihm in seinem individuellen Modell von der Welt begegnen. Der Mensch konstruiert sein „Modell von der Welt“ mit Hilfe des Nervensystems.

4. a) Individuelle Landkarten bestehen aus „neurolinguistischen" Programmen.

b) Das Individuum kann sowohl auf externe Reize bzw. Reizmuster als auch auf den eigenen inneren Prozess reagieren:

Solche Prozesse können sowohl durch externe Informationen als auch durch interne Informationsquellen hervorgerufen und gespeist werden und basieren auf denselben neurologischen Grundlagen. Beide haben Einfluss auf unser Verhalten.

Wissen, Bedeutungsbeimessungen, Gedanken, Gefühle etc. sind das Resultat innerer Verarbeitungsprozesse. Diese resultieren aus Überlappung (Synästhesie), Korrelation und Assoziation zwischen den verschiedenen Repräsentationssystemen (Sinnessystemen).

Theorie der logischen Typen

Die Sprache, die das Territorium abbildet, besitzt eine – einer Treppe ähnelnde – hierarchische Struktur, bei der es mehr als nur eine Bedeutungsebene gibt. Sie geht von einer *Objektebene* aus, die die Welt beschreibt. Darauf folgt eine *Metaebene,* die die Wörter beschreibt, welche die Welt beschreiben, und es folgt weiter eine *Meta-Metaebene,* welche die Wörter über die Wörter über die Welt beschreibt, und so weiter.

Als die Sphinx Ödipus ihr schreckliches Rätsel stellte: „Was ist das für ein Wesen, das am ‚Morgen' auf vier ‚Beinen', am ‚Mittag' auf zwei und am ‚Abend' auf drei ‚Beinen' geht?", konnte Ödipus erkennen, dass diese Wörter zwischen den Anführungszeichen Metaphern darstellen, das heißt, Wörter über Wörter sind und nicht Wörter über das beschriebene Wesen. Deshalb war seine Antwort: „Der Mensch", und die Sphinx stürzte sich zu Tode. Die Lösung des Rätsels bestand im Erkennen und Entwirren logischer Typen und Sprachebenen.

Der Gründer der Mengenlehre, G. CANTOR, definierte eine Menge als eine (wohlgeordnete) Zusammenfassung von Objekten. Somit ist ein Schuh eine Menge, auch ein Haufen von Schuhen ist eine Menge und ein Haufen von Schuhhaufen ebenfalls. Doch anhand folgender Geschichte erleben wir, wie CANTORs Definition einer Menge zu Verwirrungen führen kann.

„Da kam eines Tages ein Bibliothekar auf die Idee, Kataloge zu sammeln. Bibliothekskataloge listen Bücher auf. Manche Katalogautoren denken zu Recht, dass ein Katalog auch ein Buch sei und deshalb würdig, im Katalog erwähnt zu werden. Also führen einige Bibliothekskataloge sich selbst an, andere wiederum nicht.

Unser Bibliothekar legt also die Kataloge auf zwei Stapel. Ein Stapel enthält alle Kataloge, die sich nicht selbst anführen, der andere Stapel besteht aus all den Katalogen, die sich selbst als Bibliotheksbuch anführen. So weit, so gut.

Nun muss er noch diese beiden Stapel ordnungsgemäß katalogisieren: ein Katalog für den Stapel der Kataloge, die sich nicht enthalten, und ein Katalog für jenen Stapel von Katalogen, die sich selbst anführen. Den Letzteren der beiden Kataloge legt er zu den Katalogen, die sich selbst anführen, weil er sich selbst ja auch anführt.

Was macht er nun mit dem anderen? Wenn er ihn auf den Stapel der Kataloge legt, die sich selbst nicht anführen, dann ist er unvollständig, weil er ein Buch (nämlich sich selbst) nicht verzeichnet.

‚Na gut', denkt der Bibliothekar, ‚dann schreib' ich ihn halt noch dazu und lege ihn aber dann auf den Stapel der Kataloge, die sich selbst verzeichnen.' Aber Hoppala – dann liegt er ja auf dem zweiten Stapel und führt für den ersten Stapel ein Buch zu viel auf: sich selbst.

Und so steht der Bibliothekar mit dem Katalog in der Hand da, schreibt den Katalogtitel mal hinein, dann wieder radiert er ihn aus und so weiter und so fort."

Das Problem liegt hier im „Selbstbezug"; in der Lehre der logischen Typen finden wir die Lösung. Die vorher erwähnten Schuhe z.B. sind elementare Objekte. In eine Schachtel (Menge) kann man mehrere Schuhe stecken. In einem Karton können nun Schachteln und einzelne Schuhe liegen, in einer Kiste Kartons, Schachteln und einzelne Schuhe, in einem Container liegen dann Kisten, Kartons, Schachteln und einzelne Schuhe usw. Aber es kann nicht vorkommen, dass in einer Schachtel auch ein Container liegt. Also eine Menge ‚höherer Stufe' in einer Menge ‚niederer Stufe'.

Bertrand RUSSELL und Alfred North WHITEHEAD (1975, 1990) erkannten als Erste, dass die Objekte einer Klasse, z.B. verschiedene Arten von Schuhen, und die Klasse selbst, „alle Schuhe", unterschiedlichen logischen Ebenen angehören. Eine Klasse von Elementen kann kein Teilstück von sich selbst sein, somit liegt „alle Schuhe" eine Ebene über den „Schuhen 1, 2, 3 und 4". Dieses Axiom, das besagt, dass es eine Diskontinuität zwischen einer Klasse und ihren Elementen gibt, erscheint uns auf triviale Weise offenkundig, bis wir jedoch entdecken, dass die Kommunikation der Menschen und auch der Säugetiere ständig dagegen verstößt und dabei bedeutsame Paradoxa hervorbringt (WHITEHEAD & RUSSELL 1990; RUSSELL 1975).

Benjamin WHORF (1965) hat diese Theorie auf den Bereich der Kommunikation ausgeweitet. Es gibt *Kommunikation* und *Metakommunikation*, also Wörter, Haltungen und Gesten über die anderen Wörter. Jede sinnhafte Kommunikation schließt notwendigerweise auch Metakommunikation mit ein und bringt deshalb ständig Paradoxa der RUSSELLschen Art hervor.

Nach BATESON sind nur Menschen der gesprochenen und geschriebenen Metakommunikation fähig. Die allermeisten Metamitteilungen bleiben implizit. (Es ist eine ernüchternde wissenschaftliche Erkenntnis, dass wir Menschen sehr komplexe Kommunikationen und „Spiele" entwickelt haben, die auf einer gewollten Verwechslung von Landkarte und Territorium beruhen. Z.B. ist eine bestimmte Fahne (Symbol) für die einen ein Stoff-Fetzen, für die anderen eine bloße Metapher, für die marschierenden Soldaten jedoch ein bedeutsames Symbol.

Das bedeutet, dass der implizite Informationsgehalt von verbaler und nonverbaler Kommunikation weit über die Mitteilungen und Botschaften auf der expliziten Ebene hinausgeht.

Das Theorem der Linguistik der Therapie

In der zweiten Hälfte unseres Jahrhunderts bekommt die kognitive Psychologie gegenüber dem Behaviorismus immer mehr Bedeutung. Als unmittelbare Folge dieser Gewichtsverlagerung entsteht die „Psycholinguistik". Sprache ist schon immer ein wichtiger Gegenstand der Psychologen gewesen. Die beiden ersten Bände von WUNDTs umfangreicher „*Völkerpsychologie*" behandeln die Sprache, Karl BÜHLER schreibt ausführlich über die Zusammenhänge zwischen Sprache und Psychologie; allerdings bleiben beider Versuche einer Theorie vorerst ohne Resonanz.

Der große Durchbruch gelingt dann dem amerikanischen Linguisten Noam CHOMSKY mit der Veröffentlichung der „*Syntactic Structures*" (1957). Die Ausführungen CHOMSKYs haben einen starken Einfluss auf die kognitive Psychologie. Sie zeigen, dass wir Sprache nicht durch Nachahmung oder als Folge von „Verstärkung" (*reinforcement*) lernen, sondern weil jeder Sprache universelle Prinzipien der Grammatik, Phonetik, Semantik und Syntax zugrunde liegen, die sich mit einer angeborenen „Sprachkompetenz" decken, wie sie von Anfang an in unseren sprachlichen „*performances*", den Sprechakten, zum Ausdruck kommt. Alle Sprachen sind nach dem gleichen Muster aufgebaut, das zu entschlüsseln CHOMSKY gelungen ist und das er als „Tiefenstruktur der grammatischen Universalien" bezeichnet.

CHOMSKY unterscheidet zwischen *Oberflächen-* und *Tiefenstruktur der Sprache* (1973). Die Oberflächenstruktur eines Satzes ist die hierarchische Zergliederung des Satzes in Einheiten oder Phrasen, während die Tiefenstruktur die Bedeutung des Satzes unmittelbar widerspiegelt. Es gibt Sätze, die eine sehr ähnliche Bedeutung haben, welche sich aber in der Oberflächenstruktur nicht widerspiegelt:

1. Die Katze jagte die Maus.
2. Die Maus wurde von der Katze gejagt.

Der Unterschied zwischen beiden Sätzen besteht nur darin, dass der erste Satz im Aktiv und der zweite im Passiv steht. Nach CHOMSKY gleichen die Tiefenstruktur beider Sätze der aktivischen Oberflächenstruktur, während die passivische Oberflächenstruktur des zweiten Satzes aus dem ersten Satz mit Hilfe einer Passivtransformation abgeleitet sei. Die Syntax natürlicher Sprache wird zum großen Teil durch solche Transformationen bestimmt (CHOMSKY 1973). In der NLPt wird entsprechend der Theorie der Transformationsgrammatik CHOMSKYs auch zwischen der linguistischen *Oberflächenstruktur* einer Aussage und deren linguistischen *Tiefenstruktur,* der vollständigeren linguistischen Repräsentation, unterschieden.

Es existiert eine spezifische, neurolinguistische Interaktion zwischen unserer Sprache und unseren neurolinguistischen Landkarten. Die inneren Programme, die auf neurologischer Ebene ablaufen, werden durch die Sprache strukturiert (wobei unter „Sprache" hier alle Formen der Kodierung von Erfahrung verstanden werden). Die Sprache ist ein Metamodell für unsere Weltauffassung. Aus seiner allgemeinen Erfahrung konstruiert der Mensch eine „linguistische Karte" (= Tiefenstruktur). Die bereits dabei stattfindende Reduktion ist sehr wichtig, um eine Überfrachtung mit Trivialinformationen zu vermeiden.

Modellbildung

Der Modellbildungskreislauf im kybernetischen System des Menschen kann folgendermaßen dargestellt werden:

Es wird – vereinfacht – zwischen Außen- und Innenwelt unterschieden. Die Außenwelt (die Landschaft) umfasst die gesamte reale Umwelt eines Menschen, soweit sie mit seinem physiologischen Sinnesapparat potenziell wahrnehmbar ist. Die aus der Außenwelt kommenden Informationen durchlaufen im kybernetischen System des Menschen einen Prozess der Modellbildung, dessen Ergebnis interne (subjektive) Repräsentationen oder Modelle der Wirklichkeit sind.

Im Prozess der Modellbildung sind *Prozessmechanismen* (= Wahrnehmungsfilter) beteiligt und wirksam; d.h., Informationen, die der Mensch zu jedem Zeitpunkt über seine (zumindest) fünf Sinne aus der Außenwelt empfängt, werden im Gehirn nach Kriterien, die von den *Prozessfiltern* (z.B. Meta-Programme, Werte, Glaubenssätze, Erinnerungen u.a.) bestimmt werden, *verzerrt, getilgt* und/oder *generalisiert.* Selbst die tiefenstrukturelle Repräsentation ist nicht die „ganze" Wahrheit. Sie ist wiederum eine verallgemeinerte, lückenhafte und/oder verzerrte Transformation der sinnesspezifischen Erfahrung des Klienten über sich und seine Umwelt (CHOMSKY 1973 und 1973b; BANDLER & GRINDER 1981; GRINDER & BANDLER 1982).

a) **Verzerrung** (*distortion*) ist der Prozess, der es uns ermöglicht, bei der Abspeicherung sinnesspezifischer Einzelheiten eine Umgestaltung vorzunehmen. Phantasie, Ideale, Sehnsüchte, Glaubenssysteme u.a. können unsere Wahrnehmung der Wirklichkeit verzerren und beeinträchtigen und unseren Lebensplan entscheidend beinflussen.

b) **Tilgung** (*deletion*) ist ein Prozess, durch den wir unsere Aufmerksamkeit selektiv bestimmten Dimensionen unserer Erfahrung zuwenden und andere ausschließen. Jeder von uns muss einige Dinge im Leben streichen (tilgen), doch werden bei diesem Prozess womöglich entscheidende Möglichkeiten des Lebens mitgestrichen.

c) **Generalisierung** (*generalization*) meint den Prozess, durch den Elemente oder Teile eines persönlichen Modells von der ursprünglichen Erfahrung abgelöst werden, um dann die gesamte Kategorie, für die diese Erfahrung ein spezifisches Beispiel darstellt, zu verkörpern. Jeder von uns generalisiert z.B. von einer Erfahrung mit einem Schaukelstuhl auf Schaukelstühle im Allgemeinen; einige von uns verallgemeinern sogar auf „alle Stühle".

Diese drei Prozessmechanismen sind per se wertfrei und wirken im Prozess der Modellbildung in komplexer Weise zusammen. Der Prozess des vielfältigen Filterns führt zu den internen kognitiven und emotiven Repräsentationen (Modellen) der ursprünglichen externen Informationen. Diese Repräsentationen können wiederum als Informationen in einer Feedbackschleife erneut in den Modellbildungsprozess einfließen und weiterverarbeitet werden usw.

Die Modelle stellen aber auch bestimmte innere Geistes-(Bewusstseins-)Zustände her, die mit entsprechenden körperlichen Zuständen und externem Verhalten korrespondieren. Das externe Verhalten erzeugt nachfolgende Effekte und Konsequenzen in verschiedenen Systemen der Umwelt, verändert sich laufend bzw. wird modifiziert und fließt als Information in den Modellbildungskreislauf erneut wieder ein.

Die vollständige interne Repräsentation besteht zu jedem Zeitpunkt aus einer Mischung von verzerrten, getilgten und/oder generalisierten externen und internen Informationen. Einmal überwiegt die eine, einmal die andere. Das äußere Verhalten sowie die *Physiologie* resultieren zu jedem Zeitpunkt aus diesen gemischten internen Repräsentationen.

Unter dem Begriff „Physiologie" wird im NLP die Summe aller zum Beobachtungszeitpunkt stattfindenden somatischen Abläufe verstanden. Ein Teil dieser Abläufe erschließt sich der sinnesspezifischen Wahrnehmung eines außen stehenden Beobachters (z.B. durch verstärkte Atmung, Veränderung der Hautfarbe, unwillkürliche

Bewegungen der Mimik, Muskelspannung, Stimmqualität u.a.); zum anderen Teil wird die Physiologie durch die Person selbst wahrgenommen (z.B. das Gefühl aufsteigender Wärme, das Wahrnehmen des eigenen veränderten Herzschlages, Druckgefühle oder Muskelspannungen usw.). Ein Teil der Informationen, die eine Physiologie charakterisieren (z.B. ideomotorische Bewegungen), bleibt der bewussten Eigenwahrnehmung häufig unzugänglich und kann als Feedback über den Erfolg von NLPt-Mikrointerventionen utilisiert werden.

An dieser Stelle soll auch darauf hingewiesen werden, dass sämtliche hier beschriebenen Prozesse nahezu gleichzeitig ablaufen und sich gegenseitig überlagern. Auch die Trennung zwischen internen Repräsentationen und Prozessfiltern ist recht unscharf, da die inneren Verarbeitungsfilter selbst wieder interne Repräsentationen verkörpern können.

Das Meta-Modell der Sprache

Es ist die Aufgabe des Psychotherapeuten, hinderliche Verallgemeinerungen, Lücken und Verzerrungen bei den KlientInnen, die bei der Herstellung der linguistischen Landkarten entstanden sind und nicht der bewussten Kontrolle unterliegen, zu hinterfragen und gegebenenfalls zu korrigieren.

Bandler und Grinder (1975, 1982) haben gezielte Fragetechniken entwickelt, um diese Gestaltungsprozesse, die sich in den Sprachmustern abbilden, aufzudecken. Diese Fragetechniken haben sie in ihrem „Meta-Modell der Sprache" (= Modell über das Modell Sprache) zusammengefasst und systematisiert. Dieses Meta-Modell ist konzipiert worden, um die Fähigkeit des Zuhörens und Sammelns von Informationen systematisch zu erweitern, Einschränkungen in den Modellen aufzudecken und Wahlmöglichkeiten zu schaffen (siehe S. 146).

Dieses Meta-Modell der Sprache exploriert die Strukturen und Prozesse der persönlichen Erfahrung durch die Analyse der individuellen Sprachmuster (nach der Theorie der Transformationsgrammatik nach Noam Chomsky) und bildet einen Grundbaustein der Neuro-Linguistischen Psychotherapie (NLPt).

Aufgrund der allgemeinen Spracherfahrung mit syntaktischen Strukturen und mit Hilfe des NLP-Meta-Modells kann der Therapeut die Tiefenstruktur (die eigentliche linguistische Landkarte des Klienten) anhand der verschiedenen Oberflächenstrukturen erfragen und damit dem Klienten bewusst machen.

Es ist bemerkenswert, dass es sich bei diesem Strukturmodell zur präzisen Informationsgewinnung um die *Umkehrung* Ericksonscher Sprachmuster zur Trance-Induktion handelt (siehe S. 147, Prozesssprache, Milton-Modell).

Meta-Programme

Zum genauen Verständnis des psychotherapeutischen Prozesses ist es ferner wesentlich, die *Kriterien* zu (er-)kennen, nach denen Menschen ihre Wahrnehmungen filtern, d.h. verzerren, tilgen und generalisieren.

Unter Meta-Programmen (*sorting styles*) verstehen wir in der Neuro-Linguistischen Psychotherapie (NLPt) ganz allgemein Orientierungsfilter des Denkens und Handelns, die in der klassischen Psychologie so genannten *Persönlichkeitsmerkmalen* oder *-eigenschaften* entsprechen. Sie dienen jedoch nicht der Persönlichkeitsfestschreibung, sondern werden von uns als veränderbare Verhaltensmerkmale einer Person betrachtet, die sich durch verschiedene und/oder mehrere Kontexte unverändert durchziehen oder auch je nach Kontext variieren können (vgl. die *state/trait*-Diskussion der klassischen Psychologie).

Meta-Programme beziehen sich auf innere und äußere Denk- und Handlungsaktivitäten. Sie zeigen an, durch welche Filter wir die Welt erleben, wie wir Erfahrungen filtern und auf diese Weise Modelle von der Welt erschaffen bzw. konstruieren.

In der Neuro-Linguistischen Psychotherapie (NLPt) werden Meta-Programme vor allem

- zur Diagnose,
- zur Auswahl geeigneter Interventionen und
- zur Verbesserung der Kommunikation zwischen Menschen (z.B. zwischen Klient und Therapeutin)

verwendet. Sie können – falls sie sich für die Person (des Klienten) als einschränkend erweisen – über die zugrunde liegende kognitive Struktur sowie im Zusammenhang mit anderen Persönlichkeitsvariablen verändert werden.

Alle Prozessfilter stehen untereinander in Beziehung und beeinflussen einander wechselseitig. Einerseits sind sie selbst Modelle, die sich in verschiedenen Kontexten und bei unterschiedlichen Erfahrungen eben durch Verzerrungen, Tilgungen und/oder Generalisierung gebildet haben bzw. sich ständig neu bilden. Auf der anderen Seite bestimmen sie, nach welchen Kriterien die wahrgenommenen Informationen gefiltert werden.

Typische Meta-Programme sind z.B.:

1. proaktiv / reaktiv:
Proaktive ergreifen meist von sich aus die Initiative, wollen gestalten, tun, machen, erreichen. *Reaktive* warten, bis sie aufgefordert werden, erleben die Welt als starke

äußere Macht, der man sich zu fügen hat. Sie wollen zuerst verstehen und analysieren, bevor sie handeln.

2. hin zu / weg von:
Hin-zu-Menschen konzentrieren sich auf ihre Ziele, denken in Bezug auf das, was zu erreichen ist, sind motiviert, zu haben, zu machen, zu erreichen. *Weg-von*-Menschen finden sofort heraus, was zu vermeiden ist, wo die Probleme liegen.

3. intern / extern:
Intern orientierte Personen bilden sich selbst ihre eigene Motivation, entscheiden nach ihren eigenen Maßstäben. Es fällt ihnen schwer, die Meinung und Orientierung anderer zu akzeptieren. *Extern* orientierte Personen entscheiden eher nach den Maßstäben anderer. Sie brauchen Feedback von außen, um z.B. die Qualität ihrer Arbeit abschätzen zu können.

4. Wahl (option) / Regel (procedure)
Optionsorientierte Personen möchten Wahlmöglichkeiten haben und sind motiviert, wenn es darum geht, Alternativen und/oder neue Regeln/Reihenfolgen zu entwickeln. *Regelorientierte* Personen können gut bestehende Regeln/Reihenfolgen einhalten; sie fühlen sich unsicher, wenn die bestehende Vorgehensweise nicht funktioniert.

5. Übereinstimmung / Unterschied (match / mismatch)
Menschen, die auf *Übereinstimmung* achten, suchen immer nach dem Gemeinsamen und fühlen sich primär dabei wohl, während jene, die auf *Unterschiede* achten, die Diskrepanzen betonen.

6. spezifisch / allgemein
Spezifisch orientierte Menschen bevorzugen kleine Informationsgrößen; sie mögen Einzelheiten, detaillierte Sequenzen und haben eher Mühe, das große Gesamtbild zu sehen. *Allgemein* orientierte Menschen bevorzugen das „große Bild" und, verschaffen sich erst einmal einen Überblick.

7. selbst / andere:
Menschen, die *selbst*orientiert sind, reagieren kaum auf das Verhalten anderer, sie erkennen aufgrund der eigenen Gefühle, wie der Kommunikationsprozess abläuft. Die an *anderen* orientierte Person reagiert automatisch stark auf andere Menschen

und erkennt aufgrund der Reaktion der anderen, wie der Kommunikationsprozess abläuft.

8. unabhängig / nahe / gemeinsam:
Die *unabhängige* Person möchte am liebsten alleine arbeiten (Jagdflieger, Fernfahrer, Einzelkämpfer etc.); die an *Nähe* orientierte Person möchte in der Nähe anderer sein; und die am *Gemeinsamen* orientierte Person will Leben und Verantwortung mit anderen teilen, will alles im Team machen.

9. Leute / Sache:
Die an *Leuten* orientierte Person achtet auf Menschen und denkt, dass die eigentliche Aufgabe darin besteht, Menschen und ihre Gefühle zufrieden zu stellen, geht ganz natürlich in Rapport, verwendet im Satzbau primär Menschen als Objekte, spricht häufig von Menschen, Personen, Leuten u.ä. Im Gegensatz dazu achten solche, die sich an *Sachen* orientieren, auf Dinge, Systeme, Ideen, Angelegenheiten u.ä.

10. Überzeugungsmuster:
a) *Überzeugungskanal*: Durch welches Repräsentationssystem wird jemand von der Existenz von etwas überzeugt, d.h., muss die Person einen Beweis eher sehen, hören, lesen oder tun?

b) *Häufigkeit*: Wie oft muss jemand gesehen, gehört, gelesen, getan etc. haben, um überzeugt zu sein.

Neben diesen sog. „komplexen" Meta-Programmen nennen JAMES und WOODSMALL (1991) in Anlehnung an die „psychologischen Typen" von C.G. JUNG (1978) noch die „einfachen" Meta-Programme, welche sich wiederum nach weiteren Meta-Programmen unterteilen lassen:

a) äußeres Verhalten: introvertierter vs. extravertierter Typus;
b) innere Prozesse: intuitiver vs. Empfindungs-Typus;
c) innere Zustände: Denktypus (dissoziiert) vs. Fühl-Typus (assoziiert);
d) adaptive Reaktion: Beurteiler vs. Wahrnehmer (ÖTSCH & STAHL 1997).

Strukturmuster der Gefühle

Leslie CAMERON-BANDLER und Michael LEBEAU (1991) entwickelten mit der „Imperative Self Analysis" ein Strukturmuster für Emotionen (Gefühle). Die „Imperative Self Analysis“ ermöglicht eine individualisierte Beschreibung der Persönlichkeit und bildet die Grundlage für die darauf aufbauenden und später entwickelten (im vorigen Kapitel beschriebenen) Meta-Programme.

Gefühle werden nicht als unwillkürliche, unveränderbare Reaktion auf bestimmte äußere Reize oder als Ausdruck angeborener persönlicher Merkmale gesehen, sondern als das Ergebnis einer Wechselwirkung zwischen äußerer Welt und dem eigenen Modell der Welt. Ziel der „Imperative Self Analysis“ ist das Herausarbeiten der Muster persönlicher Organisation, die für das Erleben und Verhalten einer Person entscheidend sind.

Das Strukturmodell besteht aus den acht Unterscheidungen (Komponenten der emotionalen Erfahrung) „Zeitrahmen“, „Modalität“, „Beteiligung“, „Intensität“, „Vergleich“, „Tempo“, „Kriterien“, „Chunkgröße“. Jedes Gefühl wird durch diese Komponenten beeinflusst und lässt sich als eine charakteristische Kombination dieser Komponenten darstellen, so dass durch gezielte Variation einzelner Komponente Gefühle verändert oder neu gebildet werden können.

1. Voraussetzung für viele Gefühle ist der Bezug auf einen bestimmten **Zeitrahmen**. Denkt man beispielsweise an etwas, das einen beunruhigt oder ängstigt, so beziehen sich die Gefühle auf ein Ereignis in der unmittelbaren oder ferneren *Zukunft*. Erfahrungsgemäß muss man sich in der *Gegenwart* recht gut fühlen, um sich der Zukunft zuzuwenden und sich darüber zu ängstigen. Fühlt man sich gerade nicht sicher, hat das Bewusstsein Dringenderes zu tun, als unangenehme zukünftige Möglichkeiten zu erwägen.

Bedauern wiederum ist eine Emotion, bei der man sich auf die *Vergangenheit* bezieht, wenn man z.B. überlegt, wie etwas hätte sein können oder was man hätte tun können, aber nicht getan hat. Richtet man seine Aufmerksamkeit in die Zukunft und bedenkt, was sein könnte und was man tun könnte, verändert sich Bedauern möglicherweise in Hoffnung. Richtet man seine Aufmerksamkeit auf die Gegenwart, auf das, was gerade nicht geschieht, fühlt man sich gelangweilt oder unruhig. Diese Gefühle wiederum können sich in Freude verwandeln, wenn man seine Aufmerksamkeit auf etwas in der nicht allzu fernen Zukunft richtet.

Gefühle, für die der Zeitrahmen ein wichtiger Bestandteil ist, können also verändert werden, indem man seine Aufmerksamkeit auf einen anderen Zeitrahmen richtet.

2. Modalität ist jener Bezugsrahmen, der etwas als subjektiv *notwendig, möglich* oder *wünschenswert* erscheinen lässt. Die Feststellung „Ich muss das tun“ gründet auf der Modalität der Notwendigkeit; die Modalität der Möglichkeit stellt die Frage, inwieweit man glaubt, tun zu können, was zu tun ist. Glaubt man, es nicht zu können, führt das wahrscheinlich zu Gefühlen der Unzulänglichkeit oder Verzweiflung. Glaubt man hingegen, die Anforderungen erfüllen zu können, führt das vermutlich zu Zuversicht.

3. Beteiligung ist jene Komponente, durch die man sich *aktiv* oder *passiv* an etwas beteiligt fühlt. Das Gefühl der aktiven Beteiligung am Erreichen eines Zieles führt zu Entschlossenheit, Ehrgeiz, Zuneigung, Neugier, Angst, Ekel, Frustration. Hingegen kann die Erfahrung der Passivität zu Gefühlen wie Hoffnung, Apathie, Gleichgültigkeit, Zufriedenheit, Ruhe, Einsamkeit führen.

4. Intensität bezeichnet den relativen Grad der emotionalen Kraft (*niedrig, mittel, hoch*). Viele Emotionen sind zwar strukturell ähnlich, in ihrer relativen Intensität jedoch verschieden wie in den Beispielen:

zufrieden → glücklich → begeistert → ekstatisch;

ablehnend → ärgerlich → wütend.

Der Wechsel von einem Gefühl zu einem anderen – erträglicheren – Gefühl kann häufig durch Veränderung der Intensität des augenblicklichen Erlebens erfolgen, indem man die Intensität der Empfindungen, der inneren Bilder und des inneren Dialogs mindert.

5. Beim **Vergleich** mit anderen achten wir auf *Übereinstimmung* oder auf *Nichtübereinstimmung*. Nichtübereinstimmung kann zu einem Gefühl der Unzulänglichkeit führen, wenn man dabei schlechter abschneidet als die Vergleichsperson(en). Achtet man hingegen darauf, wie man sich selbst in seinen Fertigkeiten gegenüber früher verändert hat, führt das eher zu einem Gefühl der Kompetenz.

Übereinstimmung ist eine wichtige Komponente bei der Erzeugung von angenehmen Gefühlen wie Zufriedenheit, Nichtübereinstimmung bei der Erzeugung von Gefühlen wie Unbehagen, Frustration und Enttäuschung oder auch Überheblichkeit, Verachtung oder Neid.

6. Ein *schnelles* **Tempo** bedingt z.B. Erregung, Panik, Unruhe, Ungeduld, Angst und Wut, ein *langsames* Tempo Langeweile, Einsamkeit, Apathie, Entmutigung, Geduld, Akzeptanz und Zufriedenheit. Das Tempo kann auch *ungleichmäßig* sein wie bei Angst und Nervosität oder *gleichmäßig* wie bei Ruhe. Tempo ist eine Eigenschaft unseres Erlebens, die nur selten wahrgenommen wird. In Filmen wird Tempo eingesetzt, z.B. in Form von Hintergrundmusik oder der Abfolge des Bildschnitts, um beim Zusschauer eine emotionale Reaktion zu erzeugen. Emotionen können durch Veränderung des Tempos drastisch verändert werden.

7. **Kriterien** sind Standards bzw. Maßstäbe, die man in einer bestimmten Situation verwendet, z.B. das Kriterium *perfekt* für den Projektbericht für die nächste Teambesprechung. Durch Veränderung der verwendeten Kriterien ändert sich auch die emotionale Erfahrung.

8. Die **Chunkgröße** gibt an, wie detailliert vorhandene Informationen wahrgenommen werden. Man kann eine Situation in kleinere Chunks (Verhaltenseinheiten) aufteilen oder durch Vergrößern der Chunks einen umfassenderen Überblick erhalten. Personen unterscheiden sich darin, welche Chunkgröße für sie in gegebenen Situationen die angemessenere ist. Relativ große Chunks können zu Ehrfurcht, Staunen, Überwältigtsein und Entmutigung führen, kleine Chunks zu Irritation und Ablehnung.

3. Die Zielorientierung menschlichen Handelns

In den Vereinigten Staaten steht William JAMES am Beginn einer Entwicklung, in deren Verlauf sich der Untersuchungsgegenstand der Psychologie vom Bewusstsein weg und hin zum menschlichen Verhalten verlagert. Sein Schüler Edward Lee THORNDIKE beschäftigte sich unter anderem mit dem Verhalten von Tieren. Diese Forschungsansätze wurden von WATSON, SKINNER und PAWLOW fortgesetzt. Ziel der Behavioristen war es, Verhalten vorherzusagen und zu kontrollieren. Der Erfolg des Behaviorismus war überwältigend, das Bewusstsein hatte als Gegenstand der Forschung ausgedient.

Mitte der fünfziger Jahre ebnete MILLER mit seinem berühmt gewordenen Artikel „*The Magical Number Seven, Plus or Minus Two: Some Limits on Our Capacity for Processing Information*“ (1956) den Weg für eine kognitive Psychologie, wodurch das Bewusstsein als Gegenstand der Forschung erneut in den Mittelpunkt des Interesses rückte und der Behaviorismus an Bedeutung verlor.

Als Klassiker der kognitiven Psychologie gilt die Arbeit von MILLER, GALANTER und PRIBRAM (1973) über die Verwirklichung menschlicher Pläne und Ideen im Handeln und Verhalten, in der sie eine kognitive Handlungstheorie mit kybernetischem Denkansatz entwickeln. Der „kybernetischen Hypothese“ zufolge bildet der Rückkoppelungskreis den grundlegenden Baustein des Nervensystems und das Grundelement des Verhaltens.

Regelkreise

Auch CHOMSKY (1973a, engl.:1957) und viele von ihm beeinflusste Linguisten und Psycholinguisten gelangten zu der Überzeugung, dass die Lernpsychologie als reine S-R-Psychologie (Reiz-Reaktions-Psychologie), wie sie von SKINNER vertreten wird, nicht imstande sei, Sprechverhalten zu erklären, da sie einen Satz als lineare Reiz-

Reaktions-Kette auffassen muss. Zur Analyse des Sprechens schlägt CHOMSKY statt des Begriffes „S-R-Verbindung“ den Begriff „Regel“ vor.

In der Psychologie ist in den letzten Jahren der Begriff „Regelkreis“ immer beliebter geworden (z.B. HYLAND 1988). Die grundlegende Annahme aller Regelkreistheorien ist, dass bei Divergenz zwischen Ist- und Sollwert Handlungen eingeleitet werden, deren Ziel die Beseitigung der Diskrepanz ist. Der Begriff Regelkreis stammt aus der Technik, ein Beispiel aus diesem Bereich wäre der Thermostat. Fällt die Temperatur (Ist-Wert) unter den gewünschten Wert (Soll-Wert), schaltet sich die Heizung ein. Sie schaltet sich wieder aus, wenn die Temperatur den Sollwert erreicht hat.

Das T.O.T.E.-Modell

MILLER, GALANTER und PRIBRAM (1973) haben vorgeschlagen, in der gesamten Psychologie als Analyseeinheit den Begriff *Plan* (eine bestimmte Art von Regeln) anzuwenden.

Pläne sind nach MILLER et al. T.O.T.E.-Einheiten (**T**est-**O**perate-**T**est-**E**xit). Beispiel für einen Plan wäre das Einhämmern eines Nagels. Die Tätigkeit beginnt mit einem *Test*, ein Ist-Wert wird mit einem Sollwert verglichen. Unterscheiden sich diese Werte, ragt also der Nagel heraus, erfolgt eine *Operation* (der Hammer wird auf den Nagel geschlagen). Danach erfolgt der nächste *Test*. Die Operation wird so lange wiederholt, bis der Test positiv ausfällt (*Exit*).

Pläne können ineinander geschachtelt werden und so eine Hierarchie von Plänen bilden. Der Operationsteil eines Plans kann aus untergeordneten Plänen bestehen, im Beispiel wären das die Hammerbewegungen: Ist der Hammer oben (Test), wird er gesenkt (Operation). Der ganze Plan des Nagel-Einschlagens ist wiederum der Operationsteil eines übergeordneten Plans, z.B. zwei Bretter zusammenfügen, dieser ist Teil eines noch umfassenderen Plans, z.B. einen Bücherkasten bauen, usw.

Nach MILLER et al. kann nicht alles, was während einer Reflexhandlung im Nervensystem geschieht, durch den einfachen Reflexbogen oder gar eine Reiz-Reaktions-Kette dargestellt werden.

Reflexhandlungen gelten als Sonderfall der T.O.T.E.-Einheit: Bei einer Reflexhandlung vergleicht ein Mechanismus im Zentralnervensystem Eingangsenergien (Test) mit gewissen Kriterien, welche im Organismus festgehalten sind. Eine Reaktion (Operation) erfolgt, wenn das Resultat des Tests eine Inkongruenz aufweist. Die Reaktion geht weiter, bis die Inkongruenz verschwindet, womit der Reflex zu Ende gekommen ist (Exit). Wir haben also eine Rückkoppelung vom Handlungsresultat zur Testphase, eine rekursive Schleife.

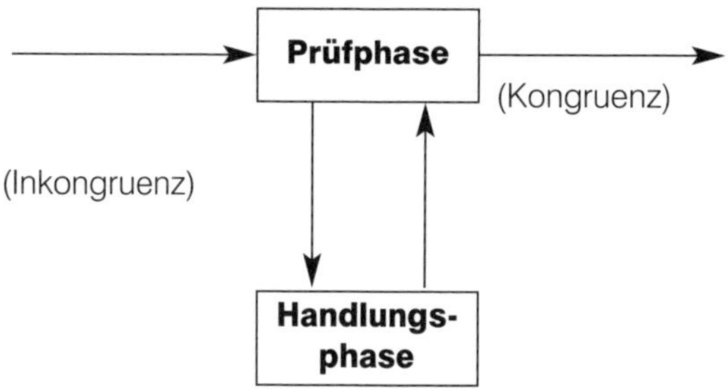

Abb. 1:
Die Test-Operation-Test-Exit-Einheit (T.O.T.E.-Einheit)

Das T.O.T.E.-Modell dient aber auch zur Erklärung des Verhaltens ganz allgemein. Reiz und Reaktion können somit als Teilphasen des Rückkoppelungskreises definiert werden. Zusammenfassend stellen Fertigkeiten und Instinkte Aktionsmuster dar, die auf Umweltbedingungen gerichtet sind, von diesen aktiviert werden und in hierarchisch organisierten Aktionseinheiten organisiert sind.

Meistens werden mehrere Pläne verfolgt. Die Reihenfolge, in welcher die Subpläne durchgeführt werden, kann in manchen Fällen gleichgültig sein, in manchen aber erfordert die Durchführung eines Plans die vorherige Durchführung eines anderen.

Wenn mehrere Pläne koordiniert werden sollen, muss ein Mechanismus für diese Koordination vorhanden sein. Dieser wird im Wesentlichen von der gleichen Bauart sein wie die T.O.T.E.-Hierarchien. Wir müssen also Pläne haben, die andere Pläne verarbeiten, wie auch Pläne, die Informationen verarbeiten.

Andere Pläne wiederum sind miteinander unvereinbar. Sich widersprechende Pläne können zu Konflikten führen.

Das T.O.T.E.-Modell in der NLPt

Auch in der Neuro-Linguistischen Psychotherapie (NLPt) wird das T.O.T.E.-Modell zur Beschreibung einer spezifischen Reihenfolge von Verhalten verwendet. DILTS, BANDLER und GRINDER (1985) beschreiben eine T.O.T.E. als „eine Reihenfolge von Aktivitäten in unseren sinnlichen Repräsentationssystemen, die sich so zu einer funktionalen Verhaltenseinheit konsolidiert hat, dass sie typischerweise unterhalb der Schwelle der Bewusstheit ausgeübt wird“ (DILTS et al. 1985, S. 45f.).

Eine T.O.T.E.-Einheit kann einfach oder komplex sein. Am Beispiel des Musizierens: Das Hervorbringen eines Tones kann für den Anfänger einen großen Komplex von geordnetem Verhalten darstellen, während für den geübten Musiker eine ganze Melodie problemlos als eine einzige Verhaltenseinheit durchgeführt wird, so dass diese komplexe Sequenz in eine T.O.T.E. inkorporiert wird. Das T.O.T.E.-Modell hat den Vorteil, dass es sowohl das *Feedback* (die Rückkoppelung) als auch das *Resultat* (Ziel) berücksichtigt.

In der allgemeinsten Form wird Einstellungs-/Verhaltensmodifikation in der NLPt als ein *Drei-Punkte-Prozess* beschrieben:

1. Darstellung des gegenwärtigen Zustandes;
2. Darstellung des Ergebnis- oder Zielzustandes;
3. Darstellung der Ressourcen zur Zielerreichung.

Ressourcen werden auf einen aktuellen Verhaltenszustand appliziert, um einen neuen Ergebniszustand zu erreichen. Diese Grundform der NLPt stellt ebenfalls einen T.O.T.E.-Prozess dar:

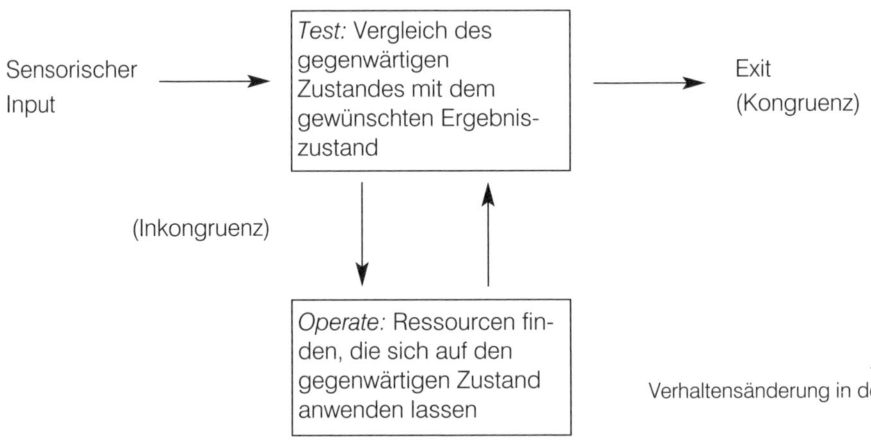

Abb. 2:
Verhaltensänderung in der NLPt

Der Therapeut vergleicht immer wieder den Ist-Zustand des Klienten mit dem gewünschten Ergebnis- bzw. Zielzustand. Ressourcen werden so lange zugänglich gemacht und auf das System angewandt, bis die zwei Zustände kongruent werden. Dabei bedient sich die NLPt unterschiedlicher Operationen (wie „Evokation", „Utilisation", „Design" und „Installation"), um bestehende bzw. Ressourcenstrategien zu identifizieren, zugänglich zu machen, abzuändern oder neu zu installieren.

T.O.T.E.-Modell und Repräsentationssysteme

Die NLPt sieht die Test- und Operationsphasen des menschlichen Verhaltens als durch unsere Repräsentationssysteme vermittelt, so dass jeder Schritt in der T.O.T.E.-Sequenz präzise einem Repräsentationssystem oder einer Kombination von Repräsentationssystemen zugeordnet werden kann. Am Beispiel des Nagel-Einhämmerns würde ein *visueller* Test so durchgeführt, dass die hereinkommende visuelle Erfahrung der Position des Nagels mit einer gespeicherten visuellen Repräsentation verglichen wird, wie ein Nagelkopf aussieht, der mit einer Oberfläche bündig ist. Der Test kann aber auch *taktil-kinästhetisch* durchgeführt werden, da das Gefühl in Hand und Arm, wenn man auf einen Nagel schlägt, der bündig ist, anders ist als das Gefühl, wenn der Nagel noch hervorsteht. Auch ein *auditiver* Test ist möglich, da der Hammerschlag anders klingt, wenn der Nagel bündig ist. Das Ausmaß der Fähigkeit, bei einer Aufgabe verschiedene Repräsentationssysteme untereinander auszutauschen, ist auch ein Hinweis für Kompetenz, Erfahrung und Flexibilität des Handelnden.

Auch das Testergebnis, also die Erfahrung der „Kongruenz“ bzw. „Inkongruenz“, wird in einem Repräsentationssystem repräsentiert, z.B. in Form eines bestimmten Gefühls in der Magengegend, was weiteres Hämmern (Handlung) veranlasst. Oder es kann eine innere Stimme gehört werden, die zu nochmaligem Hämmern auffordert etc.

Der Vergleich kann aber auch, und zwar vor allem bei Entscheidungs- und Motivationsstrategien, zwischen zwei Repräsentationssystemen stattfinden; so kann beispielsweise ein Verhalten ein gutes *Gefühl* auslösen, aber eine innere Stimme *sagt*, dass man es nicht tun sollte. Eine solche Inkongruenz wird als Konflikt erlebt; dieser kommt z.B. dadurch zur Lösung, dass eine Repräsentation so stark wird, dass durch sie der nächste Schritt der Reaktionskette initiiert wird.

Die Integration der Repräsentationssysteme in das T.O.T.E.-Modell hat den Vorteil, dass sie

1. eine systematische Analyse sowie
2. den Transfer von jeder Form von Verhalten

ermöglicht.

Verhaltenssequenzen aller Art können zerlegt, und damit leicht lehr-, mitteil- oder auch modifizierbar gemacht werden. Mit Hilfe der Analyse von Repräsentationssystemen im Rahmen von T.O.T.E.s können effektive Verhaltensstrategien gefunden bzw. die Effektivität bestehender Strategien gesteigert werden.

Nach dem Konzept des „Primats eines Repräsentationssystems“ haben viele Menschen für ein bestimmtes Repräsentationssystem eine Präferenz, welche sie auch auf viele verschiedene Aufgabenstellungen übertragen, für die sich das bevorzugte Repräsentationssystem gar nicht eignet. Ein Beispiel wäre die Strategie des Buchstabierens. Ein „visueller“ Buchstabierer konstruiert z.B. beim Hören eines Wortes aus dem Klang heraus ein visuelles Bild der Buchstaben des Wortes. Dieses Bild vergleicht er mit der Erinnerung an das Bild des Wortes, das er schon einmal irgendwo gelesen hat. Wenn das konstruierte Bild nicht richtig „aussieht“, konstruiert die Person ein neues Bild, so lange, bis beide Bilder kongruent sind. Der phonetisch Orientierte hingegen prüft, ob seine Buchstabierkonstruktion „richtig klingt“. Erfahrungsgemäß buchstabieren Personen mit einer visuellen Strategie besser, das gilt vor allem für die englische Sprache, da hier visuelle und phonetische Kodierung unterschiedlichen Regeln folgt.

Ziel der T.O.T.E.-Analyse ist also

a) das optimale Repräsentationssystem für die einzelnen Schritte der T.O.T.E. zu finden (z.B. das visuelle für das Buchstabieren);

b) die Erhöhung der Flexibilität und der individuellen Wahlmöglichkeiten durch Nutzung aller Repräsentationssysteme.

(Anmerkung: R. Dilts hat als eine weitere Version des T.O.T.E.-Modells das G.E.O.- Modell entwickelt. G.E.O. steht dabei für: **G**oals, **E**vidences und **O**perations.)

4. Die Kybernetik der Theorie des Geistes

NLP und NLPt basieren auf Grundannahmen über die Struktur kognitiver und emotionaler Prozesse im Menschen und deren Auswirkungen auf das innere und äußere Verhalten sowie auf der grundlegenden Annahme, dass das Leben und unser Organismus selbstorganisierende, (relativ) autonome *kybernetische Systeme* darstellen, die sich mittels ganzheitlicher geistiger Prozesse erfassen lassen.

Eine der Hauptquellen für die Entwicklung von NLP war Gregory BATESON, der aufbauend auf den Arbeiten von KORZYBSKI versuchte, die komplexe Vielfalt, die uns umgibt, in einem theoretischen Konzept zu erfassen. Der ganzheitliche Ansatz von BATESON in seiner „Ökologie des Geistes" (1981 [engl. 1972]) sowie bestehende lebendige Diskussionszusammenhänge in den siebziger Jahren haben die Theorie und Praxis des NLP nachhaltig beeinflusst. Bei ihm finden sich nach wie vor elementare Denkanstöße für die Fundierung und Weiterentwicklung des Neurolinguistischen Programmierens. Mit seiner Erkenntnistheorie und Theorie des Geistes hat er die cartesianische, dualistische Denkweise mit ihrer Trennung von Geist und Materie (Seele und Leib) überwunden (BATESON 1972 1981). Eine *holistische Sichtweise* wurde auch von C.G. JUNG und W. REICH vertreten; sie findet sich ausdrücklich in der systemischen Therapie, in den Systemwissenschaften (MATURANA, VARELA u.a.) sowie in den wissenschaftlichen Vorgehensweisen der Palo-Alto-Schule (P. WATZLAWICK, J.H. WEAKLAND, R. FISCH u.a.) bei V. SATIR u.a.

Nach BATESON lassen sich folgende Kriterien für mentale Prozesse postulieren:

1. Der Geist ist ein Aggregat interagierender Teile oder Komponenten.
2. Die Interaktion zwischen Teilen des Geistes wird durch Unterschiede ausgelöst.
3. Der geistige Prozess verlangt zirkuläre (oder noch komplexere) Determinationsketten.

4. Im geistigen Prozess müssen die Auswirkungen von Unterschieden als Umwandlungen (d.h. kodierte Versionen) von vorausgegangenen Ereignissen aufgefasst werden – ein Beispiel wäre der Übergang von situativem Wissen zu generativem Wissen (Regelentwicklung).

5. Ereignisse innerhalb des Systems haben ihre eigenen Energiequellen, d.h. sie werden durch den *reagierenden* Teil und nicht durch den Teil, der die Reaktion *auslöst*, „aufgeladen" (oder angereichert). Diese so genannten lebenden Systeme werden als Subjekte aufgefasst und sind selbstverwirklichend (intrapsychisch z.B. Hoffnung, extrapsychisch z.B. Rituale, Mythen).

6. Die Beschreibung und Klassifizierung von Transformationsprozessen innerhalb eines Systems geschieht nach einer Hierarchie von logischen Typen, die den Phänomenen immanent sind (vgl. dazu die Theorie der logischen Typen von WHITEHEAD und RUSSELL, S. 27 f.).

Grundannahmen des NLP

Lebende Systeme sind selbstorganisierend, d.h. ihre innere Ordnung wird primär nach autonomen Gesetzmäßigkeiten des Systems selbst hergestellt. Wir gehen von selbstorganisierten Systemen aus, welche durch Umweltvariablen in zirkulärer Weise angeregt und gespeist werden. Die Wechselwirkung mit der Umwelt bestimmt jedoch nicht notwendigerweise ihre innere Organisation (JANTSCH, in: SCHMIDT 1992). Die beiden wichtigsten dynamischen Phänomene der Selbstorganisation sind:

a. *Selbsterneuerung* – die Fähigkeit lebender Systeme, ihre Komponenten ständig zu erneuern, d.h. die notwendigen Ressourcen einfließen zu lassen, zu integrieren, dabei aber die Integrität ihrer Gesamtstruktur zu bewahren;

b. *Selbsttranszendenz* – die Fähigkeit, durch Vorgänge des Lernens, der Entwicklung und der Evolution kreativ über die eigenen physischen und geistigen Grenzen hinauszuwachsen.

Im NLP-Konzept leiten sich daraus noch die folgenden **Grundannahmen** und theoretische Vorstellungen ab:

1. Geist und Körper – eine an sich willkürliche und nur geschichtlich zu erklärende Spaltung im Begrifflichen – sind Teile ein und desselben kybernetischen Systems Mensch, die sich gegenseitig beeinflussen. Was im mentalen Bereich (sowohl kognitiv als auch emotional) geschieht – also in der Vorstellung und in der Gedankenwelt des Menschen –, wird von einem korrespondierenden somatischen, d.h. körperlichen, Zustand begleitet. Jeder unterscheidbare Bewusstseinszustand korrespondiert mit einem ebenfalls unterscheidbaren körperlichen Zustand. Im NLP sprechen wir von der jeweiligen „Physiologie“ einer Person und meinen damit ihren Bewusstseins- und körperlichen Zustand im Hier und Jetzt – der Mensch denkt und fühlt mit dem ganzen Körper. Viele Veränderungen der Physiologie sind einer sinnesspezifischen Wahrnehmung zugänglich.

2. In einem kybernetischen System ist die Vielfalt möglicher Verhaltensweisen enorm wichtig. Es wird dasjenige darin das kontrollierende Element sein, welches über die größere Flexibilität verfügt. Es wird daher im therapeutischen Prozess ein Aufbau einer Vielfalt von verfügbaren und kontextrelevanten Wahlmöglichkeiten angestrebt.

3. Interaktionen zwischen Menschen stellen ein kybernetisches System dar, welches selbst Subsystem größerer biologischer Systeme ist.

3.1. Menschliche Interaktionen basieren auf systemischen Feedbackschleifen, nicht auf linearen Reiz-Reaktions-Ketten.

3.2. Die Bedeutung jeder Kommunikation zeigt sich in der Reaktion bzw. der Rückmeldung. Kommunikation hat etwas damit zu tun, im Zuhörer ein bestimmtes Erlebnis entstehen zu lassen und von ihm eine bestimmte „Antwort“ (digital/analog) zu erhalten.

3.3. Man kann nicht nicht kommunizieren, d.h., jede wahrnehmbare Äußerung ist Kommunikation (vgl. WATZLAWICK et al. 1985).

3.4. Unerwartete Ergebnisse bei der Kommunikation (so genannte „Rückschläge“ oder „Fehler“) werden als Rückmeldungen oder Feedback aufgefasst, das der Informationsanreicherung innerhalb des Systems dient. Jede Reaktion kann also als Ressource angesehen und utilisiert werden.

4. Jedes System und auch jedes Verhalten ist auf Anpassung hin ausgerichtet. Es ist dann „unangepasst“, wenn es auf Kontexte ausgedehnt bzw. beschränkt wird, in denen angemessenes Reagieren nicht möglich ist, oder wenn es daran gehindert wird, sich an Veränderungen anzupassen.

5. Die Menschen bzw. das System Mensch treffen jeweils die beste ihnen zur Verfügung stehende Wahl. Sie tun das, was ihnen zum jeweiligen Zeitpunkt mit den jeweils vorhandenen Informationen und den Möglichkeiten und Fähigkeiten, die sie aufgrund ihres „Weltbildes“ für sich als verfügbar erachten, möglich ist. Jedes Verhalten, unabhängig davon, wie „böse“, „verrückt“ oder „bizarr“ es erscheinen mag, ist die beste Wahl aus den für die Person (subjektiv) verfügbaren Alternativen. Sobald es eine „bessere“ (d.h. passendere) Wahlmöglichkeit innerhalb des Rahmens des jeweiligen Modells gibt, wird die Person diese ergreifen. Zusätzliche Wahlmöglichkeiten zu erschließen ist daher ein wichtiges Ziel der Neuro-Linguistischen Psychotherapie (NLPt).

6. Daraus ergibt sich, dass hinter jedem Verhalten eine subjektiv positive Absicht steht (Trennung von Intention und Verhalten). Man geht davon aus, dass unsere Verhaltensweisen, unsere Kommunikation und unsere Symptome einem Zweck dienen, wobei jeweils ein bestimmtes Ergebnis erreicht werden soll. Verhalten wird als zielgerichteter Lösungsversuch aufgefasst, der in Richtung Optimierung für das System strebt (ökologischer Ansatz des NLP). Diese positive Absicht ist unabhängig von möglichen realen Folgen eines Verhaltens.

7. Jedes Verhalten ist (in seinem Kontext) nützlich; d.h. es gibt für jedes Verhalten zumindestens einen Kontext oder eine Bedeutungsebene, in dem oder der es passt oder passte. In der NLPt wird daher nicht versucht, so genanntes problematisches Verhalten zu entfernen, sondern es werden neue zusätzliche Verhaltensmöglichkeiten geschaffen, die Fähigkeit zu dem so genannten falschen Verhalten jedoch beibehalten.

8. Ein spezifisches System kann Modell für ein anderes System sein. Regeln von Systemen sind übertragbar; d.h., was ein Mensch lernen kann und tut, kann ein anderer Mensch (unter Berücksichtigung biologischer Einschränkungen) auch lernen oder tun.

9. Der Mensch als Systemeinheit besitzt alle Potenziale für die Bewältigung des Lebens im Hier und Jetzt und ebenfalls für seine zukünftige Entwicklung. Es gilt, vorhandene Möglichkeiten zugänglich und praktisch wirksam zu machen (Utilisation).

10. Die Zielorientierung des kybernetischen Systems Mensch: Wird bei einer Diskrepanz zwischen Ist-Zustand und Soll-Zustand das Element der Zielorientierung eingeführt, d.h., wird der Soll-Zustand als Ziel definiert, so geschieht eine entscheidende Veränderung im Gesamtsystem. Die Definition, d.h. Kreation, eines „wohlgeformten" operationalisierten Ziels wirkt verändernd; sie beeinflusst den Jetzt- oder Ist-Zustand und wird wiederum von diesem beeinflusst. Der Gesamtkontext hat sich ebenso verändert, und diese Veränderung ist nicht mehr rückgängig zu machen (siehe auch NLP-Zielmodell, S. 137f und 201–208).

Die Unified Field Theory

Robert DILTS entwickelte die „**Unified Field Theory**" („Vereinheitlichte Feldtheorie"), die dem *holographischen* Verständnis von NLP als eigenständiges theoretisches Konzept Rechnung trägt. DILTS orientierte sich mit diesem theoretischen Entwurf an Albert EINSTEIN, der eine „Unified Field Theory" für physikalische Gesetze entwickelte.

Die „Unified Field Theory" des NLP basiert auf drei Grundlagen:

1. den an BATESON (1981) orientierten, von DILTS neu gefassten „neuro-logischen Ebenen der Veränderung" (Umwelt, Verhalten, Fähigkeiten, Glauben, Werte, Identität) (DILTS 1990; DILTS et al. 1991);

2. den drei mentalen Wahrnehmungspositionen

   a) assoziiert mit sich selbst,
   b) assoziiert mit einer anderen (Beziehungs-)Person,
   c) Bezug zu einer außenstehenden Person oder zu dem Kontext;

3. den drei Zeitebenen (Vergangenheit, Gegenwart und Zukunft).

Die „Unified Field Theory" des NLP wird mit Hilfe des NLP-Modells und der NLP-Methoden immer wieder wissenschaftlich-empirisch überprüft und getestet.

Die logischen Ebenen des Lernens

BATESON (1981, S. 362 ff.) unterscheidet fünf logische Kategorien des Lernens, die hierarchisch aufeinander bezogen sind, gestützt auf eine hierarchische Klassifizierung der Irrtumstypen, die in den vielfältigen Lernprozessen korrigiert werden sollen.

Grundsätzlich unterscheidet er zwei Arten von Irrtümern:

- falsche Wahl innerhalb einer unveränderten Menge von Alternativen;
- Wahl aus der falschen Menge von Alternativen.

a) „Lernen null“: Ein Einzelwesen zeigt minimale Veränderungen in seiner Reaktion auf eine wiederholte Einheit der sensorischen Eingabe. Die kausalen Verknüpfungen zwischen Reiz und Reaktion sind quasi „eingelötet“; z.B.: Ich „lerne“ vom Läuten des Weckers, dass es sechs Uhr ist. „Lernen null“ bezeichnet die unmittelbare Grundlage all jener Akte, die nicht der Berichtigung durch Versuch und Irrtum unterworfen sind.

b) „Lernen I“ ist Veränderung in der spezifischen Wirksamkeit der Reaktion durch Korrektur von Irrtümern der Auswahl innerhalb einer Menge von Alternativen, wobei vorausgesetzt wird (wie bei jeder Theorie, die Lernen als Veränderung definiert), dass der Kontext konstant bleibt („Kein Mann kann zweimal mit demselben Mädchen zum ersten Mal ins Bett gehen.“ a.a.O., S. 373). Hierher gehören: Gewöhnung sowie Verlust oder Erlöschen der Gewöhnung, klassische und operante Konditionierung, mechanisches Lernen, Unterbrechung und Auslöschung oder Hemmung von „abgeschlossenem“ Lernen (a.a.O., S. 372).

c) „Lernen II“ ist eine Veränderung im Prozess des Lernens I, z.B. eine korrigierende Veränderung in der Menge von Alternativen, unter denen die Auswahl getroffen wird. Sie beruht auf einer Veränderung in der Art und Weise, wie die Abfolge der Erfahrung interpunktiert wird, d.h., wie der Handlungs- und Erfahrungsstrom zusammen mit den Veränderungen durch Verwendung von Kontext-Markierungen in Kontexte unterteilt und interpunktiert wird.

   Termini für die verschiedenen Phänomene dieser Klasse wären „Deutero-Lernen“, „Lernen lernen“ oder „Lerntransfer“, welche die Hauptbeschäftigungsfelder von Anthropologen, Erziehern, Eltern, Kindern, Psychiatern und Psychotherapeuten bezeichnen.

   Ein Großteil vom Lernen II, der die Übertragungsmuster eines Patienten und auch viel vom Beziehungsverhalten eines Menschen bestimmt, datiert aus der frühen Kindheit und ist unbewusst; dieses „Unbewusste“ umfasst also nicht nur unterdrücktes Material, sondern auch die meisten Prozesse und Gewohnheiten der Gestaltwahrnehmung.

d) „Lernen III" ist Veränderung im Prozess des Lernens II, z.B. eine korrigierende Veränderung im System der Mengen von Alternativen, unter denen die Auswahl getroffen wird.

Dies ist selbst für menschliche Wesen schwierig und selten und tritt daher von Zeit zu Zeit nur in der Psychotherapie, in religiösen Bekehrungen oder in anderen Sequenzen auf, in denen eine tief greifende Umstrukturierung des Charakters stattfindet.

Dies geschieht durch Infragestellen und Veränderung der ungeprüften Prämissen aus Lernen II, was paradoxerweise entweder zu einer Verstärkung des Lernens II oder zu einer Einschränkung und vielleicht einer Reduktion dieses Phänomens führen kann, auf jeden Fall aber zu einer Freiheit von der Knechtschaft der Gewohnheit führen muss, was wiederum eine tief greifende Neudefinition des Selbst zur Folge hat.

Die Auflösung der auf Ebene II hervorgebrachten Gegensätze wird auf der Ebene III eine positive Verstärkung konstituieren. Diese Auflösung kann ein Zusammenbruch von vielem sein, was auf Ebene II gelernt wurde, und zur Offenbarung einer Einfachheit führen oder zu einer Welt, in der die persönliche Identität in all den Beziehungsprozessen einer umfassenden Ökologie der gesamten Interaktion aufgeht (a.a.O., S. 392 f.).

e) „Lernen IV" wäre Veränderung im Lernen III, kommt aber nach BATESONs Vermutung bei keinem Organismus auf dieser Erde vor.

Da der Evolutionsprozess Organismen hervorgebracht hat, deren Ontogenese sie zum Lernen III bringt, wird postuliert, dass die Verbindung von Ontogenese und Phylogenese Ebene IV erreichen kann.

Aussagen über das Nicht-Duale gehören wohl hierher: „Ich bin der ich bin" (Bibel) oder: „Das absolute Sein ist das, was ist – es ist das Selbst. Es ist Gott. Im Erkennen des Selbst ist Gott erkannt. Wahrhaftig, Gott ist nichts anderes als das Selbst" (hinduistische Auslegung).

Zu bemerken ist noch, dass BATESON die Verknüpfung der einzelnen Ebenen zwar grundsätzlich kausal, aber jeweils differenziert betrachtet. Die Regeln der Verbindung zweier Ebenen gelten nur für diese. Sie sind also niveauspezifisch und nicht austauschbar oder übertragbar.

DILTS bezeichnet diese Lernniveaus als die „logischen Ebenen der Veränderung“* (*different levels of thinking and being*). Er nimmt noch eine sechste Ebene, die der „Spiritualität“, hinzu, auf die sich Lernprozess III und IV beziehen würden.

Den Zusammenhang der logischen Ebenen betrachten DILTS wie BATESON als wechselseitig differenziert. Veränderungen auf einer Ebene wirken sich *notwendig* auf die nächstdarunterliegende Ebene aus, und diese wirkt wieder auf die nächste, die ihrerseits wieder die nächste beeinflusst, bis die unterste Ebene erreicht ist. Bei einer Wirkung von unten nach oben kann meistens nur die unmittelbar darüber liegende Ebene „erreicht“ werden.

Bei der Lösung von Problemen muss beachtet werden, dass diese meist nicht auf *jener* Ebene zu finden sind, auf der die Probleme auftreten, sondern auf einer höheren Ebene; die Ursachen liegen oft auf einer (nächst)höheren Ebene. Da sie nicht bewusst sind, müssen sie zuvor identifiziert werden.

Relativ stabile und kontinuierliche Veränderungen können nur bei Berücksichtigung aller logischen Ebenen erreicht werden. In der Neuro-Linguistischen Psychotherapie gilt es daher, zuerst herauszufinden, auf welcher logischen Ebene das Problem oder das Anliegen des Patientin/Klientin angesiedelt ist. BATESON betonte, die Verwechslung der logischen Ebenen schaffe häufig Probleme. Es geht also zunächst um ein Sortieren der Ziele per se und dann der Gegebenheiten, die das Erreichen der Ziele behindern oder im Wege stehen. Eine wesentliche therapeutische Strategie stellt dabei das *Zielmodell* (S. 137f und 201–208) bzw. das *sprachtheoretische Modell* (S. 146) dar.

Im folgenden werden die im NLP gebräuchlichen logischen Ebenen beschrieben, die dem Therapeuten als Referenzsystem dienen. Diesen Ebenen kann auf Grund von Hinweisen aus der Praxis eine intensivere neurobiologische Entsprechung zugewiesen werden. Diese teils metaphorische Gleichsetzung erweist sich in der psychotherapeutischen Alltagspraxis als nützlich, ist aber noch nicht gesichert. Naturwissenschaftliche in vivo Experimente zur näheren Bestimmung sind aus ethischen Gründen derzeit nicht möglich, in Zukunft eventuell mit der fortschreitenden Entwicklung der Neuroimaging-Verfahren aber zunehmend ethisch vorstellbar.

a) Ebene der Umwelt bzw. des Kontexts

Diese Ebene beinhaltet die gesamte äußere Umwelt des Menschen, also alles, was er als außerhalb seiner selbst wahrnimmt oder worauf er reagiert und selbst Einfluss

---

* Es gibt eine – stark von John Grinder getragene – Diskussion darüber, dass „inhaltliche Konzepte“ wie neuro-logische Ebenen und Metaprogramme nicht zu dem ursprünglich strukturalistischen Ansatz des NLP gehören. Aus der Sicht der Autoren sind gerade diese inhaltlich-strukturellen Konzepte für den Bereich der NLPt jedenfalls von Bedeutung und integrativer Bestandteil des NLPt. Grinders kritische Position ist am besten nachzulesen in: BOSTIC ST. CLAIR, C. & GRINDER, J. (2001): Whispering in the Wind.

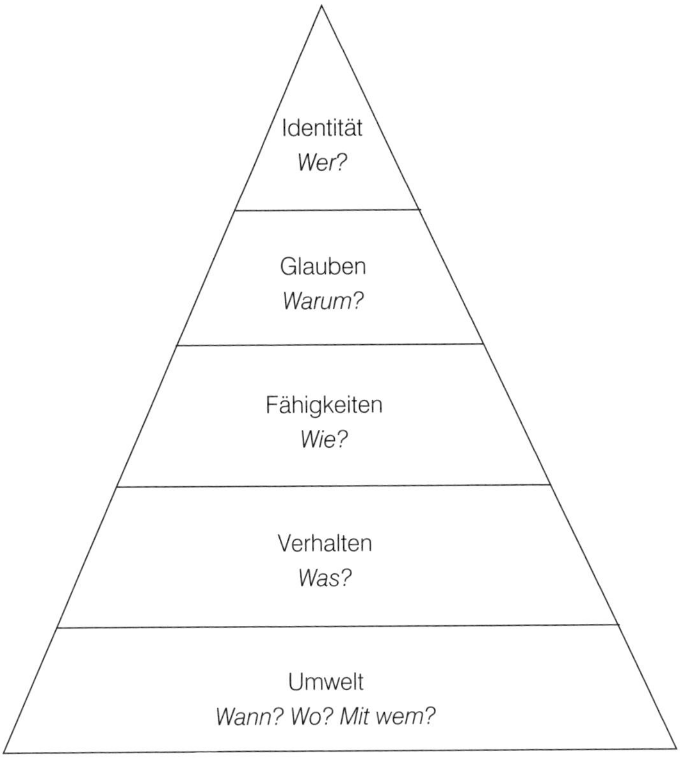

Abb. 3:
Die logischen Ebenen der Veränderung

nimmt. Das sind zum Beispiel andere Menschen, Tiere, Pflanzen, aber auch Umweltbedingungen wie Lufttemperatur und Lärm. Eine Frage, die auf die Beschreibung der jeweils relevanten Umwelt-Situation zielt, lautet: „Wer (außer mir selbst) tut etwas, und zwar ***wann*** und ***wo*** und ***mit wem***?", „Was geschieht wann und wo mit wem?" und: „Was verhält sich wann und wo wie?"

b) Ebene des Verhaltens

Diese Ebene umfasst insbesondere die beobachtbaren Aktionen und Reaktionen eines Menschen, mit denen er mit anderen Menschen und mit seiner Umwelt interagiert. Die Verhaltensebene ist wertfrei und nicht zielgerichtet. Eine typische Frage, die auf eine Beschreibung des Verhaltens eines Menschen abzielt, lautet: „***Was*** tue ich?" Die neurobiologische Entsprechung wären am ehesten die reflektorischen Teile des Nervensystems.

c) Ebene der Fähigkeiten:

Gemeint ist das bewusste oder unbewusste, also potentiell ausführbare Wissen darum, welche Verhaltensweisen auf welche Art miteinander zu verknüpfen sind, um ein gewünschtes Ziel zu erreichen; kognitive Modelle und Strategien bilden die Grundlage einer jeden Fähigkeit. Die Ebene der Fähigkeiten ist wie die Ebene des Verhaltens wertfrei, jedoch zielgerichtet. Eine typisch evozierende Frage lautet: „***Wie*** tue ich es?" Die neurobiologische Entsprechung wären am ehesten die sensomotorischen Bereiche der Großhirnrinde.

d) Ebene der Glaubens- und Wertsysteme

Im Bereich der Glaubens- und Wertsysteme – die neurobiologische Entsprechung wäre am ehesten das vegetative System – finden sich Ursachen für unterschiedliche menschliche Verhaltensweisen und Fähigkeiten, welche nicht genetisch determiniert oder unmittelbar umweltbedingt sind. Diese Ebene ist nicht wie die drei anderen Ebenen wertfrei, sondern subjektiv wertend und sinnorientiert. Eine typische auf sie zielende Frage ist daher: „***Warum*** tue ich es?"

Glaubenssätze nehmen jeweils auf eine der anderen logischen Ebenen Bezug. Sie selektieren die Wirklichkeitswahrnehmung, beeinflussen und/oder steuern Fähigkeiten und Verhalten und entscheiden darüber, was ein Mensch für wahr und was er für falsch hält. Mehrere sich ergänzende Glaubenssätze bilden ein *Glaubenssystem.* Dieses steht oftmals mit einem Wert in Verbindung.

Dass ein Glaubenssatz aber auch direkt auf das biologische Verhalten einwirken kann, wird eindrucksvoll durch den bekannten *Placeboeffekt* im Bereich der Medizin vor Augen geführt. Er macht deutlich, wie stark Überzeugungen auf das Vegetativum des Menschen Einfluss nehmen.

Werte sind eine spezielle Kategorie von Glaubenssätzen. Es sind die Glaubenssätze, die man darüber hat, warum etwas wichtig und lohnenswert ist. Werte sind das, worauf Menschen entweder zustreben (das also, was sie erreichen wollen) oder wovon sie wegstreben (das, was sie vermeiden wollen). Mit ihrer Hilfe entscheiden Menschen darüber, was gut und schlecht, wichtig und unwichtig ist, und richten ihr Verhalten entsprechend aus. Sie sind bei jedem Menschen in einer individuellen *Wert-Hierarchie* angeordnet, wobei im Zweifelsfall, wenn unterschiedliche Werte einer Person konträre Verhaltensweisen von ihr fordern, ihr Verhalten sich nach den jeweils höchsten der an dem Wertekonflikt beteiligten Wertvorstellungen ausrichtet.

Die Entstehung von Glaubenssätzen und Werten wird vor allem auf frühkindliche Erfahrungen (Prägungen) zurückgeführt, d.h. auf signifikante Erfahrungen, die – als verallgemeinerte Gesetzmäßigkeit repräsentiert – sich in einem Glaubenssatz (Glaubenshaltung) niederschlagen.

Da Glaubenssätze und Werte fast immer mit Wahrheit und Wirklichkeit gleichgesetzt werden, sind sich die Menschen ihrer in der Regel nicht, oder nur teilweise, bewusst bzw. realisieren nur zeitweise ihre Relativität. Glaubenssätze und Werte werden daher tendenziell selten hinterfragt.

Im NLP/NLPt wird nicht darüber geurteilt, welche Glaubenssätze bzw. Werte einer Person generell richtig oder falsch, gut oder schlecht sind. Sie werden vielmehr, ebenso wie die Strategie eines Menschen, nach ihrer Nützlichkeit hinsichtlich bestimmter Ziele in bestimmten Kontexten beurteilt. Sie werden durchgängig auf ihre ökologische Auswirkung hin überprüft.

Bestimmte Elemente des spontanen verbalen Ausdrucks einer Person weisen auf ihre Glaubenssätze hin: Typisch sind z.B. Aussagen darüber, „was eine Person tun kann oder was sie nicht tun kann, was sie tun darf oder nicht tun darf, was sie tun sollte oder nicht tun sollte“, ebenso Aussagen im Stil: „Ich bin nun mal so ...“ oder: „Ich bin halt ...“

Es ist wesentlich, zwischen der positiven Absicht, die hinter einem Verhalten oder einem Symptom liegt, und der Strategie, mit welcher versucht wird, einem Wertsystem zu entsprechen bzw. es zu bewahren, zu unterscheiden und diese beiden zu trennen. Oftmals kann eine Strategie nicht zielführend bzw. einschränkend oder auch ursächlich an körperlichen Symptomen beteiligt sein, während die sich dahinter verbergende, meist unbewusste so genannte gute Absicht für den betroffenen Menschen jedoch wertvoll und demzufolge bewahrenswert ist.

e) Ebene der Identität

Die typische Frage zu dieser Ebene lautet: ***Wer*** bin ich? und betrifft den Identitätssinn des Menschen. Dieser integriert Glaubenssätze und Werte sowie Fähigkeiten und Verhalten in ein Gesamtsystem. Die neurobiologische Entsprechung wäre am ehesten das limbische System.

Darüber hinaus stellt sich hier die *Frage nach der Zugehörigkeit und dem Lebensauftrag*. Dadurch wird in der Folge die Art und Weise des Miteinanderlebens in der Familiengemeinschaft, wie auch schließlich in der Gesellschaft, bestimmt.

Besonders relevant auf dieser Ebene ist das ***Mehrgenerationen-Konzept*** in Anlehnung an SATIR, BOSZORMENYI-NAGY und HELLINGER. Man geht dabei von der Annahme aus, dass Symptome wie auch Lebensaufträge (individuelles Verhalten) von einer Person der Familie/Sippe übernommen werden können. Dies kann u.a. besonders dann der Fall sein, wenn eine Person im System ausgeschlossen, vergessen oder besonders benachteiligt ist. Dieser Umstand begründet sich darin, dass Kinder eine sensible Einschätzung für soziale Gerechtigkeit besitzen und häufig aus ihrer eigenen Ohnmachtstellung heraus oder aufgrund bindender Loyalitäten durch das Übernehmen von Gefühlen anderer sozusagen „ausgleichende Gerechtigkeit" üben wollen (vgl. S. 110–111).

In einer erfolgreichen Psychotherapie im Rahmen der NLPt müssen wir – als eine der wesentlichen Beschreibungen – von der Grundannahme ausgehen, dass die Liebe der Urgrund des Lebens und dass Ausmaß und Richtung der Liebe auch häufig der Urgrund des psychischen Leides ist. Eine bindende Loyalität oder eine Symptomübernahme, die im magischen Denken der kindlichen Seele durch Liebe zu einer Person entstanden ist, kann nur durch die Anerkennung derselben Kraft aufgelöst werden. Nur wenn die positive Absicht – hier also die Liebe – erhalten bleibt, kann das nicht-zielführende Verhalten aufgegeben werden.

f) Ebene der Spiritualität

Hier lauten die Fragen: ***Wozu*** bin ich hier? ***Was ist mein Sinn*** in dieser Welt? ***Wovon*** bin ich ein Teil? Was ist das größere Ganze? Was ist mein Lebensauftrag? Eine neurobiologische Entsprechung hierzu wäre das Immunsystem.

Im weitesten Sinn geht es auf dieser Ebene um den *holographischen* Aspekt des Menschen: sich als Teil eines größeren Ganzen zu fühlen, als Teil der Menschheit, der Natur und des Kosmos. Diese spirituelle Haltung ist nicht zu verwechseln mit blinder Gefolgschaft bezüglich irgendwelcher religiösen, esoterischen oder weltanschaulich-dogmatischen Systeme. Sie wirkt auf einer sehr tiefen Ebene, und das, worauf sie beruht, ist im klassisch naturwissenschaftlichen, erkenntnistheoretischen Sinn nicht beweisbar, bestenfalls beschreibbar. Diese Ebene umfasst den größeren Sinnzusammenhang, in dem der einzelne Mensch lebt. Sie bezieht sich auf das existenzielle „Warum" und „Wofür" des menschlichen Daseins und schließt als höchste Ebene in gewissem Sinn wieder an die niedrigste Ebene, die der Umwelt oder des Kontextes, an, da sie ebenfalls wie diese die Verbindung des einzelnen Individuums mit der Außenwelt, allerdings auf nichtmaterieller Ebene, beschreibt. Es bedarf einer sehr guten psychotherapeutischen Ausbildung, um mit diesen Dimensionen des menschlichen Erlebens verantwortlich therapeutisch umzugehen.

Mentale Wahrnehmungspositionen

Die Fähigkeit zur Assoziation und Dissoziation gehört zu den in allen Kulturen und Therapieschulen bekannten, wenn auch unterschiedlich genutzten anthropologischen Basisvariablen. Der Wechsel der Wahrnehmungspositionen spielt auch bei Albert EINSTEIN in seiner Konzeption der Relativitätstheorie eine Rolle (DILTS 1992, S. 46 ff.).

Die heute im NLP allgemein gebräuchliche Einteilung in drei *mentale Wahrnehmungspositionen* stammt von Judith DELOZIER und John GRINDER. Sie werden als „erste, zweite und dritte (Wahrnehmungs-) Position" bezeichnet:

Erste Wahrnehmungsposition (assoziiert)

Die erste Position beinhaltet Sehen, Hören und Fühlen eines spezifischen Ereignisses von der eigenen Perspektive aus.

Ein Ereignis assoziiert wahrzunehmen heißt also, es ganz mit allen dazugehörenden Emotionen subjektiv durch die eigenen Augen sehend, durch die eigenen Ohren hörend und in der eigenen Haut seiend zu erleben. Bei externer Wahrnehmung werden die Ereignisse in der Außenwelt direkt, ohne kognitiven Abstand erlebt. Bei interner Wahrnehmung werden z.B. Erinnerungen oder Phantasien so erlebt, als ob sie jetzt (noch einmal) stattfänden, also unmittelbaren Realitätscharakter haben. Man betrachtet die Welt ganz vom eigenen Blickwinkel aus.

Zweite Wahrnehmungsposition (assoziiert in den anderen)

Die zweite Position beinhaltet Sehen, Hören und Fühlen desselben Ereignisses aus der Perspektive einer anderen Person.

Damit ist gemeint, dass man sich ganz in eine andere Person hineinversetzt und die Welt so betrachtet, als würde man vom Standpunkt der anderen Person aus schauen, fühlen und hören. Da die gleiche Situation oder das gleiche Verhalten für verschiedene Menschen Verschiedenes bedeuten kann, wird in der psychotherapeutischen Arbeit mit NLP Wert auf die Fähigkeit gelegt, sich auch in andere Menschen sprichwörtlich hineinversetzen zu können.

Die Frage aus der zweiten Position lautet: „Wie erlebe ich es als die andere Person?"

Dritte Wahrnehmungsposition (dissoziiert)

Sich selbst dissoziiert wahrzunehmen bedeutet, sich selbst/das Ereignis von außen wie ein unabhängiger Beobachter mit wenig oder gar keinen Emotionen zu betrachten, so als ob keinerlei persönliche Beteiligung an diesen Situationen gegeben wäre. Man kann fragen: „Wie würde das für jemanden aussehen, der nicht in die Situation involviert ist?" Diese Betrachtungsweise erlaubt einen relativ objektiven Standpunkt, so als ob man sich auf einem Film betrachten oder auf einem Tonband hören würde.

Die erste und die zweite Position können entgegengesetzte Bezugsrahmen darstellen und auch von verschiedenen Glaubenssystemen ausgehen. Daher liefern die beiden Positionen sozusagen eine doppelte Beschreibung ein und desselben Ereignisses, und man bekommt wichtige Informationen, die man aus *einer* Perspektive nicht bekommen hätte. Aber um die Beziehung zwischen zwei solchen Positionen zu erkennen und zu beschreiben sowie einen Gesamtüberblick über die Position zu gewinnen, muss man in die dritte Position gehen: sozusagen außerhalb der Beziehung sein und sich auf eine andere Ebene begeben, die dann dritte Position oder *Metaposition* genannt wird. Sie stellt eine Perspektive dar, die über der ersten und zweiten Position steht, und von der aus man auf die Interdependenz zwischen beiden schauen kann. Erst von der dritten Position aus kann man in der Regel den Konflikt wirklich lösen und die entgegengesetzten Bezugsrahmen integrieren.

Assoziation und Dissoziation werden in der Neuro-Linguistischen Psychotherapie (NLPt) nicht gewertet, sondern es kommt darauf an, in welchem Kontext welche der möglichen Wahrnehmungspositionen am angemessensten ist. Der flexible Wechsel zwischen den drei Positionen ermöglicht es, ein und dasselbe Ereignis bzw. die Beziehung zwischen zwei Ereignissen/Personen jeweils von verschiedenen Standpunkten aus zu erleben bzw. zu betrachten und dadurch jeweils unterschiedliche Informationen zu gewinnen.

Besonders in der therapeutischen Arbeit ist es essentiell, sich in die Position des Klienten begeben zu können und die Situation durch dessen Augen wahrzunehmen. Ebenso das Hineinbegleiten des Klienten in die zweite (bzw. dritte) Position bezüglich der Person, mit der der Klient den Konflikt im Alltag oder in der Phantasie hat.

In der Regel bleiben bei einem Wechsel von einem assoziierten in einen dissoziierten Zustand die Identität und die anderen logischen Ebenen einer Person erhalten. Es verändern sich lediglich der Abstand und die Einstellung und demzufolge auch die Gefühle zu dem jeweiligen Ereignis. Wenn man sich jedoch vorübergehend in eine andere Position assoziiert (zweite Wahrnehmungsposition), kann es geschehen, dass man – im subjektiven Erleben – einen Teil der eigenen Identität vorübergehend aufgibt. Der Positionswechsel kann auf allen logischen Ebenen vorgenommen werden, wobei auch hier die anderen Ebenen mitbeeinflusst werden.

Die Arbeit mit den drei Wahrnehmungspositionen findet sowohl in der NLP-Einzeltherapie als auch in der Arbeit mit Systemen Anwendung. Besonders DILTS hat hierzu eine Reihe von komplexen und tief greifenden Übungen für alle logischen Ebenen entwickelt.

Eine nette und humoristische Darstellung für das Verändern der Perspektive ist folgende Geschichte (zitiert nach Bernhard TRENKLE, *Das **Ha-Ha**ndbuch der Psychotherapie*, 1994): Ein Mann geht zum klassischen Psychotherapeuten. Ich glaube, ich bin verrückt. Jede Nacht sehe und höre ich, wie wilde Tiere, Löwen, Tiger, Elefanten, unter meinem Bett Paraden abhalten. Der Psychotherapeut: Legen Sie sich dort auf die Couch und erzählen Sie mir mehr darüber. Der Patient: Moment mal. Was kostet das, und wie lange dauert so eine Behandlung? Der Therapeut: Eine Stunde kostet DM 100. Die Behandlung dauert erst einmal 80 Stunden. Eventuell verlängern wir um noch einmal 80 Stunden. Der Patient: So verrückt bin ich nicht. Nach einigen Wochen treffen sich der Psychotherapeut und der Patient zufällig auf dem Wochenmarkt. Der Therapeut erkundigt sich nach dem Befinden. Patient: Hervorragend. Mein Schwager kurierte mich in weniger als einer Stunde. Therapeut: Oh, Ihr Schwager ist auch Psychotherapeut? Patient: Nein, Schreiner. Er sägte mir einfach die Beine am Bett ab.

Zeitebenen und Zeitlinien

Eine weitere Dimension der NLP-System-Matrix ist die Zeit. Das Zusammenwirken der jeweiligen Zeitperspektive einzelner logischer Ebenen wird „Zeitstrategie" genannt und ist seinerseits Glaubenssätzen über die Bedeutung der Zeit und der verschiedenen Zeitebenen Vergangenheit, Gegenwart und Zukunft unterworfen.

Mit der inhaltlichen Perspektive der (objektiven) Zeitebenen, als Erinnerungen bzw. Zukunftsvorstellungen und damit als Prozessfilter auf der logischen Ebene des Verhaltens situiert, korrespondiert die Zeitstrategie auf der Ebene der Fähigkeiten, die die Zeitebenen unterscheidet und innerhalb dieser chronologisiert. Darüber stehen noch die Glaubenssätze die Zeit betreffend und ihre Bedeutung für das Individuum im Allgemeinen. Das Zeiterleben hängt auch unmittelbar mit der Identität einer Person zusammen, was sich vor allem im zeitlichen Zyklus von Geburt, Leben und Tod sowie in der generationalen Perspektive, in die der Mensch eingebunden ist, zeigt.

Der meist unbewusste Umgang einer Person mit der Zeit, hier als Zeitstrategie im weiteren Sinne verstanden, wird vielfach kognitiv in einem räumlich-visuellen Kontinuum repräsentiert oder kodiert, das aber stellenweise unterbrochen sein kann. Diese individuelle Kodierungsform wird im NLP „Zeitlinie" genannt.

Man unterscheidet zwei elementare Grundformen der kognitiven Zeitverarbeitung in Zeitlinien:

a) Beim *In-Time-Modus* liegt die Wahrnehmungsposition, aus welcher die Zeit erlebt bzw. empfunden wird, irgendwo auf der Zeitlinie selbst. Sie ist mit der Zeitlinie *assoziiert.*

b) Im *Through-Time-Modus* nehmen die Menschen den Zeitablauf *dissoziiert* von ihrer Zeitlinie wahr, mit Abstand davon und mit Überblick darüber.

NLP geht davon aus, dass Menschen kontextbedingt zwischen beiden Formen der Zeit-Repräsentation wechseln können, habituell aber mehr zu einer von beiden tendieren.

Eine solche räumlich-visuelle Kodierungsform beschreibt schon JAMES in den *Principles of Psychology*, wobei auch er die Bezeichnung „Zeitlinie" verwendet. Nach JAMES ist die Gegenwart eine ganz ideale Abstraktion, eine Art Zeitsattel von gewisser Ausdehnung, in dem wir sitzen und von dem aus wir nach zwei Richtungen in die Zeit blicken. „Wir fassen offenbar das Zeitintervall als ein Ganzes auf, mitsamt den beiden darin enthaltenen Enden. Die auf der Zeitlinie errichtete Vertikale, durch welche wir die Vergangenheit als ‚projiziert' in einem bestimmten Augenblick der Erinnerung darstellten, ist nur eine ideale Konstruktion. Und doch lässt sich nichts finden, was mehr Breitenausdehnung besäße als diese Vertikale; denn die aktuelle Gegenwart ist nur der Punkt zwischen der Vergangenheit und der Zukunft und hat selbst keine Ausdehnung" (JAMES 1890). Auch die Arbeiten von KORZYBSKI betonen die Relevanz des Zeiterlebens für den Menschen. Sein Hauptwerk *Science and Sanity* (1933) besaß im Entwurf ursprünglich den Titel: *Human Beings as Time Binding Individuals.*

Das Wissen um die kognitive Zeitverarbeitung einer Person wird in der therapeutischen Arbeit des NLP vor allem in zweierlei Hinsicht genutzt:

a) um in der Interaktion mit den Klienten das eigene verbale und nonverbale Verhalten auf die jeweilige Art der Zeitkodierung einstellen zu können, was die Kommunikation wesentlich verbessert und der Therapeutin erlaubt, ihre Anweisungen so präzise zu geben, dass sie sich in die Zeitrepräsentation des Klienten einfügen;

b) um direkte Veränderungen an der Zeitlinie und/oder den sie steuernden Glaubenssätzen vorzunehmen, wenn das bearbeitete Problem oder der Veränderungswunsch selbst etwas mit Zeit und/oder Zeitstrategie zu tun haben.

Gewollte persönliche Veränderungen müssen alle drei Zeitebenen (Vergangenheit, Gegenwart und Zukunft) analog den logischen Ebenen berücksichtigen. Dies kann durch das symbolische Gehen auf bzw. entlang der Zeitlinie geschehen, assoziiert und dissoziiert im entsprechenden Wechsel:

- In der *Vergangenheit* liegen sowohl die Ursachen für Probleme als auch die Ressourcen zu deren Lösung und Veränderung.
- In der *Gegenwart* besteht die Möglichkeit, aktiv zu handeln und neue Schritte zu setzen.

- Die Vorstellung einer veränderten *Zukunft* gibt die notwendige Motivation zur Veränderung.

Der Zusammenhang zwischen Zeitlinie und Wahrnehmungsposition wird in der Grafik dargestellt:

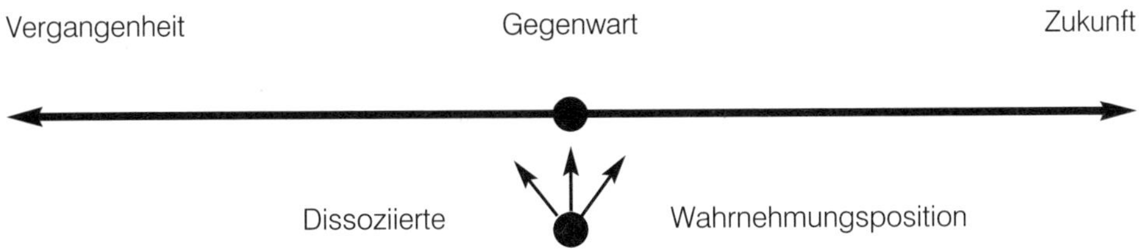

Abb. 4:
Zusammenhang Zeitlinie/Wahrnehmungsposition
(WEERTH 1992, S. 112)

NLP-System-Matrix

Die drei *Zeitebenen* (Vergangenheit, Gegenwart, Zukunft) und die sie strukturierenden *Zeitlinien* sowie die Charakterisierung verschiedener mentaler *Wahrnehmungspositionen,* die zwischen assoziierter und dissoziierter Wahrnehmung unterscheiden, sind als Erweiterungen des Modells der logischen Ebenen zu sehen.

Bei der Entwicklung der Unified Field Theory war es das Hauptanliegen von Robert DILTS, eine möglichst vollständige Darstellung und Einordnung des gesamten NLP-Modells, des Modellierprozesses, der genuin entwickelten Analyse- und Interventionsmodelle zu ermöglichen und dadurch eine Epistemologie und Philosophiediskussion zu fördern. Mit Hilfe der „NLP-System-Matrix" lassen sich die unterschiedlichen Konzepte, Perspektiven, Techniken und Fertigkeiten in ein übergeordnetes theoretisches Konzept einordnen (DILTS 1990 sowie DILTS & EPSTEIN1991).

Die NLP-System-Matrix stellt die Formalverknüpfungen der drei wesentlichen Persönlichkeitsbereiche

a) die logischen Ebenen der Veränderung,
b) die mentalen Wahrnehmungspositionen,
c) das Zeiterleben

grafisch dar:

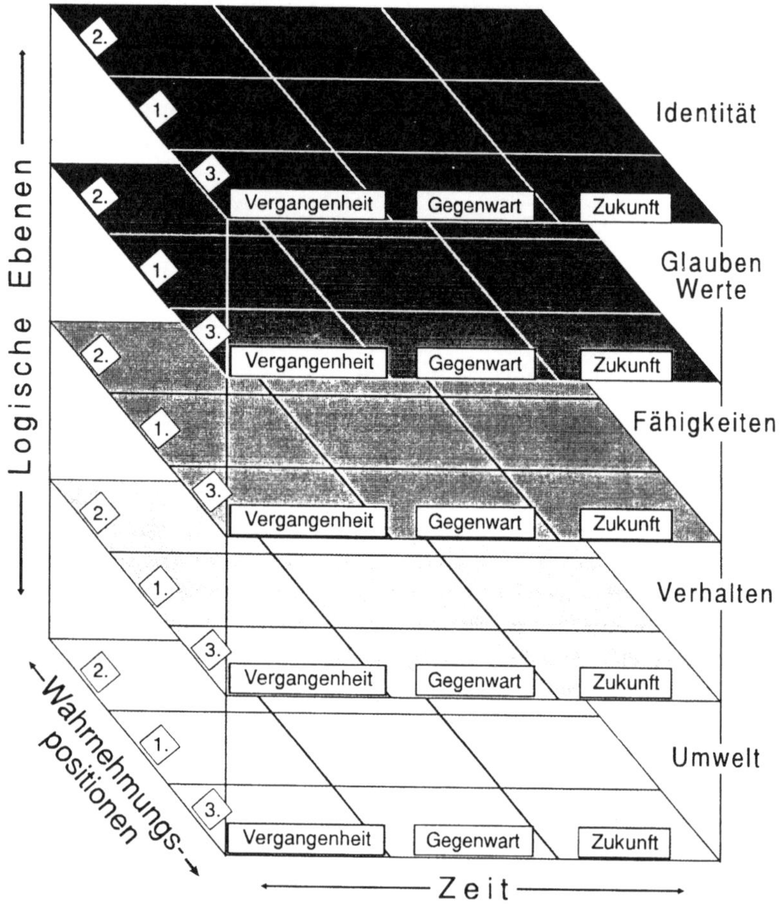

Abb.5: NLP-System-Matrix (Weerth 1992, S. 122, nach: Dilts 1990, S. 145)

Die Meta-Programme (S. 61–63) geben – ergänzend von der Fähigkeitenebene her operierend – bestimmte Verknüpfungs- und Orientierungsrichtungen innerhalb der anderen Variablen an. Die einzelnen Ebenen und Felder innerhalb der Abbildung ermöglichen eine ständige Bestandsaufnahme des aktuellen Kommunikationsprozesses zwischen Menschen oder Gruppen von Menschen: Wer befindet sich gerade auf welchem Feld? In welche Felder muss auch der Psychotherapeut selbst wechseln, um kommunikative Schwierigkeiten aufzulösen? Weiterhin kann jedes Problem formal und inhaltlich im Rahmen eines Feldes oder einer Kombination mehrerer Felder beschrieben und analysiert werden. Ebenso können die Felder bestimmt werden, die bei einem Veränderungsprozess auf ein bestimmtes Ziel hin berücksichtigt werden müssen.

Die einzelnen Variablen der NLP-System-Matrix erklären sich gegenseitig und beeinflussen sich wechselseitig. Sie werden in der psychotherapeutischen Arbeit mit NLP in vielerlei Hinsicht genutzt:

- ganz allgemein zum Verständnis des Menschen;
- zur Erklärung individueller Verhaltensunterschiede;
- zur Diagnose innerhalb einer Problemanalyse;
- zur Auswahl geeigneter Interventionsmodelle;
- zur Überprüfung der Ökologie bei und nach der Durchführung einzelner Interventionen;
- als Grundlage für den aktiven Modellierungsprozess.

Eine wesentliche Frage bei der therapeutischen Veränderungsarbeit des NLP ist also: Welche logischen Ebenen sind ursächlich beteiligt und welche müssen bei einer Veränderung berücksichtigt werden? Je mehr Bereiche und Ebenen beteiligt sind und berücksichtigt werden müssen, desto länger dauert es im Allgemeinen, bis eine Veränderung möglich wird und umgekehrt. Reine *Verhaltensänderungen* lassen sich sehr schnell realisieren; das Lernen oder Korrigieren von *Fähigkeiten* bedarf einiger Übung, ist aber unproblematisch, solange nur diese Ebene zu berücksichtigen ist; Änderungen auf *Glaubens-* oder sogar *Identitäts-Ebene* brauchen eher eine lange, u.U. sogar sehr lange Zeit. Wenn auf der *Umwelt-Ebene* andere Menschen beteiligt sind, müssen zusätzlich deren logische Ebenen entsprechend berücksichtigt werden.

Als grundsätzliche methodische Vorgehensweise der NLPt gilt demnach, dass sich di*e Auswahl der anzuwendenden Methode* stets vor allem nach den beteiligten logischen Ebenen und der Ökologie richtent und immer wieder aktuell dem laufenden Interaktionsprozess angepasst werden muss. Das vorgebrachte Symptom, der spezielle Problembereich bzw. das Wunschziel des Klienten, beeinflusst somit die Methodenwahl.

Zusammenfassend bietet die vereinheitlichte Feldtheorie die Möglichkeit, die unterschiedlichen Teile des NLP in einem Rahmenwerk zusammenzufügen. Wir können sie in der NLPt nutzen, um die Balance und die Beziehungen von unterschiedlichen Elementen bei uns selbst und bei anderen zu verstehen. Der Schlüssel ist die Balance, das Gleichgewicht. Probleme entstehen aus mangelnder Balance, und die Betrachtung des Feldes in seiner Gesamtheit befähigt zu identifizieren, welche Elemente zu große Wichtigkeit angenommen haben und welche fehlen oder zu schwach sind.

Ökologie

Wie bereits auf Seite 80 dargestellt, liegen in den meisten Fällen Ursache und Wirkung eines Problems nicht oder nicht nur auf der „logischen Ebene", auf der das Problem auftritt und beobachtet werden kann, sondern auf einer höheren Ebene. Die dort liegenden Ursachen sind aber zumeist nicht bewusst, so dass sie vor einer Veränderung erst identifiziert werden müssen. Möchte man wirklich dauerhafte Veränderungen erreichen, müssen alle logischen Ebenen berücksichtigt werden.

Den inneren Zusammenhang zwischen den logischen Ebenen, oder allgemein gesprochen: die dynamische Balance aller (Struktur-)Elemente innerhalb eines Systems, bezeichnet das NLP als „Ökologie". Ökologie bezeichnet einerseits das Interesse an der bzw. die Rücksichtnahme auf die allumfassende Beziehung zwischen einem Wesen und seiner Umwelt. Andererseits wird der Begriff auch im Sinne von „interner Ökologie" angewandt und meint dann die gesamten Beziehungen innerhalb eines Individuums zwischen dessen Gedanken, Strategien, Verhaltensweisen, Fähigkeiten, Werten und Einstellungen. Die Überprüfung der Effizienz von Veränderungen, die alle logischen Ebenen betreffen sollen, wird *Ökologietest* genannt. Ein positiver Ökologietest erweist eine Veränderung als harmonisch integriert in das Gesamtsystem.

In der Neuro-Linguistischen Psychotherapie (NLPt) ist man stets um ökologische Veränderungen bemüht, solche also, die die Auswirkungen einzelner Veränderungen (innerhalb einer logischen Ebene) auf das interne und externe Gesamtsystem, mit und in dem der Mensch lebt, berücksichtigen.

Während der Arbeit mit dem Klienten werden immer wieder solche Ökologietests oder *Ökochecks* durchgeführt, um die Auswirkungen hypothetisch und/oder real zu überprüfen. Erst wenn diese Öko-Tests zufriedenstellend verlaufen sind, sich die gewünschte Veränderung also harmonisch in das Gesamtsystem integrieren lässt, ist die NLP-Intervention abgeschlossen und hat die Veränderung eine Chance, dauerhaft zu sein. Solange dies nicht der Fall ist, muss die gewünschte Veränderung weiter modifiziert werden bzw. müssen zusätzliche Veränderungen in anderen Bereichen und/oder auf anderen logischen Ebenen erfolgen. Ein solcher Ökologiecheck beschränkt sich mit Sicherheit nicht auf eine naive „it works"-Nützlichkeit oder ein rein technisches Überprüfen von Operatoren.

Ethische Implikationen des Ökologiebegriffs in der NLPt

Da der Begriff der Ökologie in der Alltagsdiskussion um NLP/NLPt oft missverstanden wird, erscheint bezüglich der ethischen erkenntnistheoretischen Positionen eine kurze Klarstellung angebracht.

Ökologie im Sinne von NLPt versteht sich als Einbettung in eine Rahmenzielsetzung , die eine Gesamterhaltungstendenz von System und Kontext anpeilt. In dem umfassenderen Sinn geht es um jenes „Einstimmen" auf die Dynamik, an der wir teilhaben, auf den breiten Lebensstrom, in dem sich unser Einzelleben entfaltet, welches uns eine ganzheitliche Vision von der Art und Weise liefert, wie wir unser Leben gestalten sollen. Diese Vision, die *Ethik*, ist keine absolute, statische Struktur ..." (JANTSCH, in: SCHMIDT 1987, S. 187); d.h., der Rahmen der NLPt bemüht sich im Sinne einer gesamtevolutionären Entwicklung *evolutionärer Ethik*, „... die Beziehungen zwischen dem Einzelnen und der Gesellschaft oder dem Ökosystem klarzustellen" (JANTSCH, IN: SCHMIDT 1987, S. 188).

Wenn die Selbsterhaltung als konkret und doch sehr allgemein gedachte handlungsorientierende Größe herausgestellt wurde, so heißt das, dass in der nächsten Stufe der Konkretion gewährleistet sein muss, dass sowohl in der jeweiligen Zielfindung als auch im konkreten Handeln die drei wesentlichen anthropologischen Grundlagen der NLPt:

- Der Mensch ist ein autopoietisches, selbstreferentielles System.
- Der Mensch verhält sich zielorientiert, d.h., er ist ein handelndes Wesen.
- Der Mensch ist Mensch durch seine Sozialität und Mehrgenerationalität.

Berücksichtigung finden müssen. Diesen drei anthropologischen Grundlagen korrespondiert eine triadisch-ethische Grundfigur, die eine solche nächste Ebene ethischer Konkretion fassen kann:

- Freiheit,
- Gleichheit,
- Partizipation.

Diese drei Begriffe haben ontologisch verstanden zunächst keine notwendige Relevanz für Psychotherapie, in der NLPt werden sie – in Kombination mit dem Begriff der „Kreativität" als Transformationsfaktor – auch als Basis für eine pragmatische Menschenbildkonstruktion verwendet (siehe S. 117).

Versteht man sie aber als prozessuale Begriffe, so können sie im Handlungsbereich weiterführen, was anthropologisch grundgelegt wurde:

- So ergibt sich die *Freiheit* des Menschen, hier erst einmal individualistisch gefasst, schon aus seiner Beschreibung als *informationell und operationell geschlossenes System*.
- Die *Gleichheit* der Menschen bringt eine relationale Komponente ein, da „sie nur als Verhältnisbegriff gedacht werden kann" (HUBER und TÖDT 1988, S. 90). Die Grundlage, den Menschen Gleichheit auch erkenntnistheoretisch zuzuschreiben, liegt darin, dass es, bei der vorausgesetzten „Geschlossenheit des Systems Mensch" in der Interaktion zur Konstruktion einer sozialen Wirklichkeit kommt. So wird ein konsensueller Bereich etabliert, der bei aller Individualität zugleich der Beleg für die Gleichheit ist, die sich prozessbezogen nur auf die Handlung der konsensuellen Wirklichkeitskonstruktion bezieht.
- Auch die *Partizipation* beruht auf dieser Argumentation, nimmt aber dazu den Handlungsaspekt auf. Aus seiner auf Sozialität angelegten Wirklichkeit partizipiert der Mensch aktiv, indem er seine Konstruktion von Wirklichkeit in den konsensuellen Bereich einbringt und diesen auf diesem Weg mitgestaltet, und passiv, indem er im konsensuellen Bereich mit den Wirklichkeitskonstruktionen anderer „Teil-nehmer und Teil-geber" konfrontiert ist. Der Bereich der Partizipation erstreckt sich auf alle Bereiche des Zusammenlebens, insbesondere den der Ressourcenverteilung, und bedarf daher der genauesten weiterführenden Differenzierung. (Zit. Nach: BAUER, G.: *Fähigkeit zur Kooperation*; siehe Anhang A.)

Dieses aus dem Prozess des selbsterhaltenden Handelns entworfene ethische Konstrukt ist gut eingebettet in die Ökologiemetapher, wie G. BATESON sie fasst, und von ihr ableitbar: „Ökologie im weitesten Sinne erweist sich als die Untersuchung der Interaktion und des Überlebens von Ideen und Programmen (d.h. Unterschieden, Komplexen von Unterschieden usw.) in Kreisläufen" (BATESON 1981, S. 621).

BATESON hat die systemischen Zusammenhänge von Mensch und Natur dargestellt und ebenso herausgearbeitet, wo in dem Missverstehen bzw. Nichtwahrnehmen seiner Rolle/Bedingtheit im System dieser Welt durch den Menschen weichenstellende Fehlentwicklungen auszumachen sind. Komprimiert findet sich seine Erkenntnis in folgendem Zitat: „Einerseits haben wir die systemische Natur des individuellen menschlichen Wesens, die systemische Natur der Kultur, in der es lebt, und die systemische Natur des biologisch-ökologischen Systems um es herum; und andererseits die eigenartige Verdrehung in der systemischen Natur des individuellen Menschen, durch welche das Bewusstsein fast notwendig blind wird für die systemische Natur des Menschen selbst." Wenn auch BATESON eine systemische Selbsterhaltungstendenz konzediert, fährt er fort: „Mangel an systemischer Weisheit rächt sich immer ... Die Systeme rächen sich nichtsdestoweniger an jeder Spezies, die so unklug ist, mit ihrer Ökologie in Konflikt zu geraten“ (Bateson 1981, S. 560). In Anlehnung an ein paulinisches Zitat mahnt er: „Die ökologischen Prozesse lassen sich nicht spotten“ (Bateson 1992, S. 647), und er sieht gerade darin den „Reiz und den Schrecken der Ökologie, dass die Ideen dieser Wissenschaft irreversibel zu einem Teil unseres eigenen ökologischen Systems werden“ (Bateson 1981, S. 647). (Zit. Nach: Bauer, G.: *Fähigkeit zur Kooperation*; siehe Anhang A.)

Dieser weit reichende Gedanke führt in der NLPt zur radikalen Verstärkung der individuellen Verantwortung. Der sich in und durch die Sozialität entwerfende Mensch verantwortet sein Handeln auf der konsensuellen Plattform des Diskurses. Gerade auf der Basis dieser Überlegungen bekommen die oben ausgeführten ethischen Konkretionen über die Brisanz ihrer aktuell-gegenwärtigen Umsetzung hinaus dann ihre Reichweite und Verbindlichkeit, wenn, ausgehend von einer Berücksichtigung der Zukunft des Menschen (die aufgrund der Selbsterhaltung vorausgesetzt werden kann) eine Mehrgenerationenperspektive in den Blick kommt.

Zusammenfassend kann man sagen: Ökologisch orientiertes Handeln des Menschen gewährleistet im weit reichendsten Maße die Freiheit, Gleichheit und Partizipation aller davon Betroffenen unter der generellen Prämisse der Selbsterhaltung im Sinne einer gesamtökologischen Systemerhaltung und der Berücksichtigung der prinzipiellen Zirkularität allen Handelns.

5. Die sozial-kognitive Lerntheorie

BANDURAs Theorie des Lernens durch Beobachtung gilt als eine der wichtigsten Neuerungen der modernen Psychologie. Hieß Lernen früher, dass Reaktionen ausgeführt und ihre Wirkungen erlebt würden, geht BANDURA davon aus, dass sich nahezu alle Lernphänomene auf einer stellvertretenden Basis ereignen. Das Prinzip der Verstärkung ist zwar bei der Regulierung jener Verhaltensweisen wirksam, die bereits erlernt wurden, aber relativ bedeutungslos, was die Erschaffung neuer Verhaltensweisen angeht. Für BANDURA ist Lernen nicht nur das Bilden von Hypothesen, sondern jede Speicherung wahrgenommener Reize und Reizfolgen im Langzeitgedächtnis. Man beobachtet, wie andere Menschen sich verhalten und welche Konsequenzen ihnen dies einträgt. Die Einprägung kann in bildhafter Weise geschehen (optische Vorstellungen) oder als verbale Beschreibung. Ausmaß und Qualität der Speicherung hängen ausschließlich von kognitiven Faktoren, wie Anzahl der Darbietungen (Beobachtungen), Aufmerksamkeit und Kodierung, ab.

Ein großer Vorzug der BANDURA-Theorie liegt darin, dass sie den Erwerb völlig neuer Verhaltensweisen so erklärt, dass integrierte Verhaltensmuster erworben werden können, ohne dass sie langwierig und mühsam durch Versuch und Irrtum aufgebaut werden müssen. Es genügt das bloße Beobachten für das Lernen komplizierter Verhaltenssequenzen, wie z.B. das von Kindern so oft gezeigte spielerische Ausprobieren erwachsenen Rollenverhaltens. BANDURA betont die große Effizienz des Lernens durch Beobachtung nicht nur hinsichtlich des Erlernens neuer Verhaltensketten, sondern auch des Umlernens.

Lernen aus den Erfahrungen anderer

Motivationsvariablen bestimmen, ob und wie das Gelernte dann vom Beobachter durchgeführt wird. Wie oft beobachtetes Verhalten imitiert wird, hängt von Verstärkern und Strafreizen, also von den Verhaltenskonsequenzen ab. Dabei spielen auch die individuellen Bewertungen der verschiedenen Verstärker eine Rolle. Wenn man

Lernen als das Aufstellen und Modifizieren von Hypothesen über Verhaltenskonsequenzen auffasst, dann können solche Erwartungen nicht nur aufgrund selbst erlebter, sondern auch aufgrund beobachteter Verhaltenskonsequenzen gebildet werden. Wenn jemand anderer mit einem bestimmten Verhalten wiederholt erfolgreich ist, entsteht die generalisierte Erwartung, dass dieses Verhalten positive Konsequenzen nach sich zieht. Die Verstärkung durch solche gesehenen sowie auch gehörten oder gelesenen, nicht selbst erlebten Verstärker wird *stellvertretende Verstärkung* genannt (bei aversiven Reizen spricht man von *stellvertretender Bestrafung).*

Motivationsvariablen steuern neben der Ausführung aber auch das Lernen selbst. Die Aufmerksamkeit hängt u.a. von der Valenz der Modellperson (also ihrer Attraktion für andere) und vom funktionalen Wert ihres Verhaltens ab.

Abstrakte Modellierung

Angeeignete Verhaltensprinzipien, die bestimmten Aktivitäten zugrunde liegen, können auch Verhaltensweisen erzeugen, die über diejenigen hinausgehen, welche beobachtet wurden. Bei der abstrakten Modellierung werden Regeln anhand bestimmter Verhaltenssequenzen aufgestellt und auf neue Situationen übertragen, selbst wenn der Beobachter das Verhalten des Modells in den neuen Situationen niemals gesehen hat.

Durch Beobachtung werden Denk- und Verhaltensregeln gelernt und dann generalisiert, so dass sie sich weitreichend auswirken. Auf der Grundlage dieser Regeln lernen Menschen u.a. Urteilsfähigkeit, Sprachstile, Begriffssysteme, Strategien zur Informationsverarbeitung, kognitive Operationen und Verhaltensstandards (BANDURA 1971a).

Stellvertretendes Erwartungslernen

Auch emotionale Reaktionen, Ängste, Urteile etc. erwachsen häufig nicht der eigenen Erfahrung, sondern werden durch Beobachtung erworben. Stellvertretendes Vermeidungslernen kann dann bei Gefahr das Überleben sichern. Jedoch wirken sich diese Lernmechanismen nicht selektiv aus, so dass häufig auch überflüssige Ängste durch Beobachten gelernt werden.

Effizienzerwartungen

In der neuen Version der Theorie von BANDURA reichen die Erwartungen hinsichtlich der Konsequenzen allein aber nicht aus. Es müssen außerdem entsprechende Effizienzerwartungen vorhanden sein, damit das Verhalten tatsächlich auftritt (BANDURA 1977a, b).

Während Konsequenzerwartungen den Grad der Gewissheit darstellen, dass auf ein bestimmtes Verhalten eine bestimmte Konsequenz folgt, stellen Effizienzerwartungen den Grad der Gewissheit dar, dass man *imstande* ist, das Verhalten korrekt auszuführen. Das Verhalten wird also – trotz erwarteter positiver Konsequenzen – kaum auftreten, wenn man daran zweifelt, dass man es auch ausführen kann. Wiederum entstehen diese Effizienzerwartungen laut BANDURA (1977b) einerseits aus eigener Erfahrung sowie aus der Beobachtung anderer (vergleichbarer) Personen.

Nach BANDURA spielen Effizienzerwartungen eine zentrale Rolle bei Verhaltensänderung. Die Änderung der Effizienzerwartung ist ihm zufolge der wesentliche und gemeinsame Faktor bei allen psychotherapeutischen Techniken.

Der Modellierprozess in der NLPt

Eines der Ziele der NLPt ist es, erfolgreiche Verhaltensstrategien und Fähigkeiten, über die bestimmte Menschen oder eine Gruppe von Menschen verfügen, in effiziente, überschaubare Sequenzen aufzuteilen, so dass sie bei Bedarf auf andere Menschen oder Gruppen übertragen werden können. Außerdem kann der Klient aufgefordert werden, andere Personen (tatsächliche Freunde und Bekannte oder auch Protagonisten aus Phantasie, Film, Theater, Buch etc.), die seiner Meinung nach das Ziel erreichen könnten, als *Modellpersonen* zu suchen, um dann herauszufinden, wie diese das entweder tatsächlich machen oder machen würden.

Bei dem von BANDLER und GRINDER entwickelten wissenschaftlichen Prozess

a) der Auswahl von geeigneten Vorbildern,
b) ihrer genauen systematischen Beobachtung und Befragung,
c) der Ableitung von elementaren Regeln und (Verhaltens-)Mustern daraus,
d) des eigenen Ausprobierens ihrer Nützlichkeit und Effizienz mittels Nachahmung,
e) der „ökologischen“ Überprüfung, ob das neu Erlernte mit der Gesamtpersönlichkeit und Umwelt in Einklang steht.

handelt es sich um „Modell-Lernen“.

NLP verwendet für diesen Prozess der intra- und interpersonellen Kompetenzübertragung den gleichen Namen wie für die spontane Modellbildung (vgl. S. 58): **Modellieren** (*modeling*). Zur Unterscheidung von der *spontanen* Modellbildung schlägt WEERTH für diesen besonderen, *aktiven* NLP-Modellbildungsprozess den Begriff „Modellierprozess“ vor. Es handelt sich bei diesem Prozess um die bewusste, aktive ‚Erzeugung‘ kognitiver Modelle mit dem Ziel, neue Verhalten zu ermöglichen, während bei der Modellbildung die objektive Wirklichkeit mit Hilfe von Generalisierungs-, Tilgungs- und Verzerrungsmechanismen zu subjektiven kognitiven Repräsentationen (Modellen) der Wirklichkeit verarbeitet wird; diese Modelle haben eine sensorische Grundlage und *organisieren das Verhalten* des Menschen (WEERTH 1992).

Oder aber es wird einer Klientin, die eine in einem bestimmten Kontext erfolgreiche Strategie entwickelt hat, gezeigt, wie sie diese durch Generalisierung auf andere Kontexte übertragen kann. Nach der Zielbestimmung werden in der NLPt alle erdenklichen Hilfsmittel und Ressourcen der Klientin, die eventuell zur Zielerreichung beitragen könnten und der (zumindest möglichen) Kontrolle der Klientin unterliegen, ausgewählt und zunächst in der Vorstellung und dann auch im realen Kontext erprobt. Zur Ressourcensuche wird vor allem nach Beispielen in der Lebensgeschichte der Klientin gesucht, in denen das Problem nicht, noch nicht oder nur stark abgeschwächt auftrat oder wo das Ziel bzw. ein ähnliches Ziel zumindest teilweise erreicht werden konnte. Die positiven Beispiele werden dann zunächst probeweise und bei Erfolg fest auf den Problem- oder Zielkontext übertragen. Dieses generelle Vorgehen wird auch „Selbst-Modellierung“ genannt.

Eines der therapeutischen methodischen Ziele der NLPt ist, dem Klienten den Modellierprozess so zur Verfügung zu stellen, dass er diesen selbst für sich anwenden kann, um mit sich und seinen Konflikten ausgeglichener und erfolgreicher umgehen zu können.

6. Grundannahme der Existenz funktionalautonomer Persönlichkeitsanteile

Überlegungen zu einer Theorie des Unbewussten

Die Arbeit mit Trancezuständen und die Verwendung von Metaphern und Geschichten sind integrale Bestandteile der Neuro-Linguistischen Psychotherapie (NLPt). In Anlehnung an Milton ERICKSON (1978, 1981, 1988) kann das Unbewusste in der Neuro-Linguistischen Psychotherapie (NLPt) wie folgt charakterisiert werden:

- Es entfaltet seine Wirksamkeit gemeinsam mit dem bewussten Verstand, ist jedoch als eine autonome Einheit oder Instanz aufzufassen (nach ERICKSON weiß das Unbewusste viel mehr als das Bewusstsein).
- Es hat nicht auslotbare Ressourcen und verfügt über gespeicherte Erfahrungen und Fähigkeiten, die uns weitgehend nicht bewusst sind.
- Es wirkt direkt auf unser Denken, Fühlen und Handeln ein.
- Die Prozesse des Unbewussten sind kreativ, gehorchen tiefenstrukturellen Eigengesetzlichkeiten und besitzen eine eigene inhärente „Logik"; diese unbewusste Logik unterscheidet sich grundsätzlich von der Logik des bewussten Verstandes.
- Es dient in seiner Funktion einer Optimierung im Vollzug des Lebens und letztlich des Überlebens; es fördert die optimale Anpassung des Gesamtorganismus an ständig neue Umweltvariablen und nützt dabei die bisher gemachten Erfahrungen.
- Das Unbewusste manifestiert sich gleichermaßen und einheitlich sowohl in geistigen als auch in körperlichen Abläufen oder Vorgängen.

In der Neuro-Linguistischen Psychotherapie (NLPt) werden demnach dem Unbewussten folgende Fähigkeiten zugeschrieben:

a) eine „höhere Geist-Körper Weisheit" im metaphorischen Sinne,
b) das Erfassen größerer Zusammenhänge,
c) eine fast unermessliche Speicherkapazität für Informationen sowie die Vernetzung derselben.

Natürlich beinhaltet es auch positives und negatives, vergessenes oder verdrängtes Material.

Die praktische Konsequenz für die Neuro-Linguistische Psychotherapie (NLPt) ist, dass Lösung von Problemen und Konflikten auch unter Umgehung des Bewusstseins aufgrund der Weisheit und der nahezu unbegrenzten Ressourcen des Unbewussten möglich ist. Die Therapie zapft das enorme Reservoir der unbewussten Ressourcen an und utilisiert* diese. Dabei ist eine bewusste Repräsentation, wie es zur Lösung gekommen ist oder kommen konnte, nicht unbedingt erforderlich oder notwendig.

Bewusst – Unbewusst

Die Steuerung unseres Verhaltens erfolgt durch unbewusste und bewusste Informationen und durch teilweise komplexe Muster von Informationsbahnen. „Information" kann bewusst sein und dann unbewusst werden oder unbewusst sein und bewusst werden. Die Kommunikation zwischen Menschen oder der Informationsaustausch zwischen Systemen findet grundsätzlich gleichzeitig auf mehreren parallelen Ebenen statt. Eine Einteilung, die an sich bereits metaphorisch ist, ist die in „bewusst" und „unbewusst".

In der Neuro-Linguistischen Psychotherapie (NLPt) wird eine Synergie unbewusster und bewusster Vorgänge angestrebt, die eine Optimierung des Verhaltens im Sinne einer Anpassung des Systems Mensch im Zusammenwirken mit größeren Systemen bewirkt. Kommunikations- und Therapieimpulse wirken gleichermaßen auf unbewusster und bewusster Ebene. Ziel der Therapie und gleichzeitig Therapieprämisse

* Utilisation ist einer der zentralen Begriffe Ericksonscher Hypnotherapie. Er besagt, dass zentrale Eigenschaften und Eigenheiten von Klienten nicht nur analysiert und diagnostiziert, sondern direkt für therapeutische Ziele genutzt werden. Beispiel: Ein Psychotiker hält sich für Jesus. Erickson spricht ihn an: „Ich habe gehört, Sie haben gewisse Erfahrungen als Zimmermann" und beauftragt ihn, ein Bücherregal für die Klinik zu bauen. (Zitiert nach: TRENKLE 1994: *Das **Ha-Handbuch** der Psychotherapie.* Mit freundlicher Genehmigung des Carl-Auer-Systeme Verlags.)

ist es, ein ziel- und lösungsorientiertes Wechselspiel unbewusster und bewusster Prozesse herbeizuführen und eine Ganzheit im Sinne BATESONs (1972) zu erreichen.

Der Grad der „Richtigkeit" (oder „Zweckmäßigkeit") einer Entscheidung orientiert sich nicht am Grad der Bewusstheit des Entscheidungsprozesses, sondern ergibt sich aus den Folgen des Handelns für das System. Wir gehen davon aus, dass die Wahrung der Ökologie im menschlichen Handeln zum überwiegenden Teil den Leistungen des Unbewussten zuzuschreiben ist. Das Unbewusste weiß oft – wenn in der richtigen Art und Weise befragt – besser, was und wie etwas zu tun ist, und vor allem, welche Auswirkungen zu erwarten sind sowie welche Zusammenhänge bestehen. Wir nehmen an, dass die bewussten, eher kognitiven Erklärungen stark rationalisierenden Abbildungen (gleichsam Skizzen) der menschlichen Tiefenstruktur bzw. des Unbewussten entsprechen. Sie dürften unsere Handlungen sozusagen „rechtfertigen", ohne die eigentliche Basis derselben zu bilden. Aus der ganzheitlichen Sicht der NLPt ist daher eine Trennung von Unbewusstem und Bewusstem nicht wirklich möglich. Jeder Bereich stellt eher einen Teilaspekt (unbewusst oder bewusst) verfügbarer und kommunizierbarer Information eines größeren Ganzen dar. Ebenso ist nach unserer ganzheitlichen Betrachtungsweise zufolge eine Trennung von geistigen und körperlichen Prozessen und Zuständen nicht möglich. Es besteht vielmehr eine untrennbare „Verwobenheit", Vernetztheit oder Interdependenz. Geist und Körper verbindet eine *komplementäre,* nicht eine symmetrische Beziehung.

Vergleicht man den menschlichen Geist mit einem angeschlagenen Ton, so entspricht das Bewusste dem bewussten, gehörten Anteil des gesamten Klang- und Schallkörpers. Die Gesamtheit der Obertöne und die Wechselwirkung mit dem Grundton verkörpert das Unbewusste. Eine Trennung zwischen beiden ist nicht möglich.

Mit dem Konzept der „unbewussten Wahlmöglichkeit" (siehe auch „Grundannahmen des NLP", S. 74–77) wird vor allem das im kommunikativen Prozess wichtige Verhältnis von bewussten und unbewussten Vorgängen angesprochen.

Die Neuro-Linguistische Psychotherapie (NLPt) bietet viele Interventionsmethoden für eine „Ausdehnung" der Wahrnehmungsfähigkeit auf vormals unbewusste Abläufe an (die nach BATESON einem Wissen um größere systemische Kreisläufe entsprechen), mit dem Ziel, die Verhaltens- und Handlungsmöglichkeiten zu erweitern (z.B. das Meta-Modell der Sprache, die Arbeit mit kognitiven Strategien und mit Submodalitäten; vgl. Kapitel: „Grundfertigkeiten, Interventionsmodelle und Techniken", S. 140ff.).

Gregory BATESON und Paul WATZLAWICK haben in ihren Büchern immer wieder die Grundstruktur von zwischenmenschlichen Beziehungen offen gelegt. WATZLAWICK betont, „dass wir alle viel mehr wahrnehmen und Wahrnehmungen viel mehr bewusst werden, als wir wissen, in anderen Worten, dass wir in einem dauernden Austausch von Kommunikationen begriffen sind, über die wir uns nicht bewusst Rechenschaft geben, die unser Verhalten aber weitgehend bestimmen". „In der Gegenwart eines anderen Menschen hat alles Verhalten – aktiv oder passiv, absichtlich oder unabsichtlich – Mitteilungscharakter und ist daher Kommunikation. Da es kein Nicht-Verhalten gibt, kann man auch nicht nicht kommunizieren" (WATZLAWICK 1985).

In jeder Botschaft, Meinungsäußerung, Mitteilung eines Menschen schwingen unvermeidbar zwei Aspekte mit, die sich wechselseitig durchdringen:

a) Zunächst enthält jede Form der Kommunikation (verbal oder averbal) eine Information, die als Inhaltsaussage angesehen werden kann.

b) Über die inhaltliche Ebene hinausgehend hat sie aber auch einen metakommunikativen Charakter, indem eine Kommunikation darüber erfolgt, wie die Botschaft vom Empfänger aufzufassen ist. Die Metakommunikation definiert dabei zugleich auch die Beziehung des Senders zum Empfänger, d.h. den Beziehungsaspekt einer Aussage: „Obwohl wir eben feststellten, dass alle Kommunikation beide Aspekte hat, ist der Anteil des Beziehungsaspektes von weitaus überragender Bedeutung" (WATZLAWICK 1988, S. 16).

Das von BANDLER und GRINDER entwickelte „Konzept der Para-Botschaften" generalisiert das von BATESON und WATZLAWICK vertretene Schema „verbal-nonverbal" zu einem n-dimensionalen Schema gleichwertiger Botschaften aus verschiedenen Output-Kanälen. Dabei werden sowohl verbale und bewusste Vorgänge als letztlich situationsrelevant und -bestimmend erachtet als auch die Gesamtheit aller sensorisch erfassbaren Vorgänge in ihrem situativen Kontext (Bandler & Grinder 1984, S. 45 ff.)

Dazu wieder BATESON (1981):

„Oben wurde festgestellt, dass das Bewusstsein notwendig selektiv und partiell ist, d.h. dass der Inhalt des Bewusstseins bestenfalls einen kleinen Teil der Wahrheit über das Selbst ausmacht. Wird aber dieser Teil in irgendeiner systemischen Weise selektiert, dann ist sicher, dass die Teilwahrheiten des Bewusstseins als Gesamtheit eine Verzerrung der Wahrheit irgendeines größeren Ganzen sein werden."

Wirklich ernst zu nehmen ist seiner Ansicht nach nur die Perspektive der Kreislaufstruktur, der systemischen Struktur des Geistes: „Wenn der gesamte Geist ... ein integriertes Netzwerk (von Aussagen, Bildern, Prozessen, Nervenkrankheiten oder Ähnlichem – je nach der bevorzugten wissenschaftlichen Terminologie) ist, und wenn der Inhalt des Bewusstseins nur eine Auswahl verschiedener Teile und Lokalitäten dieses Netzwerkes ist, dann ist die bewusste Auffassung des Netzwerks als ein Ganzes eine ungeheuerliche Leugnung der Integration dieses Ganzen“ (a.a.O., S. 203).

Das Teile-Konzept

Die Arbeit mit inneren Persönlichkeitsanteilen („*parts*“) wurde in Anlehnung an die Arbeit von Fritz PERLS, Virginia SATIR und auch Milton ERICKSON im Rahmen der NLPt weiterentwickelt.

Die menschliche Persönlichkeit wird dabei als ein System angesehen – die einzelnen Persönlichkeitsanteile (psychische Bewusstseins-Instanzen bzw. „Teile“) fügen sich zu einem Ganzen (= System). Die einzelnen Teile können getrennt angesprochen und erforscht werden, sie hängen jedoch zusammen und wirken wechselseitig aufeinander ein.

Im Rahmen seiner Ausführungen über das Selbst findet sich die Idee der Teile schon bei William JAMES (1890). Nach JAMES sind schon zu Beginn des Lebens eines Menschen verschiedene Charaktere gleich möglich, und bei der Gestaltung unseres Selbst stehen die verschiedenen „*selves*“ in Wettstreit und Konflikt. „Man wäre zwar gern vieles zugleich, aber die Sache ist einfach unmöglich. Was der Millionär tun müsste, würde zu dem Heiligen schlecht passen; der Bonvivant und der Philanthrop würden einander im Wege stehen; der Philosoph und der Frauenjäger können nicht gut zusammen in einer irdischen Hülle wohnen.“ Um einen davon wirklich zu gewinnen, müssen die Übrigen mehr oder weniger unterdrückt werden, und nur die Schicksale dieses einen Selbst besitzen Realität. In alledem zeigt sich wieder so recht die selektive Funktion unseres Geistes.

Aufgrund von Beobachtungen an hysterischen und/oder hypnotisierten Patienten scheint unser Bewusstsein in Teile (*multiple selves*) geteilt zu sein, welche nebeneinander koexistieren, aber einander vorwiegend ignorieren (JAMES 1890, S. 206).

Aufgrund dieser Teilung könne man, so JAMES, z.B. niemals die Versicherung eines Menschen, er habe nichts gefühlt, als einen Beweis gelten lassen, dass es kein Gefühl gegeben habe. Das Gefühl war möglicherweise da, aber als Teil des Bewusstseins eines anderen Teiles (*secondary personage*), von deren Existenz der erste Teil, mit dem wir uns unterhalten, keine Auskunft geben kann.

Die Arbeit mit inneren Persönlichkeitsanteilen nimmt in der Neuro-Linguistischen Psychotherapie (NLPt) einen sehr großen Raum ein.

Man geht dabei von der Grundannahme aus, dass jedes innere oder äußere Verhalten von einem Teil (der Gesamtpersönlichkeit) ausgeht und von diesem aufrechterhalten bzw. gesteuert wird. Ein Teil ist also ein Subsystem des größeren Systems der Gesamtperson. Es kann sein, dass ein anderer Teil oder Teile der Gesamtpersönlichkeit ein von einem bestimmten Teil hervorgebrachtes Verhalten gutheißt, ablehnt, ja sogar verwerflich findet. Der Begriff Verhalten ist hier bewusst weit gefasst und umfasst emotionale Zustände ebenso wie psychosomatische Symptomkomplexe. Man geht von der Annahme aus, dass das gezeigte Verhalten oder Symptom (mag es nun als wünschenswert eingeschätzt oder als schädlich oder unmoralisch oder schambesetzt abgelehnt werden) ein Ausdruck des inneren Teils ist, der einen Versuch darstellt, der positiven Intention dieses Teils für das Gesamtsystem zu entsprechen. Es wird unterstellt, dass das Verhalten das Beste ist, was dieser Teil zu tun imstande ist. Es gelingt also dadurch, spezifisches Verhalten in seiner Auswirkung und systemischen Bedeutung von der Intention, die es ursprünglich hervorgebracht hat, zu trennen. Widersprüche und Alternativen können daher gleichzeitig als Lösungsversuche verschiedener Teile existieren. Teile sind einerseits autonome innere Instanzen (gleichsam Teilpersönlichkeiten), die unterschiedliche Wertvorstellungen, Ziele, ja sogar Erfahrungen haben können, sind aber andererseits als Teile des Gesamtsystems diesem – durch die positive Intention – verbunden. Teile können auch in verschiedenen Lebensbereichen situiert sein (Beruf, Privatleben, Öffentlichkeit) oder bestimmten Fähigkeiten entsprechen (Selbstsicherheit, Zurückgezogenheit, Aggressivität etc.). Sie können auch so konfiguriert sein, dass sie unterschiedlichen Entwicklungsphasen der Person entsprechen, z.B. das „jüngere Selbst" oder ein junger Teil, der nach Verwirklichung strebte, dem jedoch die heute real verfügbaren Ressourcen und Erfahrungen nicht zur Verfügung stehen.

Das Teilekonzept ist eine therapeutische Realitätskonstruktion des NLP, die jedoch häufig von Klienten spontan als Beschreibung ihrer inneren Wirklichkeit angeboten wird. Es erlaubt, richtig utilisiert, festgefahrene Strukturen einer Dynamisierung zuzuführen und innere Konflikte und Ambivalenzen in eine handhabbare, kreative und flexible Struktur zu bringen. Viele NLP-Modelle setzen das Vorhandensein innerer Teile voraus, so z.B. die Reframing-Techniken (S. 149–150). Das Konzept findet im Konfliktmanagement, in der Arbeit mit Gruppen, aber auch in der Therapie der Neurosen und anderer psychischer Störungen Anwendung. Das Teilekonzept kann zur Beschreibung der Struktur verschiedener Krankheiten wie z.B. der manisch-depressiven Erkrankung, der Borderlinestörung, der Multiplen Persönlichkeit oder bei psychotischen Störungen herangezogen werden und von Nutzen sein.

ICH SAGE KEIN WORT OHNE MEINEN KREATIVEN TEIL!

Teil III

Wissenschaftlich-therapeutische Theorie des Handelns

1. Theorie der Persönlichkeit

Gregory Bateson beschreibt den Menschen und den Geist als ein *kybernetisches System* und bezieht dabei auch den Körper, das äußere und innere Verhalten und die Umwelt mit ein.

Auch anhand der Regeltechnik lässt sich die BATESONsche Kybernetik demonstrieren:

Eine altmodische Dampflokomotive liefert eine brauchbare Analogie. Der Regler der Lokomotive besteht aus zwei Kugeln, die an einem rotierenden Zentrumsstab befestigt sind. Je schneller der Zug fährt, desto schneller dreht sich der Schaft, und desto höher fliegen die Kugeln aufgrund der Zentrifugalkraft. Je höher die Kugeln fliegen, desto mehr wird die Brennstoffaufnahme reduziert, was den Zylinder verlangsamt, der wiederum das Schwungrad drosselt, welches die Maschine antreibt; worauf sich dann der Regler-Stab langsamer dreht, was die Kugeln niedriger fliegen lässt, so dass daraufhin die Brennstoffzufuhr wieder erhöht wird.

Wir haben es hier mit einem System zu tun, das sich selbst korrigiert, wodurch die Geschwindigkeit des Zuges konstant gehalten wird. Wenn irgendein Teil des Kreislaufs seine Aktivität verstärkt, dann wird dies durch eine Aktivitätsverminderung in dem korrespondierenden Teil aufgefangen, und umgekehrt.

Nehmen wir einmal an, dass sich jemand am „Regler“ zu schaffen macht. Statt dass die hohe Geschwindigkeit der rotierenden Kugeln die Brennstoffzufuhr drosselt, wird sie jetzt verstärkt, was die Geschwindigkeit des Zylinderschafts erhöht, worauf das Schwungrad und bald auch der Zug außer Kontrolle geraten. In diesem Sinn ist psychotherapeutische Intervention in der NLPt immer in Hinblick auf die inneren und äusseren Systeme der Person hin orientiert zu sehen. Das Wort Regler ist im kybernetischen System Mensch irreführend. Kein einziger Teil des Kreislaufs bzw. der unzähligen Kreisläufe dominiert komplett einen anderen Teil. Die „Intelligenz“

liegt in dem gesamten Kreislauf der (im Normalfall) sich selbst korrigierenden, homöostatischen Elemente des Systems.

Bei vielen Menschen herrscht der irrige Glaube vor, dass ein bestimmter Teil das gesamte System dominiert. Beispielsweise versucht der Alkoholiker, sein ganzes kybernetisches System zu regulieren, indem er seine „Willenskraft" vermehrt, um gegen die Suchtneigung anzukämpfen. Doch wenn man die „Stärke" der Rotation des Reglers erhöht, dann wird auch die „Brennstoffzufuhr" erhöht, in diesem Falle der Alkohol. Die beiden werden zur Eskalation getrieben, so dass der gesamte Kreislauf der wechselseitigen Kontrolle entzogen wird. Doch genauso wie man eine Dampfmaschine nicht kontrollieren kann, indem man lediglich die Geschwindigkeit des Reglers erhöht, genausowenig lässt sich das psychische System durch eine – um im Beispiel zu bleiben – Maximierung der Willenskraft ins Gleichgewicht bringen.

Um die Situation zu stabilisieren, muss dem kybernetischen System in seiner Gesamtheit Rechnung getragen werden, d.h., alle Teile der Schleife müssen akzeptiert werden – eine *Ökologie des Geistes* muss hergestellt werden.

Die systemisch-imaginativ orientierte Neuro-Linguistische Psychotherapie (NLPt) basiert auf solch einem kybernetisch-holistischen Persönlichkeitsmodell, das sich an den konzeptionellen Überlegungen von BATESON orientiert, unter Einbeziehung der weiter oben dargestellten Überlegungen KORZYBSKIs, W. JAMES' und BANDURAs.

Die in der klassischen Psychologie verwendeten Begriffe **Persönlichkeitsmerkmale** oder **Persönlichkeitseigenschaften** entsprechen dem in der Neuro-Linguistischen Psychotherapie (NLPt) verwendeten Begriff „Meta-Programme" (siehe S. 61).

Lebensplan- bzw. Mehrgenerationenperspektive

In der Neuro-Linguistischen Psychotherapie (NLPt) gehen wir davon aus, dass entwicklungspsychologische Aspekte (wie z.B. unterschiedliche Lernprozesse, Reifungsprozesse, Lebenserfahrungen sowie Lebenspläne) einen ganz wesentlichen Einflussfaktor bzw. Kontext für die Persönlichkeit und ihre (Weiter-)Entwicklung darstellen. (Der Begriff „Lebensplan" wird hier – ähnlich wie bei Alfred ADLER – als ein zielgerichtetes Grund-Programm zur Bewältigung der Umweltanforderungen verstanden.)

Wesentliche Fragestellungen in der Therapie können erst im Kontext größerer Zusammenhänge im persönlichen Lebenslauf und unter der Perspektive mehrerer Generationen analysiert, geklärt und gelöst werden (Konzepte der Mehrgenerationenperspektive, der transgenerationalen Treuebindung, der Vermächtnisse sowie der Schuld und Sühne über Generationen hinweg).

Es geht einerseits um das „Tiefenerleben" der Einzelpersönlichkeit, ihrer phasenspezifischen Entwicklung (in Anlehnung an das Modell von Erik ERIKSON) und der Auswirkungen der unterschiedlichen Lernprozesse und -erfahrungen, andererseits auch um die psychosoziale Wirksamkeit der Kraftfelder „Familie", „Sippe" bzw. „Generationenabfolge" (Ahnenreihe).

Diese Betrachtungsweise ermöglicht uns zu verstehen, dass Handlungen, Fähigkeiten, Motive, Überzeugungen, Selbstbilder u.a. eines einzelnen Menschen sowohl individuell als auch auf der Ebene des familiären Beziehungssystems bestimmt werden (vgl. auch S. 83–84). NLPt geht davon aus, dass „Loyalität" der Schlüsselbegriff zum Verständnis der systemgebundenen (sozialen) wie der individuellen (psychischen) Ebene ist (nach Ivan BOSZORMENYI-NAGY). Persönliche Einschränkungen, Probleme, Konflikte und auch Krankheiten können demnach aus Loyalität zur Ursprungsfamilie/Sippe entstehen und sind auch nur unter Einbeziehung dieser Dimension wieder lösbar (V. SATIR, H. STIERLIN, I. BOSZORMENYI-NAGY und R. DILTS).

Persönlichkeitsentwicklung

Was eine Persönlichkeit dem Wesen nach ist, kann nicht vollständig erfasst werden. Es lässt sich jedoch beobachten,

- wie und unter welchen Bedingungen sie sich entwickelt hat,
- wie und unter welchen Bedingungen sie sich (weiter-)entwickelt,
- welche Bedingungen dieses Entwickeln förderten/fördern oder hinderten/hindern bis unmöglich machten/machen,
- was die Person aktuell tut, wie sie sich bewegt, wie und was sie spricht u.a.,
- unter welchen situativen Bedingungen die Person steht, welche sie fördern oder behindern usw.

Wenn also auch im naturwissenschaftlichen Sinn nicht genau definiert werden kann, was die Persönlichkeit ist, so lässt sich doch beschreiben, wie sie sich entwickelt hat, wie sie „zustande kommt", wie sie „geworden" ist. Das heißt, wir beschreiben Phänomene des Werdens unter den Bedingungen des menschlichen Lebenslaufes. Das Modell von Erik ERIKSON (1966) bietet für die NLPt den adäquatesten Bezugsrahmen.

1. Urvertrauen vs. Urmisstrauen

Es wird im Säuglingsalter gebildet und durch Erlebnisse wie Atmen, Verdauen, Schlafen, Liegen, Sitzen, Schreien bestimmt. Mund und Haut bilden das Zentrum der Erfahrung der Welt (orale Phase). Die erste soziale Verhaltensweise besteht im Entgegennehmen, als Voraussetzung für das Gebenkönnen. Das Wohlbefinden beruht auf biologischen Faktoren und auf der Beziehung zur Person, bes. zur Mutter. Dieses Erleben vermittelt dem Säugling einen rudimentären Eindruck von Ich-Identität. Im Raum des Vertrauens bildet sich auch das erste soziale Verhalten aus. Das Kind nimmt, veranlasst die Mutter zum Geben. Es lernt, die Mutter aus dem Gesichtsfeld zu entlassen, sie wird zur inneren Gewissheit (Introjektion), was das Vertrauen in die Umwelt ermöglicht.

Misstrauen entsteht, wenn die gefühlsmäßige Gewissheit des Sich-verlassen-Könnens gestört ist (sei es hinsichtlich der Bezugsperson oder der eigenen lebenserhaltenden Funktionen).

2. Autonomie vs. Scham und Zweifel

Dies ist die Phase des Kleinkindalters. Das anal-urethrale System wird zur Zone der Auseinandersetzung mit der Umwelt (anale Phase). Wichtig ist ab dieser Phase das Sozialverhalten des Festhaltens und Loslassens. Zu Beginn des zweiten Lebensjahres fängt das Kind an, seine Autonomie wahrzunehmen; es beginnt Wert auf seine Selbständigkeit und Unabhängigkeit zu legen.

In diesem Stadium wird das Verhältnis von Liebe und Hass, zwischen Bereitwilligkeit und Trotz, zwischen freier Selbstäußerung und Einschränkung grundgelegt. Hier wird Mündigkeit, freie Selbstäußerung und Vertrauen in sich selbst, das Selbstgefühl, gebildet, auch im Sinne einer Beherrschung seiner selbst bzw. die Erfahrung „ich bin, ich will".

Aus dem möglichen Empfinden muskulären und analen Unvermögens, aus dem möglichen Gefühl, keine Selbstkontrolle zu haben, und aus dem möglichen übermäßigen Eingreifen der Eltern kann hier ein Gefühl von Scham (Geltungsscham) und Zweifel entstehen.

3. Initiative vs. Schuldgefühl

Geprägt ist diese Phase vom Modus des Eindringens, im Sozialverhalten vom Tun und vom Tun als ob (Spielalter, 4./5. Lebensjahr). Das Kind kann sich frei und unabhängig bewegen und die altersgemäße frühe geschlechtliche und genitale Erregbarkeit erfahren (phallische Phase).

Es geht in dieser Phase um die Frage: Was für eine Person will ich werden? Zunächst will das Kind werden wie die Eltern, danach sind auch Kindergärtnerinnen, Lehrer usw. Vorbilder. Es geht um das „Machen", sich eines Gegenstandes, einer Person „bemächtigen". Der große Lenker der *Initiative* ist das Gewissen. Im Kleinkindalter scheut sich das Kind, wenn es bei einer Missetat entdeckt wurde, jetzt beginnt es die Entdeckung selbst zu fürchten. Ein Sich-Schämen ist nicht mehr unmittelbar von der Anwesenheit der Bezugsperson abhängig (*Internalisierung*). Das ist der Anfang der *persönlichen Moralität.* Aufgabe der Eltern ist es, die Initiative des Kindes in soziale Bahnen zu lenken. Die Kinder können allmählich am Leben der Großen teilnehmen, und diese helfen ihnen im Umgang mit Geräten/Werkzeugen usw. und lassen sie teilweise Verantwortung übernehmen.

Die Gefahr dieser Phase ist, dass beim Kind Schuldgefühle in Bezug auf seine Unternehmungen und Zielsetzungen entstehen. Schuldgefühle können auch durch Wünsche an Vater und Mutter (Rivalität) und den dabei unvermeidlichen Misserfolgen entstehen (ödipale Phase).

4. Werksinn vs. Minderwertigkeitsgefühl

Innerhalb unserer Kriterien entspricht diese Fähigkeit dem Schulalter. Das Kind wird „schulfähig". Es spielt noch gerne, will aber auch etwas Konstruktives leisten. Dieses Stadium ist sozial sehr entscheidend für Zusammenarbeit, Arbeitsteilung, generelle Chancen. Es entwickelt sich das Gefühl für eigene Möglichkeiten und Kompetenz. Werksinn ist das Bedürfnis, mit anhaltender Aufmerksamkeit und Ausdauer etwas Konstruktives, Nützliches zu leisten. Es ist die Erfahrung: „Ich bin, was ich lerne."

Die Gefahr dieser Phase liegt in der Entstehung von Gefühlen der Unzulänglichkeit und Minderwertigkeit.

5. Identität vs. Identitätskonflikt

Die physische Geschlechtsreife tritt ein (Adoleszenz). Der Jugendliche will vor allem seine soziale Rolle festigen. Das Gefühl der Ich-Identität wird gestützt durch das aus Erfahrung angesammelte Vertrauen auf kontinuierliche Zugehörigkeit, das ein Gefühl von innerer Einheitlichkeit erzeugt, und das Vertrauen, dass man auf eine durch eigene Kraft gestaltbare Zukunft zugeht. Auch die Entscheidung zur „Berufsidentität" spielt in dieser Phase eine wichtige Rolle.

Die Gefahr dieser Phase ist die Identitätskonfusion, verweigerte oder verhinderte Zugehörigkeit.

Wir gehen aus von der Annahme, dass Menschen psychologisch wachsen und sich entwickeln wollen. Dieser „Drang“ spiegelt sich auch in FREUDs Triebtheorie wider.

NLPt geht davon aus, dass Menschen in sich all das haben, was sie für ihre Entwicklung und ihr Wachstum brauchen. Die Aufgabe des Psychotherapeuten besteht darin, ihnen zu helfen, die inneren Heilkräfte zu wecken. Das Leben ist ein ständiger Prozess des Verletztwerdens und Heilens, ständigen Wachsens und ständiger Veränderung. In diesem Sinn orientiert sich die NLPt mit dem Konzept vom Leben als Prozess des Wachsens und der Veränderung an C.G. JUNGs Individuationsprozess und V. SATIRs Modell des Veränderungsprozesses, der das gesamte Leben umfasst.

Für die Entwicklung gesunder und störungsfreier Persönlichkeit gehen wir von einem kybernetischen Modell der psychosozialen Entwicklung aus: Wir sehen die Persönlichkeit als ein offenes, sich selbst korrigierendes System, das mit seiner Umwelt in Wechselbeziehung steht. Alle seine Teile sind einerseits voneinander abhängig, da sie sich entsprechend ihrer Funktion innerhalb des Ganzen wechselseitig bestimmen, andererseits sind sie lokal autonom, so dass z.B. Wahrnehmung und Identität „Sub-Ganzheiten“ eines größeren Systems sind (siehe „Teile-Konzept“, S. 104–105).

Wichtig ist zu betonen, dass Veränderung, Entfernung oder Schädigung irgendeines Segments des psychosozialen Systems die Bedeutung der anderen Segmente ganz entscheidend verändern kann.

Bindung

Hochgradig kompatibel mit dem anthropologischen Verständnis der NLPt ist auch die aktuelle Bindungstheorie als Beschreibung/Erklärung späteren Verhaltens. Die Bedeutung der „Bindung“ (*attachment*) wurde von BOWLBY (1969) untersucht. Er sieht darin ein primäres menschliches Bedürfnis, das schon beim menschlichen Säugling dazu führt, dass es die Nähe ausgewählter Bezugspersonen sucht. Bindung ist für Kleinkinder überlebensrelevant, denn sie gewährleistet Schutz und Sicherheit. Bereits im Alter von 12–18 Monaten hat das Kleinkind gelernt, ob und inwieweit ihm die Bezugs- bzw. die Bindungsperson als sichere Basis (*haven of safety*, AINSWORTH) dienen kann.

Bindung kann verschiedene Qualitäten annehmen:

- sicher gebunden;
- unsicher/vermeidend gebunden;
- unsicher/ambivalent gebunden;
- desorganisiert/desorientiert gebunden.

Kinder, die in einer verlässlichen, verständnisvollen, unterstützenden Familie aufwachsen, entwickeln Vertrauen in ihre soziale Umwelt, sehen sich selbst als liebenswert und entwickeln ein positives Selbstbild. Das *sicher gebundene* Kind verfügt über eine hohe Frustrationstoleranz und Empathiefähigkeit, es ist in seinen Strategien flexibel und kann sich neuen Verhältnissen rasch anpassen. Kinder und Jugendliche mit sicherer Bindung verfügen über bessere soziale Kompetenzen, sind in der Lage, Konflikte selbständig zu lösen, sie zeigen weniger Verhaltensstörungen als andere Bindungstypen. Beim Erwachsenen spricht man von *autonomer Bindung*.

Im Gegensatz dazu kann die kontinuierliche Erfahrung fehlender emotionaler Unterstützung, mangelnder Rückhalt und häufige Zurückweisung zu einer *unsicher-vermeidenden Bindung* führen. Das Kind zieht sich zurück, es unterdrückt seine Bedürfnisse nach Kontakt, Nähe und Zuwendung und wird emotional selbstgenügsam. Im Kindergarten sind diese Kinder eher ängstlich oder aggressiv. Beim Ewachsenen spricht man von *unsicher-distanzierter* oder *abwehrender Bindung*.

Die *unsicher-ambivalente Bindung* entsteht aus der Erfahrung von unvorhersagbaren elterlichen Verhaltensweisen. Wenn die Bindungspersonen gelegentlich zugewandt, gelegentlich ablehnend oder mit sich selbst zu sehr befasst sind, entsteht aus dieser Unsicherheit eine übermäßige Anhänglichkeit, gemischt mit Ärger auf die Bindungspersonen. Diese Kinder können nur schwer das Gefühl der Eigenständigkeit entwickeln. Beim Erwachsenen spricht man von einem *unsicher-präokkupierten Bindungsmodell*. Diese Personen sind nach wie vor in ihrer problematischen Kindheitsgeschichte verstrickt und einerseits mit ihren Bezugspersonen aus der Kindheit als auch ihren gegenwärtigen Beziehungen verwickelt. Sie sind abhängig, beziehungsüberbewertend, empfindlich und leicht kränkbar.

Bei besonders risikoreichen Eltern-Kind-Beziehungen wie Misshandlungen und traumatischen, unverarbeiteten Verlusten wird die Mutter als nicht erreichbar und/oder feindselig und ablehnend erlebt. Das führt zu einem zeitweisen Zusammenbruch von Bindungsstrategien und zum Zusammenbruch der Verhaltensorganisation, zu einer *desorganisiert-desorientierten Bindung*, beim Erwachsenen zu einem *unverarbeiteten Bindungsstatus*.

Die sicheren und unsicheren Bindungstypen spielen eine wesentliche Rolle für die seelische Gesundheit sowie die emotionale Entwicklung. Durch Unsicherheit geprägte Bindungstypen können in Kombination mit zusätzlichen Risikofaktoren zu Entwicklungsstörungen führen.

Die prototypische Beziehung zwischen Kleinkind und Bezugsperson lässt sich auch auf ältere Kinder, Jugendliche und deren Bezugspersonen und auf die Beziehungen zwischen Erwachsenen übertragen. Häufig erfahrene Interaktionsmuster mit nahe stehenden Personen werden in Form von abstrahierten kognitiv-affektiven

Schemata internalisiert (Scripts). Aufgrund der hohen Übereinstimmung zwischen elterlichen mentalen Bindungsmodellen und kindlichem Bindungsverhalten spricht man auch von einer transgenerationalen Vermittlung von Bindungsbeziehungen über zwei oder mehr Generationen.

Die bis zum 1. Jahr ausgebildeten Bindungsmuster bleiben zunächst bis zur Präpubertät fixiert. Im Verlaufe der weiteren Entwicklung über die Lebensspanne werden die Bindungstypen weiter fundiert. Personen entwickeln eine mentale Repräsentation von Bindung, ein „*internal working model of attachment*" (BOWLBY). Diese umfassen das bewusste und nicht bewusste Wissen über Bindungserfahrungen sowie Vorstellungen über die Vertrauenswürdigkeit der Umwelt. Durch kritische Lebensereignisse kann es zu Veränderungen der Typen kommen.

2. Menschenbild

Das Welt- und Menschenbild der NLPt setzt sich im Sinne der Mehrfachbeschreibung (vgl. hierzu GRINDER & DELOZIER, der Reigen der Daimonen, Junfermann Paderborn 1995, S. 220 ff.; hierin findet sich auch eine gut verständliche Diskussion der BATESONschen Konzepte.) aus mehreren philosophischen, psychologischen, handlungstheoretischen und linguistischen Ansätzen zusammen, wie sie bereits in Teil 2 dieses Buches (Theoretische Grundlagen, S. 39 ff.) näher beschrieben wurden. GRINDER und BANDLER erwähnen darüber hinaus explizit den Kant-Forscher Hans VAIHINGER (1852–1933, *Die Philosophie des Als Ob*, 1911), dessen erkenntnistheoretischer Fiktionalismus von ihm selbst „idealistischer Positivismus" genannt wurde; ebenso den Sprachwissenschaftler Noam CHOMSKY mit seiner Transformationsgrammatik (*Syntactic Structures*, 1957). Auch bestehen Parallelen zu Selbstorganisationstheorien, insbesondere zur Erkenntnistheorie des Radikalen Konstruktivismus.

Wissenschaftssoziologisch ist zu GRINDER, BANDLER und DILTS zu bemerken, dass sie sich davor scheuen, ihr Modell als solches wissenschaftsgeschichtlich oder -theoretisch zu lokalisieren. Der Modellcharakter ihrer Konstruktion soll davor bewahren, das Gewicht zu sehr auf den theoretischen Aspekt zu legen und den Funktionsmodus „sub specie utilitatis" als Kriterium zu vernachlässigen. Mit der stark pragmatischen Tendenz des NLP, mit den Konstruktionsbedingungen der Nützlichkeit und Funktionalität, verbunden mit dem Selbstverständnis als Wissenschaft des subjektiven Erlebens, stellt sich die NLPt gleichsam in eine ergänzende Position zu konventioneller Wissenschaftlichkeit.

Schulenspezifische Modellbildungen sind Voraussetzung für die fachliche Handlungsfähigkeit der Therapeutin, können aber das subjektive Menschenbild des handelnden Menschen, der psychotherapeutisch tätig ist, nicht ersetzen.

Klassischerweise ergibt sich bei der Formulierung von Menschenbildern ein scheinbarer Konflikt durch eine Mehrfachbeschreibung, da Sprache je nach den implizierten Wertansprüchen unterschiedlich kodiert. Einerseits finden wir gerade im Bereich der psychotherapeutischen Theorien Anthropomorphismen (bildhafte Beschreibungen mit menschlichen Metaphern) vor, wobei es doch eigentlich um Modellvorstellungen psychischer Prozesse etc. geht. Andererseits ist die Frage, wie sehr eine rein „technisch-wissenschaftliche“ Sprache geeignet sein kann, ein Menschenbild mit Werthaltungen zu transportieren.

Genau dieser scheinbare Widerspruch, in dem jede Menschenbildbeschreibung und überhaupt jede psychologische und psychotherapeutische Orientierung zunächst steht, bildet den Kernpunkt des Ansatzes des Menschenbildes der österreichischen psychotherapeutischen Schule des NLP.

Auch in Bezug auf das Menschenbild scheint es sinnvoll, entsprechend mit unterschiedlichen Perspektiven der Beschreibung zu operieren.

Technisch ausgedrückt handelt es sich aus der Sicht der NLPt beim Menschen um ein autopoietisch organisiertes orientiertes neurologisches System aus vielen neuronalen Schaltungen, die über Feedback (Feed-Forward)-Loops miteinander in Verbindung stehen, wobei das, was phänomenologisch Bewusstsein genannt wird, durch die unterschiedliche Ausformung der Vernetzung dieser „Schaltungen“ entsteht (neuronales Netz höherer Ordnung). Je nachdem, wie die neuronale Schaltungswirklichkeit aus der Summe aller jeweils möglichen Vernetzungen konstruiert wird, wird auch jeweils unterschiedliche Bewusstheit geschaffen.

Traditionell psychotherapeutisch-ganzheitlich hingegen wird aus der Sicht der NLPt der Mensch als durch exakte Wissenschaft nicht wirklich erklärbares Phänomen und Wesen beschrieben, der in seiner jeweiligen Einzigartigkeit primär vom Unbewussten und eingeschränkt vom Bewussten geleitet wird und durch seine spirituelle Dimension (Vollzug der Liebe durch Aussöhnung und Gestaltung der Beziehungen) über weitreichende Heilungspotenziale verfügt.

Pragmatisch vereinfachend gesehen lässt sich im Sinne eines anthropologischen Menschenbildes in der NLPt ein Vier-Felder-Schema skizzieren, mit den vier Einflussfaktoren:

Distanz/Sachlichkeit	Ordnung/Hierarchie/ Mehrgenerationalität
Kreativität/Lebenslust	Nähe/Partnerschaft

Wobei davon ausgegangen wird, dass ein gutes und erfülltes Leben immer eine Balance dieser Einflussfaktoren zur Voraussetzung hat, wodurch auch eine Orientierung für den Gesundheits- bzw. Krankheitsbegriff gegeben ist.

Die Neuro-Linguistische Psychotherapie hat definitiv ein offen orientiertes und integratives Menschenbild, das wesentlich die systemisch/imaginativen, die phänomenologischen und biologisch-kybernetischen Anschauungen integriert, insbesondere durch Einbeziehung psychodynamischer und gestaltpsychologischer Aspekte sowie die vor allem für das psychobiologische Verständnis notwendigen relevanten Konzeptionen der kognitiven Psychologie und der Hirnforschung (Stichwort: Konnektivismus).

Die Integration dieser Menschenbilder und Konzeptionen erfolgt entlang einer spezifischen Organisationsstruktur und einer Orientierung an unterschiedlichen Ebenen. Dies bezieht sich in erster Linie auf das Modell der logischen Ebenen, ursprünglich konzipiert von Gregory BATESON und weiterentwickelt von Robert DILTS (siehe S. 77–84).

Das heißt: Auf der Ebene von *Verhalten und Fähigkeit* lassen sich kognitiv-behavioristische Modelle (Anker, Repräsentationssysteme, Submodalitäten, Strategien) theoretisch und praktisch sinnvoll anwenden.

Im Bereich der *Glaubens- und Wertsysteme* geht es primär darum, andere Bereiche der Psychobiologie und Neurologie zu verstehen und anzusprechen; diese lassen sich durch die in der NLPt unter „Reframing" bekannte psychodynamische und ressourcenorientierte Arbeit abdecken.

Geht es hingegen um Fragen der *Identität,* der Lebensvision und des Lebensauftrags sowie um Fragen des Miteinanderlebens in der Sozietät, also um lebensgeschichtliche Themen, so ist ein Rückbezug auf die System-Matrix (S. 89–91), ein systemisches Menschenbild und daraus abzuleitende strategische Interventionen sowie diskrete und offene Symbolarbeit sinnvoll.

Über all diesen Ansatzmöglichkeiten steht grundsätzlich die ressourcenorientierte Ausrichtung auf die Ziele des Klienten und der ihn umgebenden Ökologie. Der Zugang zum Menschen ist ganzheitlich systemisch ausgerichtet, ebenso die Beschreibungsart.

Das Menschen- und Weltbild des NLP lässt sich zusätzlich indirekt in Grundannahmen oder Prinzipien formulieren, die quasi axiomatischen Charakter haben. Dazu gehört zunächst die These, dass es für die Menschen Welt und Wirklichkeit nicht (als) objektiv (erkennbar) gibt, sondern sie nur subjektiv über die sinnliche Wahrnehmung erkennbar und mit Hilfe kognitiver Repräsentationen – in der NLPt als Modelle bezeichnet – denkbar sind. Mittels ihrer individuellen Modelle organisieren die Menschen ihr Verhalten.

Verhalten wird im NLP definiert als „alle sinnlichen Repräsentationen, die innerlich und/oder äußerlich erfahren und ausgedrückt werden, und einem Subjekt und/oder einem Beobachter dieses Subjekts auffallen“ (DILTS et al. 1985). Das über die Beeinflussung der Erkenntnis prinzipiell veränderbare und somit nicht prognostizierbare Verhalten umfasst im Sinne der NLPt nicht nur jegliches Handeln in der externen Welt, sondern ebenso das auf die bloße Imagination beschränkte Verhalten.

Menschen verfügen (quasi) a priori über die elementare Fähigkeit des Modellbildungsprozesses (siehe auch CHOMSKYs Theorien zum Spracherwerb, S. 57). Damit haben sie potentiell alle „Ressourcen“, die sie zur Lösung von Problemen brauchen. Diese erfolgt durch die aktuelle Verfügbarmachung der relevanten Ressource(n) und/oder die Umorganisation einzelner Systemkomponenten.

Änderungen des Verhaltens sind nur über die Veränderung des zugrunde liegenden kognitiven Modells möglich. Zu berücksichtigen ist dabei die ganzheitliche Betrachtung der Menschen als psychophysische Systeme, organisiert aus jeweils unendlich vielen ‚Teilen‘ und eingebunden in das umfassende, in Wechselwirkung mit ihnen stehende Gesamtsystem der Umwelt.

Prinzipiell treffen die Menschen in jedem Fall die im Rahmen ihrer jeweiligen Modelle bestmögliche Entscheidung, wobei in Ermangelung mehrerer Wahlmöglichkeiten die eine zur Verfügung stehende zwangsläufig ist. Daher das Bestreben der NLPt, den Menschen zu ihren vielfältig vorhandenen *unbewussten* Wahlmöglichkeiten zu verhelfen. Dies erfordert die Ausdehnung der eigenen Wahrnehmungsfähigkeit hin zu den unbewussten Geschehnissen im Kommunikationsprozess, wodurch die Einbeziehung auch der nonverbalen – über die inhaltliche Ebene der (verbalen) Aussage hinausweisenden – Anteile des Kommunikationsprozesses (Metakommunikation) ermöglicht wird. Diese auf WATZLAWICK et al. (1985) zurückgehende Betrachtungsweise geht einher mit der im Gegensatz zur westlichen Anschauung befindlichen Einschätzung des Beziehungsaspektes als überaus bedeutsam im Kommunikationsprozess.

Ebenso geht sie zurück auf BATESONs Konzept von der systemischen Struktur des Geistes, angesichts deren die Verkürzung des Bedeutungsgehalts eines Kommunikationsprozesses auf die bewussten Anteile nur aus einem völligen Missverstehen der vielfältig vernetzten „Ökologie des Geistes“ resultieren kann (BATESON, a.a.O., passim; GRINDER & DELOZIER, a.a.O., passim).

Ein letztes Axiom der NLPt ist die These, dass hinter jedem Verhalten der Menschen eine positive Absicht steht, unabhängig vom Resultat des Verhaltens, dass jedoch, was die eigene Person angeht, das Resultat entscheidend ist. Bei fehlender Kongruenz von Verhalten und angestrebtem Resultat ist also das Verhalten so lange zu verändern, bis eine Übereinstimmung erreicht ist.

Dies gilt auch für die NLPt selbst und ihre Axiome, die als „Glaubenssätze" so lange ihre Gültigkeit behalten, wie sie ihren Zweck erfüllen. Damit betrachtet sich NLPt als prinzipiell offenes Modell, offen für Veränderung, Erweiterung etc., so lange der Endzweck erreicht wird, die Handlungskompetenz von Menschen zu erweitern.

3. Ätiologiemodell: Theorie zur Entstehung gestörten Verhaltens und Erlebens

Das theoretische Konzept von NLP bedient sich zum einen der Prinzipien der Informationstheorie und zum anderen einer phänomenologischen Betrachtungsweise, um die Ganzheit von Personen und Systemen zu erfassen und Ordnung in einem als solchen empfundenen „Chaos" zu erkennen und zu gestalten.

Die *Phänomenologie* nimmt an, dass ein geistiges Ereignis am besten begriffen werden kann, wenn wir es direkt als Erfahrung betrachten, statt durch die spezialisierte Optik einer bestimmten Disziplin.

Die Prinzipien der *Informationstheorie* helfen uns, Verständnis darüber zu bekommen, was im Bewusstsein des Menschen geschieht. Zu diesen Prinzipien gehört das Wissen, wie sinnliche Daten verarbeitet, gespeichert und benutzt werden – die Dynamik von Aufmerksamkeit und Erinnerung.

Die Neuro-Linguistische Psychotherapie (NLPt) ist eine Disziplin, die sich mit der Struktur subjektiver Erfahrung und den damit in Verbindung stehenden jeweiligen ganzheitlichen Systemen beschäftigt. Sie verfügt über ein theoretisches Modell, das mit einer Reihe von Prozeduren Denkstrukturen und Wertmaßstäbe von Personen auf ihre Nützlichkeit hin überprüft. Sie versteht sich als *subjektive Wissenschaft mit Nützlichkeitsanspruch in Bezug auf die menschliche Psyche.* Als nützlich gilt in diesem Sinne all das, was Menschen hilft, ihre eigenen (Lebens-)Ziele unter Berücksichtigung ihres gesamten Umfeldes zu erreichen bzw. erst einmal zu entdecken und dann zu erreichen.

Mit „subjektiver Wissenschaft" ist hier das primäre Interesse gemeint, kognitive Muster innerhalb eines Individuums sowie Interaktionsmuster zwischen Individuen zu entdecken und behutsam Verallgemeinerungen zu bilden, die auch für andere Menschen bzw. Menschengruppen Gültigkeit besitzen (bzw. nützlich sind). Dabei muss selbstverständlich auch die Subjektivität des Forschers und/oder NLP-Therapeuten berücksichtigt werden, die ja in die Interaktion mit der Subjektivität der erforschten, beobachteten und/oder beratenen/therapeutisch behandelten Person in den NLP-Prozess mit eingeht.

Die Grundannahme dabei ist, dass jede noch so kleine Veränderung eine Veränderung im jeweiligen System der Person zur Folge hat. Folglich muss im ganzen Therapieprozess dauernd die komplexe Vielfalt der Interaktionsmuster im Auge behalten werden, wenn an einzelnen Problemen oder Zielen gearbeitet wird.

Zum Begriff von „Gesundheit" und „Krankheit" in der NLPt

Kulturen und Gesellschaften ordnen ihr Wissen und ihre Erfahrungen in ein System ein, sie schaffen ein übergreifendes Bild – ein „Weltbild" –, dem gemäß sich die Lebensformen ausrichten. Die verschiedenen Kulturen haben ganz unterschiedliche Denkansätze und Betrachtungsweisen entwickelt, die im Lauf der Geschichte immer wieder Veränderungen unterlagen. Darüber hinaus wird die Art, wie Gesundheit und Krankheit definiert werden, auch durch die ganz persönliche Sichtweise des Einzelnen beeinflusst.

Die NLPt integriert Grundlagen aus der allgemeinen Systemtheorie, der Kybernetik, der Kommunikationstheorie, verschiedenen Lerntheorien sowie Theorien der Selbstorganisation und des Konstruktivismus. Auch tiefenpsychologische Konzepte, der phänomenologische Ansatz der Mehrgenerationenkonzepte sowie die Arbeit mit dem Unbewussten nach Milton ERICKSON werden einbezogen. Man geht von der Annahme aus, dass eine Reihe wichtiger Einflussfaktoren in Wechselwirkung zueinander stehen: genetische Disposition, Persönlichkeitsentwicklung, Prägungen, subjektive Bedürfnisse und Ziele sowie Lebenszyklus, Prozessverläufe, Regeln, Normen und Werte, Wertschätzung und Kongruenz des Einzelnen und systemische Interaktionsmuster. Daraus folgt, dass bei den Interventionen – insbesondere, da auch die Erklärungsmodelle der Klienten mit einbezogen werden – sowohl individuelle Determinanten als auch psychosoziale Faktoren und systemische Aspekte Berücksichtigung finden.

Zum Begriff der „Prägung" für Gesundheit und Krankheit in der NLPt

Eine „Prägung" (*imprint*) ist ein bedeutsames Ereignis in der Vergangenheit, welches Anlass dafür ist, dass sich ein Glaubenssatz oder ein ganzes System von Glaubenssätzen bildet (DILTS 1991). Aufgrund einer dramatischen Erfahrung oder eines Zusammenwirkens verschiedener Ereignisse werden bestimmte Glaubenssätze generalisiert.

Diese gestalten die innere Wirklichkeit einer Person und sind im weiteren Leben verantwortlich für bestimmte Verhaltensweisen, die allem Anschein nach nicht mehr unter der Kontrolle der Person stehen und unbewusst ablaufen.

Was für die NLPt in Bezug auf diese Vergangenheitserlebnisse wichtig ist, ist nicht das reale Vorkommnis als solches sondern die fixierte *Glaubensvorstellung, die* die Person infolge dieser Vergangenheitserfahrung gebildet hat.

Die Bezeichnung „Prägung" stammt von Konrad LORENZ, der das Verhalten von Entenküken studiert hat, die er aufzog. LORENZ und seine Kollegen machten die Entdeckung, dass Prägungen zu bestimmten neurologisch kritischen Perioden stattfinden. Ist die kritische Phase erst einmal vorüber, besteht alles, was währenddessen eingeprägt wurde, fort, ohne einer weiteren Veränderung zugänglich zu sein.

Timothy LEARY untersuchte das Phänomen beim Menschen. Er ging davon aus, dass das menschliche Nervensystem entwickelter und viel verfeinerter sei als das von Entenküken und anderen Tieren und stellte fest, dass unter geeigneten Bedingungen Prägungen, die in früheren kritischen Phasen stattgefunden haben, wieder zugänglich gemacht und umprogrammiert oder umgeprägt *(re-imprinted,* vgl. DILTS 1991, S. 101 ff.) werden können.

Prägung ist ein Vorgang, der durch Institutionen, Erziehung, Glaubenssätze der Eltern und der gesamten Kultur sowie das soziale Umfeld vermittelt ist, bei dem Wechselspiel der Entwicklung eigener Fähigkeiten, der eigenen Persönlichkeit und eigener Ressourcen mit der Übereinstimmung mit den Werten und Regeln anderer wichtiger Personen.

Die Erfahrungen, die ein Mensch im Laufe seines Lebens macht, können auf verschiedenen neuro-logischen Ebenen angesiedelt sein, wobei ihr Einfluss auf das Verhalten im Prozess von Gesundsein bzw. Kranksein vom hierarchischen Status der jeweiligen Ebene abhängig ist. Auch im motivationalen Bereich kommt der Hierarchie der logischen Ebene eine überragende Rolle zu.

Neue Erfahrungen und Wahrnehmungen werden dabei in ein theoretisches Konzept aufgenommen, das dem komplexen inneren System der Person entspricht. In der fachspezifischen Terminologie wird in diesem Zusammenhang von Filtern gesprochen, die ihrerseits eine Korrelation zu den Prozessen von der Tiefen- zur Oberflächenstruktur besitzen (siehe MILTON-Modell in: GRINDER/BANDLER 1981). Interpretationen von Handlungen, Perzeptionen, Begegnungen erfolgen aufgrund dieser Filter, die dadurch auch verhaltensbestimmend wirken.

Prägungen in diesem Sinne können signifikante positive Erfahrungen sein, die zu nützlichen Glaubenssätzen, zu nützlichen Identitäten, Wissensinhalten und Fähigkeiten führen können. Häufig sind sie traumatische und problematische Erfahrungen, die einschränkende Glaubenssätze zur Folge haben und die normale Entwicklung blockieren.

Symptombildung

Die Neuro-Linguistische Psychotherapie (NLPt) vertritt einen gesundheitsorientierten, entwicklungs-, ziel- und lösungsorientierten Ansatz, der von einer ganzheitlichen, zirkulären Betrachtungsweise ausgeht. Im Rahmen dieses holistischen, kybernetischen Denkens ist ein Symptom ein „gesunder" Versuch, der Person mitzuteilen, dass Loyalitätsbindungen, festgefahrene Glaubenshaltungen und Überzeugungen, das Fehlen adäquater oder effizienter Ziele sowie überholte, starre und inadäquate Verhaltensmuster die Gesundheit blockieren (MILLER, GALANTER, PRIBRAM 1973). MILLER et al. haben in ihrer grundlegenden Arbeit das *Konzept der Zielsetzungs- und Handlungsinkompetenz* als ein Modell der psychischen Störung vorgestellt. Psychische Störungen werden dabei weder als rein willkürlich bestimmtes Anpassungsdefizit noch als körperliche Krankheit definiert, sondern als Unfähigkeit, aktiv, langfristig und zielbewusst zu planen und die entsprechende Handlungskompetenz bzw. Zielangemessenheit zu entwickeln.

Wir fassen ein Symptom als *Kommunikation und kreativen Lösungsversuch* des kybernetischen Systems Mensch auf. Daraus ergibt sich die Frage nach *der guten Absicht* des Symptoms: Welches Problem soll dadurch gelöst werden bzw. wozu und wofür wird die selbstheilende (problemlösende) Absicht eingesetzt?

Ein nach außen sichtbares Symptom wird als Botschaft, als ein Signal für eine Störung des Systemgleichgewichts gesehen. Störungen können die Person (intrapsychisch), Interaktionsmuster, das systemische Umfeld, in dem die Person lebt und wirkt (Familie, Arbeitsgruppe u.a.), und andere, größere Gemeinschaften betreffen.

In der Entwicklung eines Systems können Veränderungen in den Beziehungsmustern auftreten. Der daraufhin vorgenommene Lösungs- bzw. Anpassungsversuch kann seinerseits zum Problem werden und dadurch zu einem Symptom führen.

Im Sinne der Optimierung der Möglichkeiten wird für die Einheit des somato-psychischen Subsystems Mensch eine inhärente *Selbstheilungstendenz* angenommen. Diese Selbstheilungstendenz entspricht einem natürlichen Problemlösungsstreben. Aus der Verwirklichung des Strebens nach Zielerreichung, d.h. aus der Verwirklichung des Selbst, kann Lust entstehen.

Wiederholte, anachronistisch gewordene Lösungsversuche können zur Fixierung und zu Symptombildungen führen, wobei wichtige, in anderen Zeitabschnitten erworbene oder „gespeicherte“ Ressourcen nicht utilisiert werden (partielle Regression).

Durch Löschung wichtiger Informationen sensorischer, kognitiver oder emotionaler Natur kommt es zu einer Verarmung der inneren Repräsentation (des Modells), was wiederum die Wahrscheinlichkeit einer befriedigenden Problemlösung verringert, weil dadurch sowohl die subjektiven als auch die objektiven Möglichkeiten eine Einschränkung erfahren.

Das Bedürfnis, sich geliebt und zugehörig, sinnvoll und wichtig zu fühlen, kann auch dazu führen, dass ein Mensch Einschränkungen oder Schädigungen an Körper, Geist und Seele in Kauf nimmt. Da in der Therapie aber grundlegend von Wachstum, Entwicklung und Veränderung ausgegangen wird, kann eine dahingehende diagnostische Beschreibung im Laufe eines Prozesses nur eine Momentaufnahme und ein momentaner Hinweis auf eine bestimmte Richtung, darf aber keine Festlegung oder Festschreibung sein. In Anlehnung an Virginia SATIR und Erik ERIKSON misst die österreichische psychotherapeutische Schule des NLP der Vergangenheit eines Menschen einen sehr großen Stellenwert zu. Sowohl die Vergangenheit des Einzelnen wird miteinbezogen als auch die über mehrere Generationen reichende Geschichte seiner Familie und die geistigen, kulturellen und ökonomischen Gegebenheiten. Bestimmte Probleme und Regeln, Verhaltensmuster und Kommunikationsweisen können sich über Generationen hin tradieren.

Im psychotherapeutischen Prozess mit NLP werden dabei auch immer die positiven Situationen der Vergangenheit herausgearbeitet und als lehrende Basis für die Therapie nutzbar gemacht. Es gibt verschiedene Interventionstechniken, mit deren Hilfe die Beziehungsmuster der Vergangenheit bewusst gemacht und neue Ressourcen und Lösungsmöglichkeiten in das System gebracht werden. Dies sind vor allem die Arbeit auf der Identitätsebene und die Arbeit mit den Wert- und Glaubenssystemen (Zeitlinienarbeit nach DILTS und JAMES & WOODSMALL, 1991).

Traumatisierung und Symptombildung aus neurobiologischer Sicht

Aus neurobiologischer Sicht scheinen die Grundtechniken der NLPt – das Verschmelzen von Ressourcenankern und Problemankern, bilaterale Stimulationen (analog zu den z.B. im EMDR verwendeten) sowie die Veränderung der Wahrnehmungsposition (durch Submodalitätenveränderung, Dissoziationstechniken, Zeitlinienarbeit etc.) – die Informationsverarbeitung im Corpus callosum zu stimulieren.

Die Forschungsergebnisse von van der KOLK (1997) weisen darauf hin, dass im Falle einer posttraumatischen Störung eine überstarke Fixierung von Erinnerungsbildern und Gefühlen vorliegt. Im normalen Alltag werden konkrete Bilder nach ihrer Bedeutung im persönlichen Gesamtkontext bewertet und meist in einen inneren Dialog eingebettet. Das erinnerte Bild beinhaltet nur mehr die Details, die für die Speicherung gebraucht werden. Infolge eines Belastungserlebnisses kann diese Verarbeitung massiven Einschränkungen unterliegen, was maligne Verzerrungen, Löschungen und Generalisierungen, d.h. Symptombildung, zur Folge haben kann.

Im therapeutischen Prozess der NLPt werden die unvollständig verarbeiteten Erinnerungen teils bewusst, teils unbewusst neu verarbeitet, um die Grundlage für eine flexiblere und realitätsadäquatere Wirklichkeitskonstruktion herzustellen.

Weitere Hinweise für die Funktionsweise der Aufarbeitung aus neurobiologischer Sicht bietet die Diskussion der Forschungsgruppe um Martin TEICHER et al. (1977). Die Forschungsgruppe von TEICHER analysierte Hirnfunktionen von Patienten mit und ohne sexuelle Missbrauchserfahrungen in der Kindheit, während diese die besten und schlimmsten Kindheitserinnerungen aufriefen. Die sexuell traumatisierte Personengruppe zeigte beim Abrufen der schlimmsten Erinnerungen primär rechtshemisphärische Aktivierungen.

Es zeigte sich auch, dass bei dieser Personengruppe das Corpus callosum, das für die Balance und Verarbeitung von Affekten und Kognition zuständig ist, signifikant kleiner ist, als es bei Personen ohne frühe sexuelle Missbrauchserfahrungen der Fall ist.

Außerdem wird bei ihnen bei Aktivierung traumatischen Materials die linke Hemisphäre (zuständig u.a. für sinnvolle Verwendung von Sprache, Zeitorientierung und Bedeutungsgebung) inaktiviert so dass die Schlussfolgerung nahe liegt, dass rein verbale Psychotherapieformen bei der Aufarbeitung eines Traumas nur beschränkte Wirkung haben können.

NLPt legt durch die körperliche ressourcenorientierte Arbeit, regelmäßig unterstützt durch laterale bzw. bilaterale Stimulation, körpersprachlich integrativen Techniken einen Rahmen vor, im dem belastendes und schmerzvolles Material zukunftsorientiert und unter Einbeziehung aller vorhandener Ressourcen direkt verarbeitet werden kann.

4. Theorie der praktischen Anwendung, Technik und Wirkweise

Zur Beziehung zwischen Klient und Therapeut

Die therapeutische Beziehung nimmt in der Neuro-Linguistischen Psychotherapie (NLPt) einen sehr wichtigen Platz ein und gilt als wesentlichste Voraussetzung, um Veränderungen in den verschiedensten Bereichen zu ermöglichen.

Ein wesentliches Element dabei ist die *Kongruenz* der Therapeutin, d.h. die intrapersonale Stimmigkeit, der Prozess des Zusammenwirkens der verschiedenen Persönlichkeitsanteile zu einem harmonischen Ganzen die in einer Übereinstimmung des Gesagten mit dem Ton der Stimme, der Körperhaltung, den Bewegungen, dem Gesichtsausdruck sowie dem Denken und Fühlen besteht.

Joining: Rapport – Pacing/Leading

Der therapeutische Prozess kann nur auf der Basis einer tragfähigen, respektvollen Beziehung, die von gegenseitiger Wertschätzung geprägt ist, erfolgen. Daher ist es auch die erste und wichtigste Aufgabe der NLP-Therapeutin, eine tragfähige Beziehung herzustellen, die durch Vertrauen und Respekt, Wertschätzung, Empathie und partnerschaftliche Zusammenarbeit gekennzeichnet ist. In der Neuro-Linguistischen Psychotherapie (NLPt) wird das als **Rapport** bezeichnet.

Darauf aufbauend gibt es wirkungsvolle Kommunikationsmuster, die den Kontakt fördern und eine Übereinstimmung auf verbaler und nonverbaler, bewusster und unbewusster, intellektueller und emotionaler Ebene schaffen.

Eine der effektivsten und bekanntesten Methoden zum Herstellen von Rapport ist das **Pacing.** Beim Pacing werden Elemente des eigenen Verhaltens dem wahrgenommenen Verhalten der Klientin angeglichen. Das Pacing bezieht sich sowohl auf den nonverbalen Bereich (Spiegelung des analogen Verhaltens wie Körperhaltung, Stimme, Atmung, u.a.) als auch auf die Sprache der Klientin, z.B. Angleichen an die für die Klientin charakteristischen Prädikate in allen Sinnessystemen, Verwendung der Worte in der Reihenfolge, die der inneren Verarbeitungsstrategie der Klientin entspricht, Spiegeln der Wortwahl, Wiederholen von inhaltlichen Aussagen etc.

Prähistorisches NLP

Auch ein allgemeines Spiegeln/Mitschwingen des NLP-Therapeuten hinsichtlich anderer Persönlichkeitsmerkmale, vor allen Dingen hinsichtlich der Glaubens- und Wertsysteme, wird angestrebt, d.h., der Therapeut begibt sich vorübergehend immer wieder in die „zweite Wahrnehmungsposition“ (siehe S. 85), um sich in die „Realität“, das Weltbild des anderen, hineinzuversetzen. Pacing ist nur wirkungsvoll, wenn es für den Therapeuten auch kongruent ist. Dies setzt von Seiten des NLP-Therapeuten eine große innere Flexibilität voraus, die nur durch ausreichende Selbsterfahrung erreichbar ist.

Ist genügend Rapport durch Pacing aufgebaut, kann zum **Leading**, d.h. zum Führen und Lenken des Klienten mittels innerer Denkprozesse und äußerer Verhaltensweisen, übergegangen werden. Beim Leading kommt es in einem weiteren Schritt zum „Hinführen" zu neuen Alternativen im Denken und Handeln. Das Leading bezieht sich meistens auch auf die Verhaltensebene, kann jedoch, wenn es sinnvoll erscheint, ebenso auf höheren logischen Ebenen angewendet werden. Im Laufe einer Therapie wechseln sich Pacing und Leading immer wieder ab. Während der Leading-Phasen findet die wesentliche Veränderungsarbeit statt.

Die NLP-Therapeutin versteht sich selbst als Begleiterin, die dem Klienten in erster Linie hilft, Ziele zu bestimmen, Ressourcen zu aktivieren und Lösungen und Veränderungen auf verschiedenen, für die jeweilige Arbeit relevanten Ebenen zu erreichen. Die Lösungen sollen im Einklang mit den Fähigkeiten, Glaubens- und Wertsystemen und Kriterien des Klienten stehen, wobei die Gesamtökologie des Klienten stets berücksichtigt wird.

Die NLP-Therapeutin ist zurückhaltend in Bezug auf die Ziele und die inhaltliche Entscheidungsfindung des Klienten, jedoch fachkundige Spezialistin, was den formalen Prozess der Zielerreichung angeht. Dabei kann sie auch direktiv vorgehen. Sie verhält sich nicht wertend und ist partnerschaftlich ausgerichtet. Im Regelfall wird es angezeigt sein, den Klienten über die jeweiligen Interventionen adäquat zu informieren.

Darüber hinaus gibt es eine Reihe von Analyse- und Veränderungsformaten zur Selbststeuerung, die die Therapeutin dem Klienten beibringen kann, so dass er die Möglichkeit erhält, diese später selbständig anzuwenden – im Sinne einer *Hilfe zur Selbsthilfe.*

Übertragung – Gegenübertragung in der NLPt

Da sich der NLP-Therapeut, wie schon erwähnt, als Teil des therapeutischen Systems sieht, geht er auch davon aus, dass Therapeut und Klient sich in vielerlei Hinsicht wechselseitig beeinflussen. Mit Hilfe seiner ganzheitlich geschulten Wahrnehmung und aufgrund seiner Ausbildung ist der NLP-Therapeut in der Lage, z.B. geeichte Kommunikationsschleifen, sprachliche Repräsentationsformen, Zugangshinweise, Verhaltensabläufe, Beziehungsmuster, Glaubens- und Wertsysteme u.a. zu erkennen, verbal und nonverbal aufzuzeigen und maßgeschneiderte Interventionen zu setzen. Diese Interventionen sind orientiert an den Koordinaten einerseits des Klientenauftrags und andererseits des Ökologie- und Mehrgenerationenverständnisses und des Menschenbildes der NLPt.

Durch die Fähigkeit, zwischen Innen- und Außenwelt zu differenzieren und damit bewusst umzugehen, ist der Therapeut auch in der Lage, mit relevanten Resonanzphänomenen in der Beziehung (Übertragung und Gegenübertragung im psychoanalytischen Sinne) umzugehen. Er ist sich bewusst, dass die Kommunikation zwischen Menschen ein sehr komplexer und umfassender Prozess ist, in dem z.B. gewollte und ungewollte, bewusste und unbewusste Gesten, Worte etc. zu Auslösern für überraschende Wendungen werden können. Diesen Sachverhalt macht der Therapeut sich beim so genannten „Ankern“ zunutze (siehe S. 143–146).

Aufgrund des Übertragungsgeschehens wird der Therapeut vom Klienten als Autoritätsperson einer Prägungsphase wahrgenommen und erlebt, so dass durch versehentliches Aktivieren bestehender Anker alte Autoritäts- und Widerstandsreaktionen des Klienten ausgelöst werden können. Die Gefahr für den Therapeuten besteht darin, in Resonanzprozesse (Gegenübertragung) hineingezogen zu werden, die meist unbewusst stattfinden. Gegenübertragung ist dann gegeben, wenn der Therapeut diese Resonanzen nicht (rechtzeitig) erkennt, entsprechend unreflektiert auf sie reagiert und dadurch im weiteren therapeutischen Prozess nicht frei aufmerksam und – soweit das überhaupt möglich ist – neutral sein kann.

Aufgabe des Therapeuten ist es, in den einzelnen Therapiephasen Schritt für Schritt Eigenverantwortung und Eigenwahrnehmung des Klienten aufzubauen und mit Übertragung und Gegenübertragung bewusst zu handhaben. In der ersten Phase kann es ein wichtiges Therapieziel des Therapeuten sein, als Vater, Mutter etc. zu agieren. Das ist etwa dann wichtig, wenn beim Klienten in dieser Hinsicht kein positives Rollenmodell vorhanden ist, wie es z.B. bei Suchtproblemen und bei Kinder- und Jugendlichenproblemen der Fall ist.

Schulz von Thun (1981, S. 176 f.) schreibt dazu Folgendes: „Bei dem psychoanalytischen Konzept der Übertragung spielt sich etwas ganz Ähnliches ab. Auch hier nehme ich den anderen u.U. nicht realitätsgerecht wahr. Jedoch stammen die fehlleitenden Wahrnehmungselemente nicht aus dem eigenen seelischen Haushalt, sondern es ist unerkannt ein Dritter mit im Spiel: Angenommen, jemand erinnert mich durch irgendeine Äußerlichkeit (Sprechweise, Haarfrisur, Gesichtsform = *Anker, d. Verf.)* an eine wichtige Person aus meiner Vergangenheit (z.B. Mutter, Vater, Bruder, Chef). Ich bin mir dieser Ähnlichkeit aber nicht bewusst. Unbewusst reagiere ich gefühlsmäßig auf den anderen, als ob er dieser andere aus meiner Vergangenheit wäre. So liege ich z.B. dauernd misstrauisch auf der Lauer, ob mich der andere nicht missbilligend beurteilen wird (wie es z.B. mein Vater getan hat)."

Im psychotherapeutischen Prozess geht es darum, diese Übertragung bewusst zu machen und die Auseinandersetzung mit der Übertragungsperson zu führen. Dadurch soll das „unerledigte Geschäft" so erledigt werden, dass es sich nicht mehr in die gegenwärtigen Beziehungen unerkannt einschleichen kann.

Es gibt natürlich auch positive Übertragungen – so hat manche anfängliche Verliebtheit wenig mit der anderen Person zu tun *(positive Anker).*

Es ist daher für den NLP-Therapeuten unabdingbare Voraussetzung, dass er im Rahmen einer *gründlichen Eigentherapie* – die die NLPt sicher vom klassischen NLP unterscheidet – an seiner eigenen Rolle, seiner Einstellung, seinen Glaubens- und Wertsystemen, seinen Gefühlen und seinem Verhalten etc. gearbeitet hat und seine Weiterentwicklung durch Lebenserfahrung, Fortbildung und Berufssupervision fördert.

Des Weiteren fühlt sich der NLP-Therapeut in seiner Haltung den NLP-Grundannahmen (siehe S. 74–77) verpflichtet. Z.B. weist ihn die Grundannahme: „Die Bedeutung deiner Kommunikation ist die Reaktion, die du bekommst, nicht die Absicht, die du im Sinn hast" darauf hin, ständig genau zu beobachten und flexibel zu reagieren.

Der NLP-Therapeut ist sich bewusst, dass die eigene Wirklichkeit, ebenso wie die seines Partners, nur eine subjektive Wirklichkeit ist und demnach Aussagen über

Beziehungen weder „objektiv“ wahr noch falsch sein können und nur mehr oder weniger von den Partnern geteilt werden. Gleichzeitig ist anzunehmen, dass der NLP-Therapeut über eine gut geschulte Wahrnehmungs- und Interpretationsfähigkeit verfügt und imstande ist, offensichtliche Wahrnehmungsverzerrungen des Klienten gegenüber sozialen und technischen Realitäten und langfristigen Entwicklungen wahrzunehmen. Er ist überzeugt, dass der Klient – innerhalb biologischer Grenzen – bereits alle Entwicklungspotenziale und Ressourcen in sich trägt und diese als Quelle für ein befriedigendes Leben genutzt werden können.

Der Umgang mit Widerstand in der NLPt

In der Neuro-Linguistischen Psychotherapie (NLPt) orientieren wir uns an der interpersonalen Widerstandskonzeption von Milton ERICKSON und der Kommunikationstherapie (vgl. dazu PETZOLD 1981). Das traditionelle intrapsychische Widerstandskonzept findet in der NLPt wie auch in der Arbeit von ERICKSON Berücksichtigung.

Sowohl in der Hypnotherapie ERICKSONs als auch in der Neuro-Linguistischen Psychotherapie (NLPt) bietet sich die Möglichkeit, direkt mit dem Unbewussten zu arbeiten und „Widerstände“ des Bewusstseins zu umgehen. Dem Unbewussten wird sogar eine Schutzfunktion für das Bewusste zugeschrieben, die als motivierende Kraft utilisiert werden kann.

ERICKSON sagt in diesem Zusammenhang: „...Experimente (mit Hypnose) haben wiederholt gezeigt, dass klare unbewusste Einsichten, wenn ihnen der Weg ins Bewusstsein freigegeben ist, bevor dort eine Bereitschaft für sie vorhanden ist, zu bewusstem Widerstand, zur Zurückweisung, zur Verdrängung und sogar – via Verdrängung – zum Verlust unbewusster Gewinne führen. Die separate Arbeit mit dem Unbewussten bietet also die Möglichkeit, die Fortschrittsrate des Patienten so zu mäßigen und zu kontrollieren, dass die Reintegration in einer Weise stattfindet, die für das Bewusste akzeptierbar ist.“

Das NLP-Interventionsmuster des „Reframing“ (siehe S. 149–150) ermöglicht es der Klientin, den Prozess der Umdeutung teilweise oder ganz auf unbewusster Ebene zu durchlaufen.

Ein Widerstand von Seiten der Klientin kann verschiedene Gründe haben. Er kann z.B. einen Hinweis auf relevante Glaubenshaltungen der Klientin darstellen, die weitgehend unbewusst sind (Robert DILTS 1990/91). Dem Widerstand kann auch eine Schutzfunktion vor unangemessenen Interventionen des Beraters oder Therapeuten zukommen (Mangel an Rapport, zu schnelles Vorgehen des Therapeuten, mangelnde Berücksichtigung anderer Persönlichkeitsanteile, das Fehlen von relevanten Informationen, das Auftauchen von neuen Zielen, Probehandeln u.a.).

In jedem Fall ist jeder Widerstand ein Hinweis darauf, dass die Ökologie der Klientin noch einmal überprüft werden muss, da die Klientin möglicherweise hinsichtlich der Folgen der Intervention bzw. der Aufdeckung der Glaubenssysteme bewusst oder unbewusst eine negative Erwartungshaltung hat.

ERICKSON hat eine Reihe von Kommunikationsstrategien für den Umgang mit im Widerstand befindlichen Klienten entwickelt, die wir auch in der Neuro-Linguistischen Psychotherapie (NLPt) einsetzen. Hierbei unterscheiden wir (nach Thies STAHL 1981):

a) Techniken zur Vermeidung von Widerstand (z.B. indirekte Suggestionen),
b) Techniken zur Utilisation von Widerstand (z.B. das Verstärken und Vergrößern des Widerstandes: dadurch wird der Klientin die Möglichkeit gegeben, unter Anleitung neue, die Heilung begünstigende Verhaltensweisen zu entdecken),
c) Techniken zur Provokation *und* Utilisation von Widerstand.

Eine der wichtigsten Interventionen beim Umgang mit „Widerstand" ist das bereits erwähnte und von ERICKSON verwendete Prinzip des Pacing und Leading (siehe S. 128–131).

Allgemein gesagt wird in der NLPt die Beseitigung von Widerständen nicht als unabdingbar notwendiges Teilziel der Therapie gesehen; es wird **mit** dem Widerstand und **nicht gegen** ihn gearbeitet.

Arbeitsvereinbarungen zwischen Klient und Therapeut

Zu Beginn einer Therapie wird eine Arbeitsvereinbarung getroffen, die jedoch im Laufe des therapeutischen Prozesses Veränderungen unterliegen kann. Die Arbeitsvereinbarungen richten sich – innerhalb biologischer und ethischer Rahmenbedingungen – individuell nach den formulierten Zielen des Klienten. Die Therapeutin legt durch gezielte Fragen und Beobachtungen die Glaubenssätze des Klienten offen, die dieser in Bezug auf Veränderungsarbeit sowie die Dauer der Therapie hat. Sehr wichtig ist, die Bereitschaft des Klienten für eine Veränderung abzuklären und die Ökologie zu definieren, d.h. für zu erwartende positive und negative Folgen eine innere Repräsentation zu schaffen.

Bezüglich der Wahl einer gezielten Methode oder Technik werden die Glaubenssätze überprüft. Was, glaubt der Klient, würde ihm am besten helfen? Glaubt er, dass es notwendig ist, Ursachen zu explorieren und in die Vergangenheit zu gehen, oder ist er eher zukunftsorientiert und glaubt an unmittelbare Lösungen? In der Praxis bedeutet das, dass auch bei phänotypisch ähnlichen Problemen oder Symptomen die Veränderungsarbeit hinsichtlich Dauer, Methodenwahl etc. verschieden gestaltet werden soll, in Abstimmung auf das Erklärungsmodell (die Landkarte) des Klienten.

Ziel der Therapie ist, dass der Klient auf einer Zeitachse zunehmend und bzgl. der Quantität und Qualität möglichst viel Eigenverantwortung, Eigenleistung und Eigenentscheidung übernimmt, seine inneren Wahlmöglichkeiten erweitert, eine möglichst umfassende ökologische Wahrnehmung seiner Problematik gewinnt und somit seinen Denk- und Handlungsspielraum vergrößert.

Psychotherapeutische Arbeit mit NLPt hat – im Sinne der Ökologie – in Balance zwischen den Eigen- und Außenwahrnehmungen zu erfolgen. Die im Folgenden skizzierte Matrix zeigt die für den NLPt-Ansatz typischen Fragestellungen auf, die notwendig sind, um in einem Diskurs bzgl. eines langfristig „richtigen" und ökologischen Verhaltens Orientierungen zu haben.

Grundlagen für Veränderungsarbeit und Interventionen in der NLPt

Die Veränderungsarbeit umfasst folgende Schritte:

- Biographische und systemische Anamnese,
- Problembestimmung,
- Zielbestimmung,
- Ressourcensuche und Umgang mit Ökologie,
- Planung von Interventionen,
- Überbrückung in die Zukunft.

Problembestimmung und Versöhnungsmaßnahmen

In der Anfangszeit des NLP wurde der Problembestimmung im Vergleich zur Zielbestimmung relativ wenig Aufmerksamkeit geschenkt. Dilts hat jedoch mit der Entwicklung seines *S.C.O.R.E.-Modells* (z.B. in: Dilts et al., *Know-how für Träumer. Strategien der Kreativität*, Junfermann, Paderborn 1994, S. 280 ff.) der Definition des Problemraums einen größeren Stellenwert eingeräumt. Das S.C.O.R.E.-Modell hilft, die primären Elemente zu erkennen, die notwendig sind, um die Information über ein Ziel oder eine Veränderung effizient zu verarbeiten. Der Name dieses

Modells leitet sich aus den Anfangsbuchstaben der englischen Begriffe **S**ymptoms, **C**auses (Ursachen), **O**utcome (Ergebnis), **R**essources und **E**ffects (Auswirkungen) ab. Diese Elemente stellen das Mindestmaß an Information dar, das notwendigerweise gesammelt werden muss, um Veränderungen herbeizuführen. Innerhalb der NLP-System-Matrix (vgl. S. 89–91) wird das Problem besonders in Hinblick auf die involvierten logischen Ebenen und die zugrunde liegenden kognitiven Strukturen analysiert, um eine effizientere zielorientierte Arbeit zu ermöglichen. Dabei werden dazu beispielsweise verwendet:

- Wer und was ist auf der Umweltebene an dem Problem beteiligt?
- Wie äußert es sich im Verhalten?
- Welche Fähigkeit (innere Ablaufstrategie) führt zu diesem Verhalten?
- Von welchen Glaubenssätzen und Werten wird das Problem getragen, bestätigt und aufrechterhalten?
- Welche Rolle spielt die Rolle/Identität der Person bei dem Problem?
- Was für einen Sinn hat dies alles für den Klienten und die beteiligten Personen?

Die Beraterin „kalibriert sich auf die Problemphysiologie", d.h., sie prägt sich den äußerlich wahrnehmbaren nonverbalen Anteil des inneren (Problem-)Zustandes der Klientin, die wahrnehmbare Oberflächenstruktur des internen Prozesses, ein. Das Problem wird sehr genau exploriert, besonders dann, wenn körperliche Symptome eine Rolle spielen.

Die genaue Kenntnis des Problemraums hilft der NLP-Therapeutin, entsprechende Interventionen zu entwerfen, da die Hindernisse auf dem Weg zum Ziel sowie die bisherigen vergeblichen Lösungsversuche wichtige Hinweise auf die benötigten Ressourcen geben.

Außerdem erarbeitet die NLP-Therapeutin gemeinsam mit der Klientin mögliche *„positive Absichten"* des Problemverhaltens. Mit „positiven Absichten" ist die Funktion des Symptoms gemeint („sekundärer Krankheitsgewinn"), die das Unbewusste im Menschen mit dem unerwünschten Verhalten bezweckt oder in der Vergangenheit bezweckt hat. Wichtig ist hier, dass die Klientin die positiven Absichten nicht nur erkennt, sondern auch würdigt. Dadurch wird das Problem nicht mehr nur bekämpft, sondern es kann auch zu einer *Versöhnung mit dem Problem* kommen. Es wird als ein in der Vergangenheit oder auch noch in der Gegenwart relevanter Anteil der Persönlichkeit angenommen.

Besonders in der Arbeit mit psychosomatischen Störungen ist dieser Prozess unerlässlich. Eine derartige Versöhnung ist oftmals die Voraussetzung für eine positive Veränderung, Auflösung oder Abschwächung des Problems.

Die Reframing-Modelle in der NLPt (vgl. S. 149–150) dienen dazu, die positiven Absichten herauszufinden und damit neue, für die Klientin „bessere" Verhaltensweisen zu ermöglichen. Falls die positiven Funktionen eines Problems oder Symptoms nach wie vor bestehen und nicht nur aus Gewohnheit beibehalten wurden, ist es notwendig, diese auch in die gewünschten Ziele hineinzunehmen. Falls es angezeigt erscheint, können Erlebnisse der Vergangenheit, die als Ursachen oder Auslöser des jetzigen Problemverhaltens angesehen werden, in der Therapie wiedererlebt werden. Dieses Wiedererleben wird jedoch bereits als Neu-Erleben inszeniert, das mit Ressourcen und positiven alternativen Möglichkeiten angereichert wird (BANDLER & GRINDER 1979/1986a; DILTS1990a).

Wohlgeformte Zielbestimmung: NLP-Zielrahmen

Die Zielbestimmung hat im Rahmen der NLP-Theorie einen sehr hohen Stellenwert. Man geht davon aus, dass mit der Zielbestimmung bereits der Veränderungsprozess beginnt. Das Gehirn bzw. der Gesamtorganismus einer Person wird – wie bereits ausgeführt – als kybernetisches System betrachtet. Sobald sich jemand über sein Ziel klar ist, wird das Nervensystem das unbewusste Verhalten so organisieren, dass es sich auf das Erreichen des Zieles ausrichtet. Die Person wird beginnen, automatisch selbst korrigierende Rückmeldungen zu nutzen, um auf diesem Weg zum Ziel zu kommen (Feed-back- und Feed-forward-Schleifen). Man geht daher in der NLPt oft nach einer kurzen Problembestimmung gleich zur Zielbestimmung über, um sich dann später noch einmal eingehender dem Problemraum zu widmen.

In der österreichischen Schule der NLPt wurde die zielorientierte Arbeit von Peter SCHÜTZ zur „professionellen Zielarbeit" zum Leitmodell (vorgestellt beim World Congress for Psychotherapy Wien, 1996). (Siehe Anhang B.)

Bei der umfassenden Zielbestimmung wird das Erreichen des zukünftigen Zieles bereits in der Gegenwart *so vollständig wie möglich* vorweggenommen (in der reinen Vorstellung, im Rollenspiel oder durch zirkuläres Fragen erlebt). Die Zielvorstellung soll wohlgeformt sein, d.h., es wird genau geprüft, was genau das Ziel, der Veränderungswunsch des Klienten ist, von seiner allgemeinen Richtung bis hin in alle sensorischen Einzelheiten. Durch dieses sinnesspezifische Erleben des Zieles in der Gegenwart findet ein erster, sehr wesentlicher Lernschritt zum tatsächlichen Erreichen des Zieles statt, da durch diese mentale Probe bereits die gleiche kognitive Repräsentation (Landkarte) erzeugt wird, die später benötigt wird, um das externe und interne Verhalten zu steuern. Darüber hinaus kann nur so die bewusste und unbewusste Persönlichkeit des Klienten wissen, was Schritt für Schritt zur Erreichung des Ziels zu tun ist.

In der Zielarbeit wird außerdem gleichzeitig überprüft, ob der Klient das Ziel, das er angibt, auch tatsächlich erreichen will, und/oder ob noch andere, vielleicht nicht bedachte Auswirkungen und kontextuelle Umstände zusätzlich einbezogen werden müssen. Das heißt, dass Ziele sich während der Zielarbeit öfter verändern bzw. neue Ziele auftauchen können, oder aber auch, dass der gegenwärtige Zustand in einem neuen Licht gesehen wird und gar keiner wesentlichen Veränderung mehr bedarf.

Zusammenfassend bestehen also folgende Ziel-Kriterien:

- Das Ziel ist positiv und in der Gegenwart formuliert.
- Das Ziel soll durch die Person selbst initiierbar und aufrechtzuerhalten sein.
- Das Ziel soll einen kurzen Feedbackbogen enthalten, d.h. der erste (kleine) Schritt zur positiven Zielerreichung soll möglichst kurzfristig erkannt und bestätigt werden können.
- Das Ziel muss sinnesspezifisch und konkret (*Evidenz*: Woran merkt der Klient, dass er das Ziel erreicht hat?) für Zielzustand (innerer Zustand) und Zielverhalten angegeben werden.
- Das Ziel soll in den *Kontext* passen; d.h.: Wo, wann, in welcher Situation und wem gegenüber soll was wie oft mit welchen Mitteln erreicht werden?
- Das Ziel soll für den Klienten *ökologisch* sein; d.h., dass alle daran beteiligten Personen und das gesamte Umfeld innerhalb einer langfristigen Perspektive – somit das ganze System, in dem der Klient lebt – mit berücksichtigt werden und das Ziel sich natürlich in die komplexe Ordnung des Systems einfügt.
- Die positive Absicht des derzeitigen (Problem-)Verhaltens (sekundärer Gewinn, s.o.) muss in der Zieldefinition mit enthalten sein.

Ressourcensuche

Bevor nach geeigneten Interventionen und Ressourcen gesucht wird, achtet die NLP-Therapeutin auf eventuelle Inkongruenzen im Verhalten der Klientin. Bei Widersprüchen in Verhalten und/oder Aussagen sind häufig nur bestimmte Anteile bewusst, andere Anteile hingegen bleiben unbewusst. Inkongruenzen können Ausdruck von Unstimmigkeiten und Konflikten auf ein und derselben logischen Ebene (z.B. Wertekonflikte) oder zwischen verschiedenen Ebenen sein (z.B. zwischen der Glaubens- und Fähigkeitenebene) (DILTS u.a. 1990/1991).

Nachdem die möglichen systemischen Auswirkungen bei Erreichen der jeweiligen Ziele hypothetisch und/oder real überprüft wurden und damit der Ökologie-Test (vgl. S. 92) zufrieden stellend verlaufen ist, werden der erwünschte Zustand und der gegenwärtige Zustand einander gegenübergestellt und miteinander verglichen, so dass festgestellt werden kann, welche Ressourcen, bezogen auf die jeweiligen logischen Ebenen, gebraucht werden, um den gewünschten Zustand zu erreichen (DILTS 1991).

Zur Ressourcensuche wird vor allem nach Beispielen in der Lebensgeschichte der Klientin gesucht, in denen das Problem nicht, noch nicht oder nur stark abgeschwächt auftrat oder wo das Ziel bzw. ein ähnliches Ziel bereits vollständig oder zumindest teilweise erreicht werden konnte. Die positiven Beispiele werden auf ihre Struktur der logischen Ebenen, relevante Glaubenssätze etc. untersucht und dann – nach einer eventuellen Kontrastanalyse – probeweise und bei Erfolg fest auf den Problem- oder Zielkontext übertragen. Dieses generelle Vorgehen wird auch *Selbst-Modellierung* genannt (vgl. S. 99). Während des Suchprozesses auftauchende Hinderungsfaktoren werden in neue, wohlgeformte Ziele umgewandelt.

Man kann auch auf andere Modelle zurückgreifen, die die Ziele bereits verwirklicht haben und sie sozusagen leben, oder auch mit der Vorstellung arbeiten, dass das Ziel bereits erreicht ist („Als-ob-Rahmen“) (VAIHINGER 1911).

Future-Pacing – Projektion in die Zukunft

Als Abschluss der meisten Interventionen, die anschließend vorgestellt werden, führt der NLP-Therapeut mit der Klientin ein so genanntes *Future-Pacing*, einen mentalen Brückenschlag in die Zukunft, durch. Das erwünschte Ziel wird dabei in einer mentalen Probe so deutlich, echt und sinnesspezifisch-realistisch wie nur möglich antizipiert – in dem jeweiligen Kontext und der Zeit, für die das Ziel angestrebt wird. Ziel dieses Future-Pacing ist es, dass die Klientin in der mentalen Vorstellung die Veränderung gleich in ihr spezifisches Umfeld überträgt und integriert. Die kognitive und emotionale Repräsentation, die in der Therapiestunde aufgebaut wurde, wird dadurch auf den gewünschten Alltagskontext übertragen und noch einmal gefestigt und verstärkt, das tatsächliche Erreichen des Zieles also wahrscheinlicher (CAMERON-BANDLER et al. 1988, S. 309 f., in Anlehnung an VAIHINGER). Vom Therapeuten wird die so genannte *Ziel-Physiologie* beobachtet. Etwaige zum Ausdruck kommende Inkongruenzen können iterativ korrigierend in den therapeutischen Zielfindungsprozess eingebracht werden.

Außerdem kann noch einmal mental überprüft werden, ob sich das neue Ziel harmonisch-ökologisch in das System der Klientin (z.B. Familie, Arbeit) einfügt und auf den entsprechenden logischen Ebenen eine Bereicherung darstellt.

Grundfertigkeiten, Interventionsmodelle und Techniken

Je nachdem auf welcher Ebene die Störung liegt und wie die Erklärungsversuche eines Klienten bzw. der Therapieauftrag lauten, werden eine Reihe von psychotherapeutischen Interventionen und Strategien angewandt, die darauf abzielen:

- die Mitteilung des Symptoms zu verstehen,
- hindernde Blockaden und einschränkende Beziehungsmuster in der Vergangenheit bewusst zu machen und für die Problemlösung zu nutzen,
- passende Ressourcen ins System zu bringen und dadurch relevante Veränderungen auf einer oder mehreren logischen Ebenen zu erzielen (Entwickeln von konstruktiven Alternativen im Handeln bis zum Erreichen von tief greifenden, generativen Persönlichkeitsveränderungen), die sich auch auf das soziale Netzwerk des Patienten auswirken.

Diese Veränderungen können ihrerseits wieder wichtige Ressourcen im System aktivieren (intrapersonell oder im Gesamtsystem, in welchem die Person lebt). Die Vorannahme dabei ist, dass diese Ressourcen bzw. die Potenziale dazu bisher auch *schon vorhanden* waren, aber für den Problembereich, um den es in der Therapie geht, nicht genutzt werden konnten.

Ziel der Interventionen ist es also letztlich, die für die Problemlösung relevanten Ressourcen in einem System zu aktivieren und mit anderen Zielvorstellungen zu verknüpfen, damit eine gesunde Entwicklung ohne das Symptom stattfinden kann.

Auch die positiven und bereits gut bewältigten Erfahrungen der Vergangenheit können herausgearbeitet und als lehrende Basis für die Therapie nutzbar gemacht werden.

Wenn die Ressourcen nicht innerhalb des Systems aktivierbar sind, muss überlegt werden, ob es sinnvoll und nützlich wäre, die benötigten Ressourcen von außen zuzuführen.

Eine wichtige Frage bei der Planung von Interventionen ist die, welche Inhalte und welche Form der Intervention dazu geeignet sind, den Klienten dazu zu veranlassen, die benötigten Ressourcen freizusetzen und Selbstheilungsprozesse in Gang zu setzen.

Bei der Entstehung von Problemen oder Symptomen spielt die jeweilige *Bedeutung*, die den Gefühlen, Wahrnehmungen und Kognitionen beigelegt wird, eine entscheidende Rolle. Die Bedeutungsgebung kann auch im Sinne der Heilung genutzt werden, wie z.B. durch „Umdeutung" (*reframing*) eines Symptoms. Die NLPt hat in Anlehnung an Milton ERICKSON und Virginia SATIR mehrere Techniken dazu entwickelt (siehe S. 149–150, Reframing-Modelle).

Nonverbale Kommunikation

Im NLP werden sowohl die nonverbalen als auch die verbalen Äußerungen einer Klientin genau beobachtet und in die therapeutische Arbeit einbezogen. Die nonverbale Kommunikation gehört wesentlich zum Arbeitsinventar der Neuro-Linguistischen Psychotherapie (NLPt). Die nonverbalen Äußerungen geben besonderen Aufschluss über die einzelnen Schritte der kognitiven Strategien sowie über eventuell auftretende Inkongruenzen (Widersprüche zwischen verbalen und nonverbalen Äußerungen sowie zwischen analogen Repräsentationssystemen und/oder den logischen Ebenen).

Des Weiteren geht man im NLP davon aus, dass nicht nur das nonverbale Verhalten einer Person durch kognitive Strategien und Emotionen geprägt wird und damit auf diese hinweist (Oberflächenstruktur vs. Tiefenstruktur), sondern dass auch umgekehrt Veränderungen im nonverbalen Bereich kognitive Strategien und Emotionen beeinflussen und steuern können (wechselseitige Bedingtheit).

Dazu folgende Anekdote (aus TRENKLE 1994):

Rom. Im Mittelalter. Der Papst möchte die Juden aus Rom vertreiben. Die Situation eskaliert. Ein Bürgerkrieg droht. Schließlich bietet der Papst eine öffentliche Debatte mit einem Vertreter der Juden an. Gewinnen die Juden die öffentliche Debatte, dürfen sie bleiben. Gewinnt der Papst, so müssen sie gehen. Aber keiner der Rabbiner ist bereit, sich der Diskussion zu stellen, da es alle für ein dummes Spiel halten, in eine Diskussion einzutreten, in der der Papst gleichzeitig Teilnehmer und Schiedsrichter ist. Schließlich meldet sich der Synagogendiener und bietet an, mit dem Papst zu diskutieren. Die Rabbiner sind anfangs nicht einverstanden, da es sich eigentlich nicht geziemt, dass der Synagogendiener eine so wichtige Sache vertritt und mit dem Papst diskutiert. Da aber sonst niemand unter diesen Bedingungen gegen den Papst antreten will, stimmen sie schließlich zu. Der Tag der Debatte ist da. Nur: Der Papst ist sich unterdessen seiner Sache auch nicht mehr so ganz sicher. Er hat Zweifel, ob er in jedem Fall gegen die talmudgeschulten Juden mit ihrer Rhetorik und Fähigkeit, Paradoxe zu benutzen, öffentlich bestehen kann. Da er die Spielregeln bestimmen kann, legt er fest, dass komplett nonverbal diskutiert wird.

Die Debatte beginnt: Der Papst ballt die Faust und zeigt mit erhobenem Zeigefinger energisch in Richtung Himmel. Der Synagogendiener zeigt genauso energisch auf die Erde. Der Papst reagiert sofort und zeigt wieder mit dem Zeigefinger zum Himmel. Der Synagogendiener erhebt die rechte Hand und zeigt mit entschiedener Gestik drei Finger. Der Papst kommt etwas ins Stocken. Aber nach nur kurzem Zögern greift er in seinen Mantel und zeigt einen wunderbar runden roten Apfel. Ohne Zögern greift der Synagogendiener in seinen Mantel und zieht etwas umständlich eine Tüte hervor. Er öffnet die Tüte und zeigt ein jüdisches Fladenbrot. Der Papst senkt den Kopf und sagt: „Sie haben gewonnen." Der Papst zieht sich mit den erschütterten Kardinälen zurück. „Tut mir Leid", sagt er, „der Mann war extrem schlagfertig, das war ein Meister des Debattierens. Ich hatte keine Chance." Die Kardinäle fragen, was den vorgegangen sei, denn keiner hat verstanden, was eigentlich ablief. Der Papst analysiert den Ablauf. „Das war doch offensichtlich. Ich habe mit dem Zeigefinger zum Himmel gezeigt und damit gesagt: ‚Es gibt nur einen Gott.' Mein jüdischer Kontrahent hat gekontert, indem er auf den Boden zeigte: ‚Es gibt jedoch auch einen Teufel in der Hölle.' Und was soll ich da sagen? Das ist ja schließlich unser eigener katholischer Glaube. Dann habe ich gesagt: ‚Gott ist jedoch mächtiger.' Und der jüdische Kollege hat mit drei erhobenen Fingern geantwortet: ‚Aber nur, weil es der dreieinige Gott ist.' Und was soll ich da sagen, das ist doch schließlich unser eigener Glaube. Dann wollte ich ihn reinlegen und zeigte ihm einen Apfel als Symbol für diese Irrlehre, dass die Erde eine Kugel sei. Und was macht er? Er zeigt mir ein Fladenbrot und sagt damit, dass die Erde in Wirklichkeit eine Scheibe sei. Ja – und da hatte ich verloren." Aber auch die Rabbiner waren verdutzt und ratlos über den Ablauf der Debatte und vor allem darüber, mit welcher zauberhaften Geschwindigkeit der Synagogendiener das Blatt zu ihren Gunsten wenden konnte. Sie befragten ihn, wie er das gemacht hätte. Der sagte: „Meiner Meinung nach war das Ganze eine Farce. Zuerst zeigte mir der Papst seine Faust mit erhobenem Finger und drohte: ‚Ihr fliegt raus aus Rom.' Da zeigte ich ihm aber, dass wir auf jeden Fall dableiben. Dann zeigte er noch mal seine Faust mit erhobenem Finger und sagte: ‚Und ihr fliegt trotzdem raus." Da sagte ich ihm: ‚Das kannst du noch dreimal sagen, und wir bleiben trotzdem da.' Ja, und was macht er dann? Er greift plötzlich in seinen Mantel und zeigt mir seine Vesper. Dann habe ich ihm meine Vesper gezeigt."

Interne Zustände und Physiologie

Der von einem außen stehenden Beobachter wahrgenommene nonverbale Anteil eines inneren Zustandes wird im NLP – wie bereits ausgeführt – *Physiologie* genannt.

Die Therapeutin ist fähig, sich auf innere Zustände zu „*kalibrieren*", indem sie deren äußere Merkmale refistriert. Z.B. erkennt sie:

- die *Problemphysiologie*, die bei der Problembestimmung auftritt;
- die *Zielphysiologie*, die sich beim vorgestellten Erreichen des Zieles in der Zielarbeit zeigt;
- die *Ressourcenphysiologie*, sie ähnelt der Zielphysiologie und weist auf die Fähigkeiten hin, mit deren Hilfe der Klient in die Zielphysiologie kommen kann (am Ende der Veränderungsarbeit soll der Klient gelernt haben, die Ziel- und Ressourcenphysiologie selbst einzunehmen);
- die *Versöhnungsphysiologie*, deren Bedeutung besonders von Thies STAHL hervorgehoben wird, zeigt der Klient dann, wenn ihm bewusst ist, dass es sinnvoll ist, das Problemverhalten als Wahlmöglichkeit (z.B. als Schutz) zur Verfügung zu haben.

Das Ankern

Das Ankern ist eine Technik, die auf die Arbeit von Iwan PAWLOW über das Prinzip des *klassischen Konditionierens* zurückgeht. Er beobachtete, dass der Speichelfluss seiner Versuchstiere (Hunde) nicht nur durch das Vorsetzen von Futter ausgelöst wurde, sondern bereits durch die Schritte der Tierpfleger. Er koppelte in einem Experiment die Futtergabe (unbedingter Stimulus) mit einem Glockenton (bedingter Stimulus), woraufhin, nach einigen Wiederholungen, dieser Ton alleine den Speichelfluss (Reaktion) auslöste, obwohl dieses Geräusch in der normalen Lebenswelt eines Hundes mit Futter überhaupt nichts zu tun hat. Das Experiment gilt als Eckpfeiler der klassisch-behavioristischen Psychologie und Lerntheorie (vgl. auch SKINNER) und zeigt, dass man jede beliebige innere Reaktion an jeden beliebigen äußeren Reiz koppeln (verknüpfen) kann.

Die NLPt hat hierzu eine Reihe von differenzierten Vorgehensweisen und Techniken entwickelt: Das „Ankern" ist eine grundlegende NLP-Technik, die in vielen Interventionen begleitend Anwendung findet.

Von einem Anker spricht man, wenn ein spezifischer Stimulus (bildhaft, akustisch, gefühlsmäßig, geschmacklich, geruchlich) mit einer speziellen internen Repräsentation und/oder äußeren Verhaltensweise verknüpft wird, so dass das Auslösen dieses Ankers eine Serie von Repräsentationen, eine Strategie bzw. eine spezifische Reaktion hervorruft. Dieses assoziative Verknüpfen oder – wie wir im NLP sagen – „Ankern" ist ein Grundelement unseres Denkens, Fühlens, Handelns und

Erinnerns, das häufig unwillkürlich und ohne äußeres Zutun geschieht und sich ebensogut positiv wie negativ auswirken kann.

Durch methodisches Beobachten ist es in der NLPt möglich, bereits vorhandene Anker zunächst bewusst zu erkennen und gegebenenfalls neue Anker zu entwickeln und gezielt für positive Entwicklungs- und Interventionsarbeit einzusetzen.

Bezüglich der technischen Seite gilt generell, dass Anker um so besser halten,

- je deutlicher und intensiver der geankerte Erlebniszustand ist,
- je trennschärfer und genauer der Reiz gesetzt wird.

In der NLPt werden Anker in erster Linie dazu verwendet, um innere Zustände, Wahrnehmungspositionen oder Zeiträume voneinander getrennt abzurufen bzw. verfügbar zu machen. Durch Anker können zum Beispiel vergangene Erfahrungen aktiviert werden. Die Person erlebt dann die damaligen Gefühle und Verhaltensweisen im Hier und Jetzt wieder. Anker werden aber auch zur Utilisierung von Ressourcen verwendet. Bei diesen Techniken werden frühere Assoziationen aufgebrochen und neue Unterscheidungen und ressourcenorientierte Assoziationen (z.B. Verknüpfen von Ressourcen mit dem Problem) vorgenommen, um therapeutische Ziele zu verwirklichen.

In der NLPt geht man davon aus, dass wir in Beziehungen ständig auf Anker reagieren, selbst Anker beim anderen auslösen („Knöpfe drücken") und Anker setzen. Dem NLP-Therapeuten soll bewusst sein, welche Anker er bei der Klientin auslöst und setzt. Die Klientin soll im Verlauf der Therapie auch in der Lage sein, Anker für sich selbst zu entwickeln und zu nutzen.

In der Therapie werden oft externe räumliche Anker verwendet. Die Klientin wählt beispielsweise bestimmte Plätze im Raum als Lokalisation

- von Problem-, Ziel- und Ressource-Zuständen,
- für die erste, zweite und dritte Wahrnehmungsposition,
- für Vergangenheit, Gegenwart und Zukunft.

Sie kann dann im therapeutischen Prozess immer wieder diese Plätze einnehmen und dadurch die inneren Repräsentationen finden und erleben. (Hier gibt es Ähnlichkeiten zu einigen Psychodrama-Techniken; der Schwerpunkt der Konzeption in der NLPt liegt allerdings auf der Struktur, dem Prozess, dem Kontext und Platz und orientiert sich an Aspekten der Mehrgenerationenperspektive.)

Das Zusammenfügen (Verknüpfen) von bisher getrennten psychischen Inhalten, psychophysiologischen Zuständen und Wahrnehmungen ist auch unter dem Begriff

Assoziation bekannt. Wenn die Assoziation eines neutralen Stimulus mit einer Reaktion aufgelöst wird, spricht man beim klassischen Konditionieren von Löschung. Die Trennung von psychischen Inhalten, psychophysiologischen Zuständen und Wahrnehmungen wird auch *Dissoziation* genannt. Die Dissoziation ist ein allgemein anerkanntes, psychologisches und hypnotisches Phänomen, das mit der grundlegenden menschlichen Fähigkeit zu tun hat, Unterscheidungen zu treffen und psychologische Zustände voneinander getrennt zu halten (z.B. Unterscheidung in bewusst und unbewusst, das Trennen von Fühlen und Denken, Verhalten und Gefühlen usw.).

Es können daher, wie oben bereits erwähnt, in der NLPt auch bestehende „negative" Anker gelöscht werden. Allerdings sollte vorher geklärt werden, ob diese negative Verknüpfung eine bloße Panne darstellt oder aber für die Person vielleicht eine unbewusst sinnvolle Funktion erfüllt. Handelt es sich um verankerte Zusammenhänge, die aus der Familiendynamik oder ähnlich gelagerten Kontexten stammen, dann ist vor jeder Intervention jedenfalls die gute Absicht dieses Ankersystems näher zu überprüfen und darauf zu achten, dass im Falle des „Wegankerns" nicht irgendetwas Positives oder Beschützendes verlorengeht.

Wir unterscheiden in der Neuro-Linguistischen Psychotherapie (NLPt) mehrere Ankertechniken, wie z.B. Selbst- und Fremdanker, einfaches Ankern in allen Sinnessystemen, Ankerausgleich in der Gegenwart und Vergangenheit, räumliches Ankern, Ankerverschmelzen, Ankerverketten, Ankerreihen.

Anm.: Ankerbrot ist eine der letzten großen Brotfabriken im ostösterreichischen Raum mit jahrzehntelanger Qualitätstradition. Im Wien in den 30er-Jahren gab es bereits den Werbespruch: Worauf freut sich der Wiener, wenn er vom Urlaub zurückkommt? Auf das Hochquellenwasser und das Ankerbrot!

Fragetechniken – Meta-Modell

Ein Schwerpunkt des NLP im Umgang mit der Sprache liegt in der Aufschließung der zugrunde liegenden Tiefenstruktur (vgl. S. 57–58). Die Therapeutin bedient sich dabei einer einfachen, klaren und präzisen Sprachform unter Nutzung der Fragetechniken des Meta-Modells. Für die Neuro-Linguistische Psychotherapie (NLPt) wurden eine Reihe von speziellen Fragetechniken entwickelt, die z.B. bei der Arbeit mit logischen Ebenen, Strategien, Submodalitäten, bei der Suche nach Gegenbeispielen und im Rahmen des Meta-Modells Anwendung finden.

Die Meta-Modell-Fragen dienen in erster Linie dazu, verschiedene Formen von Generalisierungen, Tilgungen und/oder Verzerrungen im Modell der inneren Repräsentation des Klienten aufzudecken (BANDLER & GRINDER 1975/1985) und präzise, detaillierte Informationen zu gewinnen. Sie können auf allen fünf logischen Ebenen angewendet werden. Frageformulierungen mit Warum?, Wofür?, Wozu? und Wer? dienen hauptsächlich dazu, höhere logische Ebenen (die Glaubens- und die Identitätsebene) anzusprechen (DILTS 1990a; JAMES & WOODSMALL 1988/1991).

Prozesssprache

Dieser im vorigen Kapitel beschriebenen so genannten Präzisionssprache steht die so genannte *Prozesssprache* gegenüber. Sie geht auf Milton ERICKSON zurück (s.a. das Milton-Modell, GRINDER & BANDLER 1981/1984). Bei Verwendung dieser Sprachform drückt sich der NLP-Therapeut möglichst kunstvoll-vage, d.h. gezielt ungenau aus. Generalisierungen, Tilgungen und/oder Verzerrungen werden in besonderem Ausmaß und absichtlich verwendet. Diese Art der Sprache dient dazu, in der Klientin bestimmte Suchprozesse auszulösen, sie auf ihr eigenes inneres Erleben zu fokussieren und Lösungsmöglichkeiten anzuregen. Inhaltlich werden möglichst wenig Vorgaben gegeben, auf der Prozessebene jedoch Stimulation ausgeübt. In dieser primär prozessorientierten Sprache geht es in erster Linie darum, zum Erleben der Klientin passende Aussagen zu machen und Wahlmöglichkeiten anzubieten. Der Klientin bleibt dabei ein großer inhaltlicher Freiraum sowohl bei der Wahl der Lösungen als auch bei der Suche nach Ressourcen und dem Aktivieren der Selbstheilungskräfte. Diese Art der Sprache wird besonders in der Arbeit mit „Trancen“ oder tranceähnlichen Zuständen verwendet.

Arbeit mit Trancezuständen

Die Arbeit mit leichten und mittleren Trancezuständen ist ein integrierender Bestandteil der NLPt. Unter Trancezuständen versteht man im weitesten Sinn innerlich gelenkte Zustände, wobei die Aufmerksamkeit auf relativ wenige innerliche Wirklichkeiten konzentriert ist. Trancezustände können durch verschiedene Verfahren verbaler und nonverbaler Kommunikation, durch direkte und/oder indirekte Suggestionen induziert werden.

Ziele der Tranceinduktion sind:

1. die Zahl der Aufmerksamkeitsschwerpunkte zu reduzieren (gewöhnlich auf einige innere Realitäten),
2. Veränderungen in den gewohnten Lenkungs- und Kontrollmustern des Individuums zu fördern,
3. die Aufnahmefähigkeit des Klienten für die eigenen inneren Assoziationen und mentalen Fertigkeiten, die in therapeutische Reaktionen integriert werden können, zu fördern (ERICKSON, ROSSI u. ROSSI 1986).

Nach ERICKSON unterliegt das Bewusstsein aufgrund der vielen erlernten Einstellungen, Ansichten, Haltungen und Verhaltensweisen starken Begrenzungen. Es wurde geschätzt, dass die meisten Menschen bestenfalls 10% ihrer mentalen Fähigkeiten verwenden, ein großer Teil unserer Individualität bleibt unbewusst und ungeahnt. ERICKSON war der Meinung, es sei für die Menschen sehr wichtig zu wissen, dass ihr Unbewusstes klüger ist, als sie es sind. Es gibt eine große Fülle an gespeichertem Material im Unbewussten.

Im Trancezustand werden die gelernten Begrenzungen durch die üblichen Bezugsrahmen gelockert, dadurch werden unbewusste Potenziale für die Lösung von Problemen freigesetzt. Lernen kann also auf einer autonomen oder unbewussten Ebene stattfinden, befreit von den gewöhnlichen Einstellungen, Vorurteilen und Bewusstseinshemmungen. Der Klient hat im Trancezustand die Möglichkeit, sich selbst von innen auf einer unbewussten Ebene zu formen und neu zu strukturieren, ohne bewusst gelenktes Denken einzuschalten. Trance wird daher auch als *aktiver Prozess unbewussten Lernens* angesehen, der verwandt ist mit dem Prozess des latenten Lernens oder des Lernens ohne Bewusstheit, wie es in der experimentellen Psychologie beschrieben wird (DEESE & HULSE 1967).

Ein weiterer wichtiger Schritt ist die Integration des Gelernten in den Alltag und auch in das bewusste Denken.

Selbsthypnose wird in der Neuro-Linguistischen Psychotherapie (NLPt) angewandt, um die Selbstheilungskräfte des Klienten zu aktivieren, seine Autonomie zu fördern und eine Hilfe zur Selbsthilfe zu geben.

Reframing

Das Modell des Reframing basiert auf der Erkenntnis, dass die Bedeutung, die man einem Ereignis (auch Problem/Symptom) beimisst, vom Rahmen (*frame*) abhängt, in welchem es wahrgenommen wird. Indem das Ereignis in einen anderen Bezugsrahmen gesetzt wird, wird ihm eine andere, für den Klienten nutzbringende Bedeutung gegeben, wodurch neue Reaktionen und neues Verhalten ermöglicht werden.

Ein typisches Beispiel für Reframing zeigt uns folgende Geschichte (aus TRENKLE 1994): Im Schwarzwald war vor einigen Jahren ein sehr heruntergekommener und hungriger Bettler unterwegs. Er klingelt an einem Haus, und eine alte Oma schaut oben zum Fenster raus. „Gute alte Frau", jammert der Bettler nach oben, „drei Tage habe ich schon nichts mehr gegessen." Die Oma antwortet ihm: „Musst dich halt zwingen."

In der Neuro-Linguistischen Psychotherapie (NLPt) wird zwischen Kontext-, Bedeutungs- und Inhaltsreframing unterschieden.

Beim *Kontextreframing* wird eine Situation oder Aussage, die als Problem erlebt wird, in einen neuen kontextuellen Rahmen gestellt, in dem sie anstatt eines Problems eine Ressource darstellt.

Beim *Bedeutungsreframing* wird auf andere Bedeutungsmöglichkeiten, die eine Situation oder eine Handlung haben können, hingewiesen. Die Kernfrage lautet: Was könnte es noch bedeuten oder beinhalten?

Beim *Inhaltsreframing* ist der Wesenskern der Intervention die Trennung zwischen Verhalten und der möglichen Auswirkung im System sowie der positiven Intention, die sich hinter dem Verhalten (oft unbewusst) verbirgt. Nachdem die positive Intention spezifiziert wurde, ist es dann möglich, Verhaltensalternativen zu entwickeln, die imstande sind, die gleiche positive Absicht noch besser zu erfüllen. Das Standardverfahren des Inhaltsreframings ist das so genannte Sechs-Stufen-Reframing:

1. Unerwünschtes Verhalten identifizieren.
2. Mit dem inneren Teil, der dafür verantwortlich ist, Kontakt herstellen.
3. Die positive Intention des Teiles herausfinden.
4. Mit dem so genannten kreativen Teil Kontakt aufnehmen, um neue Verhaltensweisen anstelle des störenden Verhaltens zu generieren, die ebenfalls die positive Intention erfüllen.

5. Überprüfung der Ökologie: sind alle Teile, auch andere Teile der Persönlichkeit, die bisher noch nicht berücksichtigt wurden, mit den neuen Möglichkeiten einverstanden?

6. Future Pacing erhöht die Wahrscheinlichkeit, dass neue Verhaltensalternativen auch tatsächlich angewandt werden.

Die Arbeit mit Mustern und Strategien

Strategien sind die Art und Weise, wie wir unsere inneren und äußeren Wahrnehmungen im Hinblick auf ein Ziel ordnen. Dabei bilden die verschiedenen Repräsentationssysteme und die Sequenz, in der diese benutzt werden, die *Elemente* einer Strategie. Wie effektiv jemand eine Aufgabe bewältigt, hängt davon ab, welche Repräsentationssysteme er in welcher Reihenfolge benutzt. Es kann für eine Aufgabe mehrere Strategien geben, wovon wiederum einige besser, andere schlechter bzw. gar nicht zum Ziel führen. Das Erreichen eines Ziels hängt aber ebenso davon ab, welche Unterscheidungen die Person in jedem Repräsentationssystem vorzunehmen vermag. Das Buchstabieren beispielsweise läuft über eine visuell-erinnerte Strategie besser als über den inneren Dialog. Die Strategie „visuell-erinnern“ setzt aber voraus, dass die Person die Buchstaben eines Wortes visualisieren kann.

Die Arbeit mit Mustern und Strategien spielt auf allen logischen Ebenen der Veränderung in der Neuro-Linguistischen Psychotherapie (NLPt) eine wichtige Rolle. Der NLP-Ansatz geht davon aus, dass Menschen ihrer inneren Landkarte entsprechend handeln. Die innere Landkarte entsteht durch das Ordnen von Erfahrung in strukturierte Abläufe (Muster/Strategien).

Durch das Studium der Strukturen des subjektiven Erlebens werden Prinzipien und Regeln der Interaktion zwischen den einzelnen Strukturelementen offen gelegt. Die Kenntnis der Regeln, die verhaltensmäßige Interaktionen regulieren, ermöglicht einen Zugang zu den generativen Prinzipien des Verhaltens und den Strukturen möglicher Lösungen. Die möglichen Lösungen zielen daher mehr auf eine *Neuorganisation* der Strukturen und Prozesse innerhalb der subjektiven Landkarte ab als auf eine erweiterte Orientierung an spezifischen Inhalten. Ebenso geht man davon aus, dass der Mensch in Bezug auf das System/Umfeld, in dem er sich bewegt, eine bestimmte Sichtweise der Realität konstruiert, eine „Landkarte“ von der Welt und ihren Ereignissen entwirft. Diese „Landkarte“ beeinflusst wiederum ihrerseits die Verhaltensabläufe des Betreffenden sowie aller Beteiligten. Interpersonelle Verhaltensmuster können also familiäre Verhaltensmuster beeinflussen und umgekehrt (z.B. können bestimmte Glaubenshaltungen innerhalb eines Systems interpersonale

Verhaltensmuster beeinflussen, ebenso können aber auch interpersonale Verhaltensmuster wieder die Glaubenshaltungen innerhalb eines Systems beeinflussen).

In der Arbeit mit Systemen wird es als nützlich angesehen, grundlegende Muster und Regeln des Systems zu entdecken und relevante Informationen über dieses System zu sammeln.

Strategien funktionieren, ähnlich (oder analog) wie Computerprogramme, auf drei verschiedenen Ebenen, nämlich als Mikrostrategien, Makrostrategien oder Metastrategien.

1) *Mikrostrategien* sind geordnete, strukturierte Abläufe, die aus bestimmten Sequenzen von Repräsentationssystemen bestehen. Man unterscheidet unter anderem zwischen Kreativitäts-, Planungs-, Problemlösungs-, Entscheidungs-, Erfolgs- und Motivationsstrategien.

   Eine Mikrostrategie fokussiert darauf, wie genau eine bestimmte Person innerhalb eines spezifischen Augenblicks denkt, um eine spezifische Aufgabe zu erreichen; z.B.: Wie entwickelt und verwendet eine Person die fünf Sinne in Koordination mit Sprachstrukturen, um Gedanken und Verhalten zu einem bestimmten Thema zu organisieren und zu produzieren?

2) *Makrostrategien* hingegen befassen sich mit allgemeineren Arten von Beziehungen und Schritten, z.B. einer Gesamtstrategie für Kreativität oder Führungsverhalten.

   In einer Mikrostrategie z.B. wäre es wichtig, wie speziell und genau man von A nach B und dann nach C kommt, für die Betrachtung auf der Makroebene ist das jedoch nicht so wichtig; hier kommt es darauf an, überhaupt von A nach C zu kommen, unabhängig von den Mikroschritten. Eine Makrostrategie kann sich auch über einen längeren Zeitraum erstrecken.

3) Eine *Metastrategie* oder ein Metamodell ist ein Modell zum Erzeugen von Modellen. Es liegt auf der Ebene von Wissen über Wissen (was man auch als Epistemologie bezeichnen kann). Metastrategien haben mit grundlegenden Werten, Vorannahmen und dem System des Wissens, von dem aus jemand operiert, zu tun. Die Metastrategie ist das zugrunde liegende Prinzip, von dem aus andere Ebenen oder Strategien generiert werden.

Die Arbeit mit den Submodalitäten

Unter Submodalitäten werden im NLP die formalen (also inhaltsfreien) Feinunterscheidungen innerhalb der fünf sensorischen Repräsentationssysteme verstanden. Helligkeitsgrad, Schärfe, Größe, Entfernung, Farbe, Geschwindigkeit und Dimension sind Beispiele für Submodalitäten innerhalb des *visuellen* Repräsentationssystems; Lautstärke, Tonhöhe, Klangfarbe, Rhythmus und Tempo sind Beispiele innerhalb des *auditiven* Repräsentationssystems.

Die ausführliche Erforschung der Submodalitäten und ihrer Bedeutung für therapeutische Prozesse erfolgte seit Ende der siebziger Jahre durch R. BANDLER (1987), D. GORDON (1986), C. und S. ANDREAS (1990) und R. WEERTH (1992).

Die Submodalitäten ermöglichen die kategoriale Zuordnung innerhalb jedes analogen Repräsentationssystems. Aufgrund ihrer sprachlichen Formulierungen sind sie zugleich aber auch als Bestandteile des digitalen Repräsentationssystems anzusehen und stellen daher – als wichtigste Erkenntnis – das formale Bindeglied zwischen den analogen Repräsentationssystemen und dem digitalen dar.

Die submodalen Vorgänge sind mit der Erfahrungsentwicklung einer Person untrennbar verbunden, woraus sich in therapeutischer Hinsicht ergibt, dass durch Veränderung der Submodalitäten auch eine Veränderung auf der Ebene der Erfahrung erwartet werden darf.

Submodalitäten werden demnach zur detaillierten Beschreibung, Analyse und lösungsorientierten Beeinflussung kognitiver Vorgänge (von Wahrnehmung, Vorstellung und innerem Dialog) genutzt. Dabei hat sich gezeigt, „dass durch die bewusste Veränderung visueller und/oder auditiver Submodalitäten ..., die ihrerseits über Synästhesien mit emotionalen Zuständen verknüpft sind, solche Zustände „abgeschwächt, verstärkt und/oder gänzlich verändert werden können, selbst wenn der Inhalt ... – beispielsweise eine unangenehme Erinnerung – konstant beibehalten wird“ (WEERTH 1992). Für mindestens ebenso emotions- und damit handlungsrelevant wie die Inhalte von Kognitionen werden somit die sie codierenden Submodalitäten erachtet.

Die differenzierte Arbeit mit Submodalitäten gilt als originäre Eigenerfindung des NLP (primär R. BANDLER). Über 30 Techniken des NLPt, wovon einige hier beispielhaft kurz vorgestellt werden, basieren auf der gezielten Beeinflussung von Submodalitäten. Bei den anderen Methoden können sie unterstützend eingesetzt werden. Aufgrund der enormen Wirksamkeit der Submodalitäten-Arbeit sollte ihre Anwendung nur unter Berücksichtigung der gesamten Ökologie (siehe S. 92–93) und der logischen Ebenen (siehe S. 77–84) einer Person erfolgen.

Innere Stimmen: Genauso wie wir innere Bilder haben, so kennen wir auch das Phänomen der inneren Stimmen. Die innere Stimme kann unsere eigene, die eines Elternteils oder einer anderen wichtigen Person sein, die uns z.B. ermahnt, kritisiert und/oder belehrt und uns somit ein Gefühl der Unsicherheit vermittelt. Mit diesen inneren Stimmen kann man genauso verfahren wie mit inneren Filmen, indem man die Submodalitäten verändert. Es kann z.B. der Ort verändert werden, von dem aus die Stimme zu hören ist, oder man kann eine andere Körperhaltung einnehmen.

Verändern und Integration von Glaubenssätzen: Da Glaubenssätze (Überzeugungen des Menschen über sich selbst und die Welt) unser Verhalten entscheidend mitbestimmen, kann über die Veränderung von Glaubenssätzen auch das Verhalten verändert werden. Das ist vor allem bei einschränkenden Glaubenssätzen über uns selbst wichtig. Viele unserer Glaubenssätze sind uns nicht bewusst, sondern werden, ganz im Gegenteil, für selbstverständliche Tatsachen gehalten.

Eine Möglichkeit, Glaubenssätze mit NLP-Techniken zu beeinflussen, erfolgt durch die Veränderung der sie aufrechterhaltenden Submodalitäten. Weitere Möglichkeiten, Glaubenssätze zu verändern, bieten die Techniken des Reframing (siehe S. 149–150). Mit Hilfe des Reimprinting (siehe S. 153–154) können neue Glaubenssätze integriert werden.

Da Glaubenssätze nach DILTS auf einer sehr hohen logischen Ebene (siehe S. 77–85) angesiedelt sind, führt ihre Veränderung zu sehr weitreichenden Konsequenzen. In der Therapie sollen widersprüchliche und einschränkende Aufträge, Glaubenssätze, Loyalitätsbindungen u.a. bewusst gemacht und ressourcenorientiert (auf-)gelöst und neu integriert werden.

Swish-Muster: Zum Auflösen und Umlenken ungewollter Verhaltensweisen wird das Swish-Modell eingesetzt, das BANDLER als eines der wirkungsvollsten aller von ihm benutzten Modelle bezeichnet. Das Modell beschreibt einen kognitiven Prozess, durch den „das Gehirn veranlasst wird, eine neue Richtung einzuschlagen“ (BANDLER 1987, S. 151). Bei dieser Technik geht es darum, von einer internen Bildvorstellung zu einer anderen zu wechseln, wobei aufgrund von wirkungsvollen Submodalitätenveränderungen die eine automatisch zum Auslöser für die andere wird.

Die Submodalitäten werden noch im Rahmen zahlreicher anderer Interventionstechniken angewendet, wie z.B. die Trennung eines inneren Zustandes vom äußeren Verhalten, die Trennung des inneren Zustandes von den inneren Denkabläufen, das Auflösen von Zwängen u.v.a.m.

Reimprinting

Auf Seite 123–124 wurde der Begriff Prägung bereits näher definiert sowie auf die Technik des Reimprinting hingewiesen. Beim Reimprinting werden frühe Prägungen (*imprints*), d.h. Erfahrungen – oftmals traumatischer Art –, die zur Bildung einer bestimmten emotional-erlebnismäßigen Reaktionsweise sowie häufig auch einer oder mehrerer Glaubenssätze geführt haben, zugänglich gemacht und „umgeprägt" (und zwar unter Einbeziehung von wichtigen Bezugspersonen u.a.) (DILTS 1991; BESSER-SIEGMUND 1993).

Da Menschen sich in der Kindheit häufig unbewusst ein Rollenmodell nehmen – orientiert an einer wichtigen Bezugsperson –, ist es wichtig, im Reimprint mit der jeweiligen anderen Person sowie mit dem jüngeren „Du" zu arbeiten. Dabei sollen neue Ressourcen in die traumatische Situation eingeführt werden, und zwar sowohl für den Klienten als auch für die entsprechende Bezugsperson.

Arbeit mit Metaphern und Geschichten

In Anlehnung an Milton ERICKSON werden therapeutische Geschichten und Metaphern eingesetzt, um innere Suchprozesse im Klienten zu stimulieren und ihn anzuregen, neue Wahlmöglichkeiten und Ressourcen zu finden. Die Funktion der Metapher besteht u.a. darin, unser bewusstes und unbewusstes Wissen von einem Kontext in einen anderen Kontext zu übertragen.

Dies demonstriert folgende Geschichte (aus TRENKLE 1994): Hochzeitsnacht. Er bewundert ihre Schönheit und wird poetisch: Dieses Gebirge! Dieses Tal! Diese reizende kleine Wiese! Usw. Nach kurzer Zeit schläft er ein. So geht das vier Tage in Folge. Dann weckt ihn die Frau mitten in der Nacht auf und sagt: „Wenn nicht bald ein Baum auf der Wiese steht, dann wird die Wiese verkauft."

In der Neuro-Linguistischen Psychotherapie (NLPt) werden sowohl Gleichnisse, Parabeln, Anekdoten, Märchen, Witze usw. als auch eigens für einen Klienten konstruierte „maßgeschneiderte" Metaphern eingesetzt, die auf allen logischen Ebenen wirksam sein können.

Anwendung und Anwendbarkeit bei (diagnostisch) verschiedenen Patientengruppen mit unterschiedlicher Symptomatik

Da die Neuro-Linguistische Psychotherapie (NLPt) sowohl lösungs- und prozessorientiert als auch aufdeckend und übend arbeitet, ist die Indikationsbreite naturgemäß groß. Zum anderen ergibt sich die Indikation einer psychotherapeutischen Behandlung für einen individuellen Patienten aus patientenspezifischen Faktoren, zu denen unter anderen auch die diagnostische Einordnung gehört; sie ist aber ebenso eine Funktion der Erfahrung und Kompetenz der Psychotherapeutin, unabhängig von der zur Anwendung kommenden Methode. Eine diagnosenspezifische Einschränkung der Indikation muss daher unter den eben erwähnten Prämissen betrachtet werden.

Für die Neuro-Linguistische Psychotherapie (NLPt) geeignet sind zum Beispiel Störungen folgender Indikationsgruppen:

- Neurosen,
- psychosomatische Erkrankungen,
- Persönlichkeitsstörungen,
- akute Belastungsreaktionen von kürzerer oder längerer Dauer,
- affektive Psychosen,
- schizophrene Psychosen,
- Abhängigkeit oder Missbrauch von Alkohol, Drogen oder Medikamenten,
- Entwicklungsstörungen jedes Lebensalters.

Darüber hinaus eignet sie sich auch als Teil einer mehrdimensionalen Behandlung bei somatischen Erkrankungen, insbesondere bei Krebserkrankungen oder Allergien.

Als Kontraindikationen wären akut psychotische oder präpsychotische Zustandsbilder im ambulanten Setting zu sehen. Dies gilt nicht für eine stationäre Therapie.

- Psychosomatische Erkrankungen in akuten Stadien wie z.B. Asthma oder Ulcus duodeni,
- Anfallserkrankungen,
- Infarktgefährdung und schwere Formen der Diabetes,
- akute Suizidalität bei ambulanter Behandlung.

Die Neuro-Linguistische Psychotherapie (NLPt) eignet sich für Kinder, Jugendliche und Erwachsene. Sie wird mit Einzelpersonen, Paaren, Familien oder Gruppen durchgeführt.

Die Neuro-Linguistische Psychotherapie (NLPt) ist wegen ihres integrativen Ansatzes gut mit anderen therapeutischen Ansätzen kombinierbar, wie zum Beispiel mit der systemischen Familientherapie, der Hypnotherapie, der Verhaltenstherapie, mit imaginativen Verfahren, dem Psychodrama, der klientenzentrierten Gesprächstherapie nach ROGERS oder der Gestalttherapie.

Literatur

ANDREAS, S. & C. (1990): *Gewusst wie. Arbeit mit Submodalitäten und weitere NLP-Interventionen nach Maß.* Paderborn: Junfermann.

BANDLER, R. (1987): *Veränderung des subjektiven Erlebens. Fortgeschrittene Methoden des NLP.* Paderborn: Junfermann.

BANDLER, R. & GRINDER, J. (1981): *Metasprache und Psychotherapie. Struktur der Magie I.* Paderborn: Junfermann [Engl. (1975): *The Structure of Magic.* Palo Alto: Science and Behavior Books, Inc.]

BANDURA, A. (1977a): *Social Learning Theory.* Englewood Cliff/N.J.: Prentice Hall. [Deutsch: 1979. *Sozial-kognitive Lerntheorie.* Stuttgart: Klett-Cotta.]

BANDURA, A. (1977b): *Self-efficacy: Toward a unifying theory of behavioral change.* Psychol. Review, 84, 191–215.

BANDURA, A., ROSS, D. & ROSS, S.A. (1963): *A Comparative Test of the Status Envy, Social Power, and Secondary Reinforcement Theories of Identificatory Learning.* Journal of Abnormal and Social Psychology, 67, 527–534.

BATESON, G. (1972): *Steps to an Ecology of Mind. Collected Essays in Anthropology, Psychiatry, Evolution and Epistemology.*

[Deutsch (1981): *Ökologie des Geistes.* Anthropologische, psychologische, biologische und epistemologische Perspektiven. (Die logischen Kategorien von Lernen und Kommunikation). Frankfurt: Suhrkamp.]

BANDURA, G. & BANDURA, M.C. (1993): *Wo Engel zögern. Unterwegs zu einer Epistemologie des Heiligen.* Frankfurt: Suhrkamp.

BESSER-SIEGMUND, C. & SIEGMUND, H. (1993): *Du musst nicht bleiben, wie du bist. Reimprinting – Spielerisch die eigene Persönlichkeit entwickeln.* München: Econ.

BOSZORMENYI-NAGY, I. & SPARK, G. (1995): *Unsichtbare Bindungen. Die Dynamik familiärer Systeme.* Stuttgart: Klett-Cotta.

BOWLBY, J. (1969): Attachment and Loss. Bd. 1. New York: Basic Books.

CAMERON-BANDLER, L, GORDON, D. & LEBEAU, M. (1988): *The EMPRINT Method – A guide to Reproducing Competence.* Moab, Utah: Real People Press.

CAMERON-BANDLER, L. & LEBEAU, M. (1991): *Die Intelligenz der Gefühle. Grundlagen der „Imperative Self Analysis" I.* Paderborn: Junfermann.

CHOMSKY, N. (1973a): *Strukturen der Syntax.* Frankfurt: Suhrkamp [Engl. (1957): *Syntactic Structures.* Den Haag: Mouton.]

CHOMSKY, N. (1973b): *Aspekte der Syntax-Theorie.* Frankfurt: Suhrkamp.

CSIKSZENTMIHALYI, M. (1992). *Flow. Das Geheimnis des Glücks.* Stuttgart: Klett-Cotta.

DILTS, R. (1990a): *Changing Belief Systems with NLP.* Cupertino: Meta Publications.

DILTS, R. (1991): *Identität, Glaubenssysteme und Gesundheit.* Paderborn: Junfermann.

DILTS, R. (1992); *Einstein.* Paderborn: Junfermann

DILTS, R., BANDLER, R. & GRINDER, J. (1985): *Strukturen subjektiver Erfahrung: Ihre Erforschung und Veränderung durch NLP.* Paderborn: Junfermann. [Original erschienen 1980: *Neuro-Linguistic Programming.* Volume I. Cupertino, CA.: Meta Publications.]

DILTS, R. & EPSTEIN, T. (1991): *Systemic NLP – A Unified Field Theory.* Ben Lomond: Dynamic Learning Publications.

DILTS, R. & HOLLANDER, J. (1990): *NLP & life extension – Modeling Longevity.* Ben Lomond: Dynamic Learning Publications.

DILTS, R., EPSTEIN, T., DILTS, R.W. (1994): *Know-how für Träumer. Strategien der Kreativität.* Paderborn: Junfermann.

ERICKSON, M. H. (1988): *Meine Stimme begleitet Sie überall hin.* Ein Lehrseminar mit M.H. ERICKSON. Stuttgart: Klett-Verlag.

ERICKSON, M. H. & ROSSI, E.L. (1981): *Hypnotherapie. Aufbau, Beispiele, Forschungen.* Leben lernen, Bd. 49. München: Pfeiffer.

ERICKSON, M. H., ROSSI, E.L. & ROSSI, S.I. (1978): *Hypnose. Induktion, psychotherapeutische Anwendung, Beispiele.* München: Pfeiffer.

ERIKSON, E. (1966): *Identität und Lebenszyklus.* Frankfurt: Suhrkamp.

GORDON, D. (1986): *Therapeutische Metaphern.* Paderborn: Junfermann.

GRINDER, J. & BANDLER, R. (1981): *Trance-formations. Neuro-Linguistic Programming and the Structure of Hypnosis.* Moab, Utah: Real People Press. [Deutsch (1989): *Therapie in Trance. Hypnose: Kommunikation mit dem Unbewussten.* Stuttgart: Klett-Cotta.]

GRINDER, J. & BANDLER, R. (1982): *Kommunikation und Veränderung. Die Struktur der Magie II.* Paderborn: Junfermann. [Engl.: (1976): *The Structure of Magic II.* Palo Alto: Science and Behavior Books, Inc.]

GRINDER, J., DELOZIER, J. (1995): *Der Reigen der Daimonen. Vorbedingungen persönlichen Genies.* Paderborn: Junfermann.

GROCHOWIAK, K. (1995): *Das NLP Practitioner Handbuch.* Paderborn: Junfermann.

HAYAKAWA, S.I. (1941): *Language in Thought and Action.* New York: Harcourt, Brace Jovanivich, Inc.

HYLAND, M.E. (1988): *Motivational Control Theory: An Integrative Framework.* J. Pers. Soc. Psychol., 55, 642–651.

HUBER & TÖDT (1988): *Menschenrechte: Perspektiven einer menschlichen Welt.* 3. Auflage. München: Kaiser.

JAMES, W. (1890): *The Principles of Psychology.* New York: Dover Publications, Inc.

JAMES, T. & WOODSMALL, W. (1991): *Time Line: NLP-Konzepte zur Grundstruktur der Persönlichkeit.* Paderborn: Junfermann.

JELEM, H. (1999): Neurolinguistische Psychotherapie. In: STUMM, G. & PRITZ, A (Hrsg.): *Wörterbuch der Psychotherapie.* Wien: Springer.

KAZDIN, A.E. (1986). Verdecktes Modelllernen: Die therapeutische Anwendung von Imaginationsübungen. In SINGER, J.L. & POPE, K.S. (Hrsg.): *Imaginative Verfahren in der Psychotherapie* (S. 323–349). Paderborn: Junfermann. (Original erschienen 1978: *The Power of Human Imagination*)

Kivits, T. (1994): *Eine kurze Geschichte der Psychologie.* Düsseldorf und Wien: ECON Taschenbuch Verlag GmbH.

Kohlberg, L. (1969): Stage and Sequence: The Cognitive-developmental Approach to Socialization. In: Goslin, D.A. (Ed.): *Handbook of Socialization Theory and Research.* Chicago: Rand McNally.

Korzybski, A. (1933): *Science and Sanity: An Introduction to Non-Aristotelian Systems and General Semantics,* 4th Edition. Lakeville, Connecticut: The International Non-Aristotelian Library Publishing Company.

Miller, G.A., Galanter, E, & Pribram, K.H. (1973): *Strategien des Handelns: Pläne und Strukturen des Verhaltens.* Stuttgart: Klett-Cota. (Original erschienen 1960: *Plans of the Structure of Behavior.* New York: Holt, Rinehart and Winston, Inc.)

O'Connor, J. & Seymour, J. (1990): *Introducing Neuro-Linguistic Programming: The New Psychology of Personal Excellence.* London: Crucible.

Ötsch, W. & Stahl, T. (1997): *Das Wörterbuch des NLP.* Paderborn: Junfermann.

Petzold, H. (Hrsg.) (1981): *Widerstand. Ein strittiges Konzept in der Psychotherapie.* S. 427-466. Paderborn: Junfermann.

Rapoport, A. (1972): *Allgemeine Bedeutungslehre.* Darmstadt: Darmstädter Blätter Schwarz u. Co.

Russell, B. (1975): *Einführung in die mathematische Philosophie.* Wiesbaden: Vollmer.

Schmidt, S.J. (Hrsg.) (1987): *Der Diskurs des Radikalen Konstruktivismus.* Frankfurt a.M.: Suhrkamp.

Schmidt, S.J. (Hrsg.) (1992): *Kognition und Gesellschaft.* Frankfurt a.M.: Suhrkamp.

Schulz von Thun, F. (1981): *Miteinander reden. 1. Störungen und Klärungen. Allgemeine Psychologie der Kommunikation.* Reinbek bei Hamburg: Rowohlt Taschenbuch Verlag GmbH.

Schütz, P. (1992): Unpublished Research Paper

Schütz, P. (1995): Professionelle Zielarbeit, Vorgestellt am WCP 1996

Stahl, T. (1981): Das Konzept ‚Widerstand' in der Psychotherapie Milton Ericksons, in der Kommunikationstherapie und im Neurolinguistischen Programmieren. In: Petzold, H. (Hrsg.): *Widerstand – ein strittiges Konzept in der Psychotherapie.* Paderborn: Junfermann; aktuell abrufbar bei: www.active-books.de

Teicher, M., Ito, Y., Glod, C., Anderson, S., Dumont, N. & Ackermann, E. (1997): *Preliminary evidence for abnormal cortical development in physically and sexually abused children, using EEG coherence and MIR.* New York Academy of Sciences, 821, 160–175.

Tolman, E.C. (1948): Psychol. Rev., 55, 189–208, 18, 19.

Trenkle, B. (1994): *Das **Ha-Ha**ndbuch der Psychotherapie.* Heidelberg: Carl-Auer-Systeme Verlag.

Vaihinger, H. (1911): *Die Philosophie des Als Ob. System der theoretischen, praktischen und religiösen Fiktionen der Menschheit auf Grund eines idealistischen Positivismus.* Berlin: Reuther und Reichard.

van der Kolk, B. (1997): *The psychobiology of posttraumatic stress disorder.* Journal of Clinical Psychology. 58 (suppl. 9), 16-24.

von Glasersfeld, E. (1997): *Wege des Wissens – Konstruktivistische Erkundungen durch unser Denken.* Heidelberg: Carl-Auer-Systeme Verlag.

Watzlawick, P., Beavin, J. H. & Jackson, D.D. (1985): *Menschliche Kommunikation.* Bern: Verlag Hans Huber.

Weerth, R. (1992): *NLP & Imagination. Grundannahmen, Methoden, Möglichkeiten und Grenzen.* Paderborn: Junfermann Verlag.

Whitehead, A.N. & Russel, B. (1990): *Principia Mathematica.* Kap. II. Frankfurt: Suhrkamp.

Whorf, B. (1965): *Sprache, Denken, Wirklichkeit.* Reinbek: Rowohlt.

Anhang A

Wissenschaftlicher Anhang

Fähigkeit zur Kooperation

Ein Beitrag zur Wertediskussion im Rahmen der Fragestellung: Menschenrechte als ethischer Rahmen und Quelle psychotherapeutischer Arbeit

Gerd Bauer

1. Motive und Bedingungen ethischer Bemühungen

In der jüngsten Vergangenheit gibt es ein starkes Bemühen der Psychotherapie der Gegenwart, ihr Arbeiten in ein Verhältnis zu den Menschenrechtskonventionen zu stellen.[1] Dies wiederum ist in dem Rahmen der seit einigen Jahren immer umfassender wahrgenommenen Frage nach ethischer Orientierung sowohl einzelner Psychotherapieschulen wie auch der Psychotherapie als Ganzes zu sehen. Der Kontext der Interpretation kann noch weitergefasst werden, wenn man in den Blick nimmt, dass die sozialistische Ideologie mit ihren gesellschaftlichen Werten an der Realität wirtschaftlicher Überlebensfähigkeit zerbrochen ist. Nun ist es von sekundärer Bedeutung, wie man persönlich dieses Phänomen oder subjektiv die möglichen Gesellschaftsentwürfe bewertet hat. Seit diesem wirtschaftlich-ideologischen Zusammenbruch geht der gesellschaftlichen Diskussion die Möglichkeit ab, einen alternativen Gesellschaftsentwurf denken zu können. Damit ist die Diskussion um das angemessene Handeln in der Gegenwart, d.h. das Ringen um die Zukunft, ganz wesentlich der Kraft der Utopie beraubt. In der Folge erlahmte erst einmal der intellektuelle Kampf um Orientierung.

Nun spricht man schon seit Ende des 19. Jahrhunderts von der Krise der Metaphysik. Mit dem geisteswissenschaftlichen Zusammenbrechen von Letztbegründungs-

1 Von 19.–20.3.1999 fand zu dem Thema Psychotherapie, Ethik und Menschenrechte ein EAP-Symposium in Straßburg statt.

modellen für Wahrheit ist auch die ethische Fragestellung nach Begründung, Durchsetzbarkeit und Plausibilität von Normen und Werten offen. „Normen lassen sich ja einerseits bei Strafe des sog. ‚naturalistischen Fehlschlusses' nicht aus Sätzen über die Realität ableiten. Man würde damit die logisch unüberbrückbare Differenz von Sein und Sollen negieren. ... Auf der anderen Seite dürfen für die Rechtfertigung von Normen aber auch natürlich nicht **beliebige** Ideen in die Welt gesetzt werden."[2] Handlungsorientierende oder gar normierende Regeln werden nur in Binnenstrukturen, aufgrund eines Ingroup-gestützten Konsenses, verbindlich. Über die Konsensgruppe hinausgehende Verbindlichkeit lässt sich argumentativ nicht begründen. Die autoritäre Durchsetzung von ethischen zu Beginn des 21. Jahrhunderts widerspricht den inhaltlichen ethischen Errungenschaften demokratischer Gesellschaftsgestaltung und entfällt per se als Möglichkeit.

Individuell-sinnstiftende Angebote, die nur einen Hauch von Tragfähigkeit versprechen, können dagegen ihren Marktwert ins Immense steigern. Alles, was sich einen Anstrich von Spiritualität, im Sinne eines letztbegründenden existenziellen Halts, gibt, findet erst einmal gewinnträchtigen Zulauf. Damit ist auch schon das Hauptkriterium gesellschaftlicher Gegenwart im Blick. Jede Alternative – völlig unabhängig welcher Provenienz – bezieht, selbst bei maximaler Plausibilität, ihre legitime Umsetzung nur aus ihrer Finanzierbarkeit. Auf diesem Boden entstand auch die Frage, wieviel Gesundheit bezahlbar sei, was einen erheblichen Begründungsanteil in den neuen Gesundheitsreformgesetzen vieler europäischer Staaten ausmacht.

Auf solchem Boden findet man nun das Ringen um tragfähige Verankerungspunkte sozial- und humanwissenschaftlicher Modelle, Konzepte und Theorien. Auch psychotherapeutische Verbände verschiedener Schulrichtungen und unterschiedlichen Organisationsgrades haben Arbeitskreise eingerichtet mit der Zielsetzung, ethische Richtlinien auszuarbeiten. Aus den Ergebnissen dieser Bemühungen sollen

- eine handlungsleitende Orientierung für die psychotherapeutische Praxis,
- Urteilsfähigkeit und Sanktionierungsmöglichkeiten im konkreten Konfliktfall und
- vertieft begründete Ausbildungskriterien als Prophylaxe vor mangelnder Qualifikation

erwachsen.[3] Mit steigendem Maß an inhaltlicher Durchdringung soll auch

---

2 Steinmann, S. 61 f.

3 Vgl. z.B. die Präambel der Ethischen Richtlinien des DVP, gültig seit 4.2.1999: Die vorliegenden ethischen Richtlinien dienen

- der Handlungsorientierung der psychotherapeutisch Tätigen,
- dem Schutz der PatientInnen/KlientInnen vor unethischer Anwendung der Psychotherapie,
- als Grundlage für die Klärung von Beschwerden.

- der Ausweis der Psychotherapie als konstruktiven Beitrags zur Gesellschaftsgestaltung im gesellschaftlichen Diskurs begründbar werden.

Dieser Beitrag will die Ziele psychotherapeutischen Arbeitens als Spezialfall der Förderung der „Fähigkeit zur Kooperation" herausarbeiten. Der konstruktive Beitrag der Psychotherapie im gesellschaftlichen Kontext wird damit deutlich. Eine darüber hinausgehende Einzeichnung des psychotherapeutischen Handelns in den umfassenden Rahmen des Menschenrechtsgedankens macht schon von daher Sinn, dass Psychotherapie sich natürlich über den konkreten Patienten hinaus auf ein HUMANUM bezieht, d.h. also seinem Wirken ein implizites oder ausgewiesenes Menschenbild zugrunde legt. Inhaltlich zielt dieser Beitrag somit auch dahin, psychotherapeutisches Arbeiten nicht nur als im Grundsatz menschenrechtskonformes Handeln, sondern als von den Menschenrechten her geboten, legitimiert und an diesen orientiert zu verstehen. Schon an dieser Stelle wird allerdings hervorgehoben, dass an den Menschenrechten orientierte Konzepte – gerade bei konkreten Fragen der Umsetzung – mit dem Maßstab der Finanzierbarkeit kollidieren können. Mehr noch ist sogar davon auszugehen, dass gerade beim Ausgehen von einer in den Kontext des Menschenrechtsgedanken gestellten Theorie Konflikte mit der gesellschaftlichen Wirklichkeit zu erwarten sind. Liegt doch darin das gegenwärtig einzig auszumachende kritische Potenzial mit gesellschaftsverändernder Kraft, wenn auch gegenwärtig nicht auszumachen ist, wer jeweils Handlungsträger dieses utopischen Potenzials sein könnte. Zudem will bedacht sein, dass der so genannte Menschenrechtsgedanke Ausdruck einer Menschenrechtsdiskussion ist, in der sich ein mehr als zweihundertjähriges Ringen um Gehalt, Begründung und Umsetzung der Menschenrechte widerspiegelt. Wer sich also in der Begründung seiner Position auf die Menschenrechte beruft, muss sich zugleich in der diesbezüglichen Diskussion verorten.

2. Begründung eines konstruktivistisch gefassten Menschenbildes[4]

Der radikale Konstruktivismus mit seiner Kybernetik zweiter Ordnung bildet unseren erkenntnistheoretischen Ausgangspunkt. Für diese erkenntnistheoretische Position stehen die Veröffentlichungen von Humberto MATURANA und Francisco VARELA, Ernst v. GLASERSFELD, Heinz von FOERSTER (vgl. die beiden Aufsatzsammlungen von SCHMIDT 1987 und 1992). Von diesem Fundament aus werden zentrale Aussagen zur Wahrnehmungsfähigkeit des Menschen aus der Kognitionstheorie

4 Dieser Abschnitt greift zurück auf die bereits ausgearbeiteten epistemologischen Grundlagen, in: Bauer, G., *Psychotherapie*, Forum No.3, 1997, S. 154 f. und 162.

sowie der handlungstheoretische Ansatz von MILLER, PRIBRAM & GALANTER (MILLER et al. 1973) mit herangezogen. Sehr kurz zusammengefasst besagen diese:

- Der Mensch nimmt mittels seiner Sinne wahr.
- Mittels dieser Wahrnehmungen konstruiert er sich eine aktuelle Repräsentation der Wirklichkeit (Kognitionen). Der Mensch ist somit ein „Hypothesen generierendes und prüfendes Subjekt“ (KRIZ et al. 1987). Dies geschieht allerdings dadurch, dass der Mensch sich selbst mittels seiner eigenen Wahrnehmungsfähigkeit wahrnimmt, d.h. rückbezügliche (in sich selbst verankerte) Entwürfe macht (SCHMIDT 1987, in: SCHMIDT (Hrsg.), besonders S. 13–48).
- Durch Kommunikation mit anderen, ebenfalls sich und ihre Wirklichkeit entwerfenden Menschen entsteht eine soziale Wirklichkeit. (In dieser Frage besteht weitgehend Einigkeit über die Aussage der Sozialität des Menschen. Die Lösungsvorschläge hinsichtlich deren konzeptioneller Erfassung beschreiben jedoch innerhalb des radikalkonstruktivistischen Diskurses verschiedene Wege, vgl. SCHMIDT, a.a.O., S. 9–19).
- Damit ist menschliches Erkennen und darin begründetes Handeln immer subjektabhängig und somit interessegeleitet. Nach GROEBEN und SCHEELE haben das Wissen und die Erkenntnisse des einzelnen Menschen ihren Maßstab im Regulativ des interpersonellen Diskurses (KRIZ et al. 1987, S. 57).
- Aus diesen Vorgaben folgt, dass eine Trennung von Psyche und Soma dem Wesen des Menschen nicht gerecht wird. Der Mensch ist vielmehr eine handelnde, psychosomatische Ganzheit, die sich in zirkulären Prozessen der Kognitionsbildung selbst generiert: „Meine These ist, dass das Ich ein in hoch komplexen, selbstreferentiell organisierten kognitiven Systemen notwendig auftretendes Phänomen ist ... Einige der Zustände des gesamten Systems erhalten auf besondere Weise eine Hervorhebung, die wir als Bewusstsein erfahren, oder besser: die wir selbst sind.“ (ROTH 1987, S. 250f, in: SCHMIDT 1987).
- Über die autopoietische Subjektbildung hinaus gewinnt der Mensch sein Personsein in der Gemeinschaft, deren Teil er ist, die ihn über ein ICH hinaus als DU, als Gegenüber erkennt und anerkennt. (Die Sozialität des Menschen ist eine im radikalen Konstruktivismus stark betonte Komponente des Menschseins. Vgl. z.B. MATURANA 1992, S. 299–302, in: SCHMIDT 1992).
- Der Mensch ist auf die Zukunft bezogen, d.h., er handelt auf dem Hintergrund fortlaufender Wirklichkeitskonstruktion und wirkt damit in seinem gegenwärtigen Kontext aktiv auf seine antizipierte Zukunft hin, deren Wirklichkeit er wieder nur je und je aktuell gegenwärtig erfahren kann (ROTH 1987, S. 252-254, in: SCHMIDT 1987).

Die gerade herausgestellten drei anthropologischen Grundlagen waren:

- Der Mensch ist ein autopoietisches, selbstreferentielles System.
- Der Mensch verhält sich zielorientiert, d.h., er ist ein handelndes Wesen.
- Der Mensch ist Mensch vermittels seiner Sozialität.

3. Die Menschenrechte als relationale und prozessuale Wertetrias

Wenn die Selbsterhaltung als konkret und doch sehr allgemein gedachte handlungsorientierende Größe herausgestellt wurde, so bedeutet das, dass in der nächsten Stufe der Konkretion gewährleistet sein muss, dass sowohl in der jeweiligen Zielfindung als auch im konkreten Handeln die drei anthropologischen Grundlagen gesichert sein sollten. Diesen drei anthropologischen Grundlagen korrespondiert die triadisch-ethische Grundfigur, die eine solche nächste Ebene ethischer Konkretion fassen kann:

- Freiheit,
- Gleichheit,
- Partizipation.

Diese drei Begriffe können, rein ontologisch verstanden, keine Relevanz für unser Thema haben. In prozesshaften Verhaltensbeschreibungen müssen auch die Wertbezüge prozessual gefasst sein. Sonst werden sie mangels Flexibilität irrelevant oder zerbrechen in der konkreten Anwendung an der Dynamik der Wirklichkeit. Versteht man sie also als prozessuale Begriffe, so können sie im Handlungsbereich weiterführen, was anthropologisch grundgelegt wurde:

- So ergibt sich die *Freiheit* des Menschen, hier erst einmal individualistisch gefasst, schon aus seiner Beschreibung als *informationell und operationell geschlossenes System*. Der Mensch ist frei, zu handeln.

- Die *Gleichheit* der Menschen bringt eine relationale Komponente ein, da „sie nur als Verhältnisbegriff gedacht werden kann“ (HUBER & TÖDT 1988, S. 90). Die Voraussetzung dafür, den Menschen Gleichheit auch erkenntnistheoretisch zuzuschreiben, liegt darin, dass es, bei der vorausgesetzten „Geschlossenheit des Systems Mensch“, in der Interaktion zur Konstruktion einer sozialen Wirklichkeit kommt. So wird ein konsensueller Bereich etabliert, der, bei aller Individualität, zugleich der Beleg für die Gleichheit ist, die sich prozessbezogen nur auf die Handlung der konsensuellen Wirklichkeitskonstruktion bezieht.

- Auch die *Partizipation* beruht auf dieser Argumentation, nimmt aber dazu den Handlungsaspekt auf. Aus seiner auf Sozialität angelegten Wirklichkeit partizipiert der Mensch aktiv, indem er seine Konstruktion von Wirklichkeit in den konsensuellen Bereich einbringt und diesen auf diesem Weg mitgestaltet, und passiv, indem er im konsensuellen Bereich mit den Wirklichkeitskonstruktionen anderer „Teil-nehmer und Teil-geber" konfrontiert ist. Der Bereich der Partizipation erstreckt sich auf alle Bereiche des Zusammenlebens. Hier ruht das größte Konfliktpotenzial im Hinblick auf den oftmals konkurrierenden individuell gedachten Freiheitsbegriff.

Diese Grundfigur ist relational angelegt, d.h., jedes der drei Momente *Freiheit, Gleichheit* und *Partizipation* kann je nach den situativen Gegebenheiten eine Akzentuierung erfahren, doch in dem weiterführenden Prozess muss ein Ausgleich mit den anderen Momenten erfolgen (HUBER & TÖDT 1988, S. 95). Dies folgt aus der auch situativ verbindlichen Grundorientierung an der Selbsterhaltung, aus der auch diese Grundfigur abgeleitet ist.

Eine dieser ethischen Grundfiguren, besonders den Momenten Partizipation und Gleichheit, verpflichteten Konkretion für den Diskurs und damit für eine nächste Konkretionsebene in der Ableitung prozessualer ethischer Orientierung führt als entsprechende Regeln für diesen Bereich ein, „dass

- kein Teilnehmer für das Vorbringen von Überlegungen irgendwelche Sanktionen anderer Teilnehmer zu befürchten hat,
- jeder Teilnehmer seine Überlegungen allen anderen Teilnehmern zur Kenntnis bringt und bereit ist, die Überlegungen aller anderen Teilnehmer zur Kenntnis zu nehmen,
- jede Überlegung im Verlaufe eines Argumentationsprozesses in den Diskurs einbezogen wird und keine Überlegung als von vornherein ‚nicht äußerungswürdig' zurückgestellt wird" (ZITTERBARTH & WERBIK, zitiert in: KRIZ et. al. 1987, S. 240).

Damit sind Idealbedingungen des Diskurses formuliert. Für die Umsetzung bzw. Implementierung sind weitere Konkretionen erforderlich, die auch auf der aktuellen Verhaltensebene Orientierung bieten.

4. KOOPERATION und KONFLIKT als Anknüpfungspunkte der Wirklichkeit

„Nach den Vorschlägen der Konstruktiven Wissenschaftstheorie kann keine Wissenschaft umstandslos mit der theoretischen Bearbeitung von Problemen beginnen. ... Der Anfang aller ethischen Reflexionsbemühungen muss vielmehr an lebenspraktisch schon verfügbaren Erfahrungen anschließen, die **erste** ethisch relevante sprachliche Unterscheidungen ermöglichen. ... Fundierung der Ethik besteht also letztlich darin, ein ethisches Prinzip begrifflich zu präzisieren, das ansatzweise im Leben schon Berücksichtigung findet.“[5]

Im Weiteren soll also ein Beitrag geleistet werden, psychotherapeutisches Handeln aus den lebenspraktischen Erfahrungen von Konflikt und Kooperation zu begründen. Die Vielfalt menschlicher Lebensentwürfe und der zugrunde liegenden individuellen Wirklichkeitskonstruktionen bringt nicht nur ein hohes Maß alltäglichen Konfliktpotenzials mit sich, sondern begründet zugleich eine ebenso bunte Palette an „Möglichkeiten der Konfliktbewältigung“.[6] Die „Erfahrung einer Konfliktträchtigkeit des Handelns macht im Prinzip jedermann immer wieder und in allen Lebensbereichen – angefangen „im Kleinen“ bei der Familie über die ökonomischen Handlungszusammenhänge im Unternehmen bis hin zur politischen Ebene des Staates.“[7] Die allgegenwärtige Möglichkeit des Konfliktes als zentralen Bestandteils menschlicher Alltagserfahrung ist evident. Konflikte friedlich zu klären gelingt dort, wo ein freier Konsens aller Beteiligten erreicht wird. „Dort, wo Konflikte wahrgenommen werden, und zwar so, dass sie als Unterschied zu einem wünschenswerten Zustand der gemeinsamen Gestaltung des Lebens erscheinen, dort sind Bemühungen um ihre Bewältigung implizit schon mit angelegt.“[8] Ziele psychotherapeutischer Praxis sind die Stärkung des Selbstwertgefühls und des Selbstbewusstseins. Denn mit diesem verbesserten Wohlbefinden stellen sich „frische positive Erfahrungen der eigenen Wirksamkeit“ ein, die den Patienten ermutigen, „von sich aus Schritte zur Bewältigung seiner Probleme“ zu unternehmen, „die er sich vorher nicht mehr getraut hatte“. Die Kompetenz der eigenverantwortlichen Lebensgestaltung wird durch „Ressourcenaktivierung“ gestärkt.[9]

Dahingehend korrespondiert das Ziel – die Fähigkeit, Konflikte konstruktiv zu klären – mit dem oben beschriebenen Globalziel der Psychotherapie.

---

5 Steinmann, S. 63.
6 Steinmann, S. 64.
7 Steinmann, S. 64.
8 Steinmann, S. 64.
9 Grawe, S. 542.

Um dieses Ziel begrifflich zu fassen, wird der Terminus KOOPERATION eingesetzt. In der ursprünglichen lateinischen Bedeutung kommen zwei Bedeutungsgehalte in den Blick:

- Kooperation als Zusammenwirken, Mitwirken,
- Kooperation als Zusammenarbeiten, Mitarbeiten.

Die soziale Dimension ist in diesem Begriff auf das engste verschränkt mit der aktiven, individuellen Gegenwartsgestaltung. Unter diesen Vorgaben soll Kooperation definiert sein als: eigenverantwortliche Lebensgestaltung in der sozialen Bedingtheit menschlicher Wirklichkeit mit dem Ziel größtmöglichen allgemeinen Wohlbefindens.

5. KOOPERATION auf der Handlungsebene

Im Weiteren wird zur Konkretisierung des Begriffes KOOPERATION auf der Handlungsebene auf die umfassende Studie von R. Axelrod zur *„Evolution der Kooperation"* Bezug genommen. Die gleichnamige Veröffentlichung (1988) gibt umfassend Aufschluss über die Ausgangsfragestellung, den Versuchsaufbau, die zwei Testläufe sowie die Analysen und Rückschlüsse.

Die Ausgangsfragestellung: „Wann sollte eine Person bei einer fortlaufenden Interaktion mit einer anderen Person kooperieren, und wann sollte sie sich selbstsüchtig verhalten? Sollte ich einem Bekannten immer wieder gefällig sein, obwohl dieser mir seinerseits niemals einen Gefallen tut? Sollte ein Betrieb einen anderen Betrieb, der kurz vor dem Bankrott steht, auch weiterhin pünktlich beliefern? ..." wurde auf den „Situationstyp des iterierten Gefangenendilemmas hin" abstrahiert:[10] „Das Gefangenendilemma ist einfach eine abstrakte Formulierung einiger sehr verbreiteter und sehr interessanter Situationen, in denen Defektion für jede Person individuell am vorteilhaftesten ist, während andererseits jeder durch wechselseitige Kooperation besser gestellt wäre."[11] „Der Versuchsaufbau war so gewählt, dass Worte, hinter denen keine Taten stehen, so wenig Wert (haben), dass sie praktisch bedeutungslos sind. Die Spieler können nur durch die Sequenz ihres eigenen Verhaltens miteinander kommunizieren. Die Entwicklung der Kooperation wird dadurch ermöglicht, dass die Spieler immer wieder aufeinander treffen können. Dies bedeutet, dass gegenwärtige Entscheidungen nicht allein den Ausgang des gegenwärtigen Treffens

10 Axelrod, S. 7.
11 Axelrod, S. 8.

bestimmen, sondern auch die späteren Entscheidungen der Spieler beeinflussen können."[12]

Für den Anwendungsrahmen der Ergebnisse zeigte sich, dass „die Auszahlungen der Spieler keinesfalls vergleichbar ... oder symmetrisch sein (müssen), ... (sondern) lediglich relativ zueinander gemessen werden." Auch müssen die Spieler nicht „rational" sein. „Ihre Strategien können einfach auf standardmäßigen Verfahrensweisen, Daumenregeln, Instinkten, Gewohnheiten oder auf Imitation beruhen ... Die Handlungen der Spieler müssen nicht einmal notwendig bewusste Entscheidungen reflektieren. ... Es ist nicht erforderlich, überhaupt überlegte Entscheidungen anzunehmen."[13] Aufgrund der Abstraktion der Kooperationsfrage sind natürlich auch die Bedingungen realer Kommunikation in ihrem Komplexitätsgrad reduziert. Jedoch ist es „gerade die Komplexität der Realität, die die Untersuchung einer abstrakten Interaktion zu einer Verständnishilfe macht."[14] Auf diesem Weg soll es möglich sein „die heiklen Gesichtspunkte der Interaktion"[15] zu klären.

„Die Analyse der Daten aus diesem Wettbewerb offenbart vier Eigenschaften, die zum Erfolg einer Entscheidungsregel beitragen: 1. Vermeidung unnötigen Konflikts durch eigene Kooperation, solange der andere Spieler kooperiert; 2. Provozierbarkeit angesichts einer unnötigen Defektion durch den anderen; 3. Nachsichtigkeit nach der Antwort auf eine Provokation; 4. Verständlichkeit des Verhaltens, damit der andere Spieler sich an das Verhaltensmuster des Spielers anpassen kann."[16]

Aus den Analyseergebnissen sind „vier Vorschläge für das individuelle Entscheidungsverhalten" abzuleiten:

1. Sei nicht neidisch[17]

Die erfolgreichen Spieler haben in dem Versuchsaufbau erreicht, sich so zu verhalten, dass es beiden Spielern möglich wurde, gut abzuschneiden.[18] Es hat sich also gerade unter der Prämisse des eigenen Vorteils auf weitere Sicht das Nullsummenspiel (bei dem es einen Verlierer geben muss) als unangemessen herausgestellt.

12 Axelrod, S. 11 und S. 14: „Falls die Zukunft bedeutsam ist, ... Theorem 1: ... existiert keine beste Strategie unabhängig von der Strategie des anderen Spielers."

13 Axelrod, S. 16.

14 Axelrod, S. 17.

15 Axelrod, S. 17.

16 Axelrod, S. 18.

17 Axelrod, S. 99.

18 Watzlawick et al., S. 210.

„Wechselseitige Kooperation ist oft möglich, kommt aber nicht immer zustande. ... Die Menschen neigen dazu, von dem Vergleichsmaßstab Gebrauch zu machen, der ihnen zur Verfügung steht – das ist oft der Erfolg des anderen Spielers im Vergleich zum eigenen Erfolg. Dieser Vergleich führt zu Neid, und Neid führt zu Versuchen, jeden Vorteil zu korrigieren, den der andere Spieler erreicht hat.“[19] Die aus solcher Konkurrenzempfindung erwachsenden Verhaltensweisen beruhen psychologisch betrachtet auf einem wenig ausgeprägten Selbstwertgefühl. Von daher kann hier die Verbesserung der Kooperationsfähigkeit durch Stärkung des Selbstwertgefühls als ein Ziel psychotherapeutischer Arbeit konkretisiert werden. „Einen besseren Maßstab liefert der Vergleich des Abschneidens mit dem Abschneiden eines anderen Spielers, der in Ihrer Haut steckt. ... Könnte jemand anders an Ihrer Stelle mit diesem Spieler besser fertig werden?“[20]

Diese Fragestellung ist ein direktes Äquivalent der ressourcenorientierten Arbeitsweise in der Psychotherapie. Durch den Schritt der Verhaltensbewertung mittels eines imaginativen Vergleichswertes wird die Kontrollinstanz für den Erfolg wieder in die agierende Person zurückverlagert. Auf diesem Weg kann auch die positive Erfahrung der eigenen Wirksamkeit wieder stärker erlebt werden. Das eigene Wohlbefinden tritt in diesem Fall ein, da man „in einer Nichtnullsummen-Welt nicht besser sein (muss) als der andere Spieler, um selbst gut abzuschneiden. Dies ist vor allem dann der Fall, wenn Sie mit vielen verschiedenen Spielern interagieren. Es macht nichts, wenn jeder so gut wie Sie oder ein wenig besser ist, solange Sie selbst gut abschneiden.“[21]

2. Defektiere nicht als Erster[22]

„Viele der Experten schätzten den Wert der Vermeidung unnötiger Konflikte durch Freundlichkeit nicht richtig ein ... Keine der Strategien, die damit experimentierten, als Erste zu defektieren, schnitt besonders gut ab.“[23] Die aktuelle unfreundliche Verhaltensweise löst Irritation bezüglich der Kooperationswilligkeit aus. Zu „versuchen ‚auf Nummer sicher zu gehen‘ und zu defektieren, bis der andere Spieler kooperiert ... (ist) riskant. ...(da die) anfängliche Defektion wahrscheinlich zu einer Vergeltung ... führt. Dadurch geraten Sie beide in die schwierige Lage, sich aus dem Muster gegenseitiger Ausbeutung und Defektion zu befreien. Wenn Sie die Vergeltung des anderen bestrafen, kann sich das Problem in die Zukunft fortpflanzen. Wenn Sie

19 Axelrod, S. 99 f.
20 Axelrod, S. 101.
21 Axelrod, S. 101.
22 Axelrod, S. 102.
23 Axelrod, S. 103.

dem anderen seine Schuld erlassen, riskieren Sie, dass man glaubt, Sie könnten ausgebeutet werden. Selbst wenn es Ihnen gelingt, diese langfristigen Probleme zu vermeiden, könnten Sie nach sofortiger Vergeltung Ihrer anfänglichen Defektion wünschen, Sie wären von Anfang an freundlich gewesen."[24]

Ein wesentliches Interesse dieser Studie war auch, die systemischen Auswirkungen der Verhaltensstrategien sowohl in angrenzende Kontexte hinein wie auch in eine in die Zukunft projizierte Entwicklung zu erfassen. Die auf Langzeit angelegte „ökologische Analyse des Turniers deckte einen anderen Grund auf, warum es riskant ist, als Erster zu defektieren. ... Die (einzige) unfreundliche Regel, die zunächst hohe Punktzahlen erzielt hatte, (fand) immer weniger Strategien, mit denen sie gut zurechtkam. Dadurch wurde sie selbst in Mitleidenschaft gezogen und starb aus. ... Die Lehre daraus ist, dass es zunächst vielversprechend erscheinen mag, nicht freundlich zu sein, dass aber dadurch langfristig die Umgebung zerstört werden kann, die man für den eigenen Erfolg benötigt."[25] Diese Ausführungen korrespondieren in verblüffender Weise mit den anthropologischen Erörterungen G. BATESONs: „Einerseits haben wir die systemische Natur des individuellen menschlichen Wesens, die systemische Natur der Kultur, in der es lebt, und die systemische Natur des biologisch-ökologischen Systems um es herum; und andererseits die eigenartige Verdrehung in der systemischen Natur des individuellen Menschen, durch welche das Bewusstsein fast notwendig blind wird für die systemische Natur des Menschen selbst. Zweckgerichtetes Bewusstsein zieht aus dem gesamten Geist Sequenzen, die nicht die Schleifen-Struktur haben, welche für die ganze systemische Struktur charakteristisch ist. Folgt man den Anweisungen des ‚Common sense' für das Bewusstsein, dann wird man effektiv gierig und unweise – wobei ich das Wort ‚Weisheit' wiederum für das Erkennen und die Führung durch ein Wissen um die gesamte systemische Schöpfung verwende ... Mangel an systemischer Weisheit rächt sich immer... Die Systeme rächen sich nichtsdestoweniger an jeder Spezies, die so unklug ist, mit ihrer Ökologie in Konflikt zu geraten."[26] Damit kommt eine entscheidende Komponente in den Blick. Denn: „Wechselseitige Kooperation kann stabil sein relativ zur Gegenwart, wenn die Zukunft hinreichend wichtig ist."[27] Durch diese ökologische Perspektive ist es möglich, die elementare Voraussetzung für Kooperation in ihrer vollen Tragweite für den Moment aktueller Handlung ins Spiel zu bringen.

Für das psychotherapeutische Arbeiten liegt damit eine Option vor. In der prozessual gefassten Kommunikationsgestaltung verheißt der Vorschlag: „Defektiere nicht

24 Axelrod, S. 105.
25 Axelrod, S. 105 f.
26 Bateson, S. 559 f.
27 Axelrod, S. 113.

als Erster" eine konstruktive Kooperation in der weiteren Entwicklung des Kommunikationsgeschehens. Dies lässt sich sowohl für das therapeutische Setting aussagen als auch für die Kommunikationsgestaltung des Patienten in seinen sozialen Kontexten. Diese Aussage macht allerdings nur Sinn im Zusammenhang mit der folgenden weiterführenden Option der Beziehungsgestaltung.

3. Erwidere sowohl Kooperation als auch Defektion[28]

Als außerordentlich erfolgreiche Verhaltensstrategie bezüglich Kooperation erwies sich folgender Rat: „Folge dem Prinzip der Gegenseitigkeit (TIT FOR TAT)."[29] Nachdem der Beziehungsauftakt freundlich gestaltet wurde, gilt es im Weiteren, das eigene Verhalten direkt an der Verhaltensweise des Kommunikationspartners zu orientieren. „So wie man in den Wald hineinruft, so schallt es heraus." Dieses qualitative Echo-Feedback hat sich in der Untersuchung als „unglaublich robust" erwiesen. Es ist sofort und unbegrenzt kooperationsfähig und im entsprechenden Kontext auch kooperationswillig. Zugleich ist diese Verhaltensstrategie auch provozierbar. Die Bereitschaft ist gegeben, ohne Verzögerung und in gleichem Umfang in einem Konfliktfall zu reagieren und den Konflikt so lange durchzuhalten, bis wieder wahrnehmbare Zeichen der Kooperation folgen. Darauf jedoch wird ebenfalls umgehend kooperiert. Gerade diese Koppelung von Konfliktfähigkeit und „Nachsicht" sichert die langfristige Überlebensfähigkeit dieser Strategie gegenüber „böswilligen" anderen. Darüber hinaus gelingt es diesem Verhaltensmuster schon unter geringen Voraussetzungen, in eine „böswillige Umwelt" einzudringen[30], dort Kooperation zu etablieren und das Eindringen destruktiver Regeln zu verhindern.

Gerade aus ethischer Sicht kommen nun einige Nachfragen in den Blick: Ist nicht die in vielen kulturellen Variationen anerkannte „Goldene Regel"[31] dem „Auge-um-Auge"-Prinzip vorzuziehen, nicht zuletzt weil darin ein viel höherer Stand ethischer Kulturentwicklung zum Ausdruck kommt? „Das Problem dieser Sichtweise besteht darin, dass das Hinhalten der anderen Backe dem anderen Spieler einen Anreiz zur Ausbeutung gibt. ... Unbedingte Kooperation tendiert dazu, den anderen Spieler zu verderben; sie belässt die Bürde der Besserung schädigender Spieler bei dem übrigen Teil der Gemeinschaft."[32] Nimmt man jedoch dieses „dem anderen einen Anreiz

28 Axelrod, S. 106.
29 Axelrod, S. 106.
30 Axelrod, S. 58 f.
31 Axelrod, S. 122. Die positive Formulierung der Goldenen Regel besagt: „Behandle andere so, wie du möchtest, dass sie dich behandeln."
32 Axelrod, S. 122 f.

geben" im Sinne eines „Führe ihn nicht in Versuchung" in die Auslegung der Goldenen Regel auf, so kommt man doch wieder zu dem „Auge-um-Auge-Prinzip". Ob nun das „Prinzip des strikten ‚Auge um Auge' ... stets den besten Ausgleich schafft, ist schwer zu sagen"[33]; die Untersuchungsergebnisse zeigen zumindest, „dass es in Wirklichkeit besser ist, auf eine Provokation schnell zu antworten. Es stellt sich heraus, dass man durch Abwarten nach einer unnötigen Defektion riskiert, das falsche Signal zu senden. Je länger Defektionen ungestraft geduldet werden, um so wahrscheinlicher zieht der andere Spieler den Schluss, dass Defektion sich auszahlen kann. Je stärker sich dieses Muster ausgebildet hat, um so schwieriger ist es aufzubrechen."[34] Jedoch sollte auch das Risiko eines fortdauernden Echo-Effektes dargestellt werden, bei der jede Seite auf die letzte Defektion antwortet.[35] „Die Angriffe können wie ein Echo hin- und herhallen, bis der ursprüngliche Anlass in ferner Vergangenheit verloren gegangen ist."[36] Hier könnten Mediatorenkomponenten in das Kommunikationssystem aufgenommen oder Flexibilität bezüglich der Reaktionsquantität ins Spiel gebracht werden.

Die Erfahrung der möglichen Konfliktträchtigkeit des Handelns in allen Lebensbereichen war unser Ausgangspunkt. Gerade wo ein freier Konsens aller Beteiligten erreicht werden soll, wo es das Ziel ist, Konflikte friedlich zu lösen, dort zeigt sich, dass die Kooperationsfähigkeit ihr komplementäres Äquivalent in der Konfliktfähigkeit hat. Die Zielsetzung psychotherapeutischer Praxis erweist sich als handlungsorientierte Weiterführung dieser Basissätze zur Lebensgestaltung. Ist doch für die Kompetenz der eigenverantwortlichen Lebensgestaltung die präventive Stärkung des Selbstwertgefühls und des Selbstbewusstseins gerade für den Fall der Konfliktbewältigung maßgebend. Zudem bildet die Verarbeitung vergangener Traumata ein wichtiges Aufgabenfeld der Psychotherapie. Vermittels dieser oft mühsamen Heilungsprozesse ist durch die bewusste Verarbeitung ein langfristiger Weg zum Täter-Opfer-Ausgleich möglich. „Die Fähigkeit, den anderen Spieler aus vergangenen Interaktionen wiederzuerkennen und sich an relevante Merkmale dieser Interaktionen zu erinnern, ist notwendig, um Kooperation aufrechtzuerhalten,"[37] kann daher auch im psychotherapeutischen Prozess ein wesentliches Teilziel sein.

33 Axelrod, S. 107.
34 Axelrod, S. 166 f.
35 Axelrod, S. 168.
36 Axelrod, S. 123.
37 Axelrod, S. 124 f.

4. Sei nicht zu raffiniert[38]

Es gab eine Reihe von komplizierten Verhaltensmustern. Diese „sehr komplizierten Regeln schnitten nicht besser ab als die einfachen. ... Das übliche Problem ... besteht darin, dass sie komplizierte Methoden für Schlussfolgerungen über das Verhalten des anderen Spielers verwendeten." Interessanterweise wurde hier ein Phänomen evaluiert, das bisher in kybernetischen Rückkoppelungsprozessen beschrieben wurde und seit einigen Jahren zunehmend zum Verstehen kommunikativer Prozesse herangezogen wird. „Es zahlt sich also nicht aus, das Verhalten des anderen Spielers raffiniert zu modellieren, wenn Sie dabei den Prozess auslassen, in dem sich der andere Spieler an Sie anpasst, Sie sich an den anderen anpassen, der andere sich dabei erneut anpasst usw. ... Zu große Komplexität kann mit anderen Worten wie völliges Chaos wirken. ... Es ist also recht gefährlich, sich so kompliziert zu verhalten, dass man unverständlich wird."[39] Die kybernetische Erkenntnis wird in folgendem Resultat gebündelt: „Der Kern des Problems war aber, dass diese maximierenden Regeln nicht berücksichtigten, dass ihr eigenes Verhalten den anderen Spieler zu Änderungen seines Verhaltens veranlassen würde."[40]

Hier findet sich auf ganz anderem Erkenntnisweg, was im Rahmen psychotherapeutischer Arbeit unter dem Stichwort Projektion verhandelt wird. Wenn man von der Psychologie her das Streben nach Kongruenz als elementaren Bestandteil von Konsistenzerfahrung versteht[41] und „ausreichende Konsistenz dieser (psychischen) Prozesse als eine unverzichtbare Grundbedingung psychischen Funktionierens"[42], dann bestätigt das die evaluierte Option: „*Sei nicht zu raffiniert.*" Das Ziel psychotherapeutischen Arbeitens entspricht dem dahingehend, dass durch Stärkung des Selbstbewusstseins der Anteil kongruenter Verhaltensweisen gefördert werden soll.

6. Die Notwendigkeit eines umfassenden Werterahmens

Wie wichtig die Einzeichnung solcher Verhaltensbegründung in den Rahmen der Menschenrechte ist, zeigen die Ausführungen AXELRODs zu Etikettierungen, Stereotypien, Statushierarchien sowie Reputation und Abschreckung.[43] Danach ist die bisher offensichtlich tragfähigste Kooperationsstrategie für einzelne Handlungsträger

38 Axelrod, S. 108.
39 Axelrod, S. 109 f.
40 Axelrod, S. 108.
41 Grawe, S. 476.
42 Grawe, S. 386.
43 Axelrod, S. 132–139.

nicht automatisch geeignet, um Konflikte zwischen verschiedenen Gruppen zu lösen. Selbst wenn beide Gruppen intern nach der TIT-FOR-TAT-Strategie agieren, heißt das Ergebnis im Versuchsaufbau: „Ein einzelnes Individuum ... kann daher nichts Besseres tun als das, was alle anderen tun, also freundlich zu Gleichfarbigen und böswillig gegenüber Andersfarbigen zu sein. ... Diese Art von Stereotypisierung hat zwei verhängnisvolle Konsequenzen, eine offensichtliche und eine subtilere. Offensichtlich ist, dass jeder schlechter als notwendig abschneidet, weil wechselseitige Kooperation zwischen den Gruppen die Punktzahl erhöhen könnte. Subtiler ist die Konsequenz, die sich ... daraus ergibt, dass es eine Mehrheit und eine Minderheit gibt. Während wiederum beide Gruppen für das Fehlen wechselseitiger Kooperation bezahlen müssen, erleiden in diesem Fall die Angehörigen der Minorität den größeren Schaden."[44] Hier müssen Werte der Gleichheit und Partizipation ins Spiel gebracht werden, die es wieder ermöglichen, eine offene, nicht gruppendeterminierte Kommunikation zu etablieren. Auch hierbei kann Psychotherapie einen Beitrag leisten, wenn eine Grundlage ihrer Arbeit die Orientierung an der Gleichheit als Grundkonstante der Menschen ist.

Auch ist der Aufbau einer Reputation, „wenn dritte Parteien als Zuschauer auftreten", zu beachten. Die durchsetzungsfähigste Reputation, bezogen auf individuelle Ziele, „ist die des „harten Burschen". Der beste „harte Bursche" ist der, der die Reputation besitzt, so viel wie möglich aus dem anderen Spieler herauszupressen und zugleich keinerlei Defektion des anderen hinzunehmen. ... „Der Zweck der Reputation besteht darin, Sie in die Lage zu versetzen, Abschreckung durch glaubwürdige Drohung zu erreichen."[45] Dem wiederum korrespondiert das psychotherapeutische Ziel der Steigerung des Selbstwertgefühls, so dass Drohgebärden aufgrund des Vorhandenseins einer entsprechenden Reputation unnötig werden. Zugleich will Psychotherapie die Fähigkeit unterstützen, eigenes Wirken im Konfliktfall auch selbst zu kontrollieren. Dies entspricht in der konkreten Verhaltensstrategie der TIT-FOR-TAT-Regel, die einen „als unbeeinflussbar erscheinen" lässt und sich ganz praktisch „nicht schikanieren" lässt, selbst aber auch nicht zu Schikanen" greift.[46] Die Menschenrechtskomponenten der Gleichheit und der gerechten Verteilung der Partizipation finden ihre handlungsorientierende Umsetzung auch in diesem Fall in der defensiv-wehrhaften Kooperationsregel TIT FOR TAT.

44 Axelrod, S. 133.

45 Axelrod, S. 137 f.

46 Axelrod, S. 138.

7. Zusammenfassung des Kooperationsgedankens

Eingangs wurde die These aufgestellt: Dort, wo Konflikte wahrgenommen werden, und zwar so, dass sie als Unterschied zu einem wünschenswerten Zustand der gemeinsamen Gestaltung des Lebens erscheinen, dort sind Bemühungen um ihre Bewältigung implizit schon mit angelegt. Bei den Untersuchungen zur Kooperation wurde ausgegangen von der „Annahme des Selbstinteresses". Es wurde auch konzediert, dass mit diesen Ergebnissen nicht für jede Situation geklärt ist, „wann man kooperieren soll und wann nicht". In den oben ausgeführten zentralen Punkten konnten jedoch zumindest markante Linien der Handlungsorientierung aufgezeigt werden, die mit großer Wahrscheinlichkeit eine kooperative Kommunikationsgestaltung nach sich ziehen. Resümierend lässt sich feststellen: „Der robuste Erfolg von TIT FOR TAT ergibt sich daraus, dass es freundlich, provozierbar, nachsichtig und verständlich ist."[47] „Die Grundlage der Kooperation ist in Wirklichkeit nicht Vertrauen, sondern Dauerhaftigkeit der Beziehung. ... Es ist langfristig weniger wichtig, dass die Spieler einander vertrauen, als dass die Bedingungen für sie günstig sind, ein stabiles Muster der Kooperation untereinander ausbilden zu können. So wichtig die Zukunft für die Schaffung der Bedingungen für Kooperation ist, so wichtig ist die Vergangenheit, ... (um) auf die früheren Entscheidungen des jeweils anderen reagieren zu können."[48]

Die Aufgabe der Psychotherapie, das Streben nach Konsistenz zu fördern und zu begleiten, zielt letztlich darauf, selbstverantwortliches und selbstbestimmtes Handeln zu ermöglichen. Bezogen auf die Menschenrechtstrias bedeutet dies: Die individuelle Freiheit ist so zu leben, dass durch kooperatives Verhalten die Partizipation an der konkreten Wirklichkeitsgestaltung in dem Maße vollzogen wird, dass dieses Geschehen die Gleichheit der beteiligten Menschen dokumentiert.

Im Rahmen dieses Deutungshorizonts wird offensichtlich, dass psychotherapeutisches Handeln die Kommunikation im Sinne einer Fähigkeit zur Kooperation fördert und somit konkret an der Verwirklichung der Menschenrechte orientiert ist und an dieser mitarbeitet.

8. Schlussfolgerungen für psychotherapeutische Praxis und Ausbildung

Werden die grundgelegten Handlungsorientierungen auf die konkreten Anforderungen psychotherapeutischer Arbeit und darauf zielender Ausbildungskriterien

47 Axelrod, S. 159.

48 Axelrod, S. 164.

befragt, so kristallisieren sich einige Grundstandards heraus, die sich dann je und je noch in einzelne Ausbildungsrichtungen differenzieren lassen.

So sollten die impliziten und expliziten Vorannahmen von psychotherapeutischen Konzeptionen bezüglich Welt, Wirklichkeit, Kommunikation sowie persönlicher Geschichte des Anwenders – zumindest unter dem Anspruch der Professionalität psychotherapeutischer Theorie und Praxis – systematisch zum Gegenstand konzeptioneller und persönlich-beruflicher Reflexion werden. D.h., die erkenntnistheoretische Einbettung der Therapiekonzeption, inklusive Menschenbild und Weltbild/Wirklichkeitsverständnis, sollte Bestandteil der Ausbildung sein. Die Praxisrelevanz des theoretischen Kontextes müsste ausgewiesen werden und auf der Ebene der Methodenvermittlung und -anwendung transparent sein.

Unter der oben konzipierten theoretischen Rahmenvoraussetzung der Menschenrechte und Handlungsorientierung an der Kooperation heißt das für die psychotherapeutische Praxis und Ausbildung im Allgemeinen:

- Die weitestgehende und konkreteste Voraussetzung psychotherapeutischer Arbeit ist die **Beziehungsfähigkeit** des Therapeuten. Alle Ausführungen über Kooperationsverhalten, sinnvolle und weniger sinnvolle Konfliktstrategien etc. beziehen sich auf Kommunikationssituationen. Die „interpersonale Perspektive (ist) für die Psychotherapie von überragender Bedeutung“[49], ist doch die Therapiebeziehung die Bedingung der Möglichkeit therapeutischen Handelns. Von daher ist die bestmögliche Schulung der Wahrnehmungsfähigkeit, sowohl im Selbst- wie auch im Fremdwahrnehmungsbereich, die Bedingung verantwortlicher therapeutischer Praxis.

- Eine **ressourcenorientierte Arbeit** entspricht weitestmöglich dem Ziel, therapeutische Arbeit an der Trias der Menschenrechte Freiheit, Gleichheit und Partizipation zu orientieren. Die Würde eines Menschen erfährt am meisten Respekt, wenn die Möglichkeit, sein Leben eigenverantwortlich zu gestalten, in dem Menschen selbst liegt. „Je besser es einem Therapeuten gelingt, die Ressourcen des Patienten zu aktivieren, um so besser mobilisiert er dessen Selbstheilungskräfte.“[50]

- Die Handlungsorientierung an der Kooperation wurde aus der konstruktivistischen Wirklichkeitssicht entfaltet. Aus dieser prozessual gefassten Wirklichkeit kann psychotherapeutisches Handeln sinnvollerweise auch nur prozessual verstanden werden. Ehemals psychologisch-habituelle Zuweisungen können also nach prozessualem Verständnis nur als Durchgangsstadien beschrieben werden.

49 Grawe, S. 699 f.
50 Grawe, S. 693.

„Therapeuten sollten **prozessorientiert** wahrnehmen, denken und handeln lernen."[51] Wird Wirklichkeit als solches, somit auch das Leben des Patienten – das bisherige und das zukünftige – prozessual verstanden, so lassen sich in den begrenzten Handlungsprozessen psychotherapeutischer Praxis konstruktive, im sozialen Sinne kooperative, Möglichkeiten der Lebensgestaltung erarbeiten.

➞ Die **Lösungsorientierung** ergibt sich als weitere Komponente, psychotherapeutisches Handeln von der Option der Kooperationsfähigkeit her zu begründen. Der optimistische Ansatz trägt auf diesem Weg die Zukunftsfähigkeit der individuellen und sozialen Lebensgestaltung in den Wertehorizont der Psychotherapie. Ein zentraler Ausgangspunkt dieser Reflexion war die Allgemeingültigkeit der „Erfahrung einer Konfliktträchtigkeit des Handelns"[52]. Indem Psychotherapie lösungsorientiert in einer leidvoll erlebten Gegenwart wirksam wird, fördert sie wieder die Möglichkeit zukunftsfähiger kooperativer Lebensgestaltung. Eine als Konflikt erlebte Wirklichkeit findet ihre Lösung entweder in der Bewältigung der konfliktbegründenden Erfahrungen der Vergangenheit oder in der Konfliktklärung. Die jeweils unterschiedlichen therapeutischen Handlungsmöglichkeiten lösungsorientierter Arbeit gehören in den Bereich der Ausbildungscurricula der jeweiligen therapeutischen Arbeitsform.

Darüber hinaus bedeutet das für konstruktivistisch fundierte Konzeptionen und damit für die NLPt, bezogen auf ihre psychotherapeutische Praxis und Ausbildung:

➞ Das Verständnis, NLPt sei ein Werkzeug, der Anwender ein Handwerker, muss als epistemologisch überholt eingestuft werden. Vielmehr unterliegt auch eine mittels NLPt-Methodik „beeinflusste" Situation der sozialen Konstruktion aller Beteiligten. Die auf soziales Feedback gestützte Wirklichkeitskonstruktion erfordert für die therapeutische Qualifikation ein hohes Maß an „Selbsterfahrung und Reflexion eigener Wirklichkeitskonstruktion". Denn es entscheiden die NLP-Anwender „was zu beobachten ist, wie es zu beobachten ist und welche Beurteilungskriterien relevant sind. Als ‚Produkt' kann nur Konstruktionskonformes erscheinen" (WIESNER & WILLUTZKI 1992, in: SCHMIDT, S. 374). Ohne eine entsprechende Berücksichtigung im Ausbildungsgang wird ein naives „Sich-lediglich-dieser-Intuitionen-bewusst-Werden" (BANDLER & GRINDER 1992, S. 181) nur im Glücksfall einer unbeabsichtigten und womöglich unbemerkten Übertragungsinteraktion entgehen.[53]

51 Grawe, S. 695.

52 Steinmann, S. 64.

53 Bauer, S. 165.

- Im Zuge der NLPt-Interventionseinübung muss ein markanter Schwerpunkt der Ausbildung auf der Förderung der Selbst- und Fremdwahrnehmung liegen. Zudem müssen – besonders für den Ausbildungszeitraum – angemessene Zeitspannen für Integration biographischer Verarbeitungsprozesse sowie Persönlichkeitsentwicklung und inneres Wachstum zugrunde gelegt werden.
- Gerade im NLPt-Ausbildungsbereich sollten die erkenntnistheoretischen Bedingungen des Konzeptes zum verbindlichen Inhalt gehören. Die Fülle der Möglichkeiten des Menschen, seine Einbettung in eine Gesamtökologie und auch seine individuelle Verantwortung darinnen werden dadurch ebenso deutlich wie die Grenzen menschlichen Handelns und Seins.[54]

NLP-Interventionen wurden in früheren Zeiten immer wieder im Sinne von Turbowerkzeugen, gepaart mit Allmachts- und Genialitätsphantasien interpretiert und weitergereicht. In einer wissenschaftlich fundierten und konzipierten Ausbildung kann der Ertrag einer NLPt sinnvoll, hilfreich und nützlich zur Anwendung kommen.

Literatur

Axelrod, R. (1988): *Die Evolution der Kooperation.* München: Oldenbourg Verlag.

Bateson, G. (1992): *Ökologie des Geistes.* 4. Auflage, Frankfurt a.M.: Suhrkamp.

Bandler, R. & Grinder, J. (1981): *Metasprache und Psychotherapie. Die Struktur der Magie I.* Paderborn: Junfermann.

Bauer, G. (1997): *NLP und Ethik: Erkenntnistheoretische Untersuchung zur Entwicklung eines ethischen Rahmens für das NLP-Modell.* Psychotherapie Forum, 1997, Nr. 3, S. 151–167. Wien: Springer-Verlag.

Grawe, K. (1998): *Psychologische Therapie.* Göttingen; Bern; Toronto; Seattle: Hogrefe, Verlag für Psychologie.

Huber, & Tödt (1988): *Menschenrechte: Perspektiven einer menschlichen Welt.* 3. Auflage. München: Kaiser.

Kriz, J., Lück, H.E. & Heidbrink, H. (1987): *Wissenschafts- und Erkenntnistheorie.* Opladen: Leske und Budrich.

Miller, G.A., Galanter, E. & Pribram, K.H. (1973): *Strategien des Handelns: Pläne und Strukturen des Verhaltens.* Stuttgart: Klett-Cotta.

Schmidt, S.J. (Hrsg.) (1987): *Der Diskurs des Radikalen Konstruktivismus.* Frankfurt a.M.: Suhrkamp.

Schmidt, S.J. (Hrsg.) (1992): *Kognition und Gesellschaft.* Frankfurt a.M.: Suhrkamp.

Steinmann, H. (1991): *Grundlagen der Unternehmensethik.* Stuttgart: Poeschel.

54 Bauer, S. 165.

„Ich sag dir was – und du verstehst mich nicht.“

Das Sprachmodell der Neuro-Linguistischen Psychotherapie (NLPt) und seine Anwendung bei psychiatrischen Diagnosen

G. Klug*, B. Fuchs-Nieder, G. Langs*, H. u. K. Fabisch*, R. Possert*****

NLP versteht sich als dynamisches Grundmodell zwischen Geist (neuronale Dimension), Sprache (linguistische Dimension) und Körper (physiologische Dimension). Alle von außen (Sinnesreize) und innen (innere Verarbeitungsprozesse) kommenden Informationen werden zu komplexen kognitiv-emotiven Prozessen verknüpft, die zu bestimmten Geistes- und entsprechenden Körperzuständen führen. Das äußere Verhalten ist die Abbildung der inneren Zustände und kann beobachtet werden. Genauso können spezifische Vorgänge im Gehirn auch sprachlich abgebildet werden. Aus den Eindrücken von außen und unseren eigenen Erfahrungen schaffen wir uns ein Modell der Welt, das unserer Orientierung dient. Dieses Modell – oder die „Landkarte“ – ist, wie die Erfahrungen jedes Einzelnen, von Person zu Person sehr unterschiedlich. Alle Landkarten stellen das gleiche Gebiet verschieden dar. Je eher ihre Struktur der des Gebiets entspricht, desto brauchbarer ist eine Landkarte (KORZYBSKI 1933; VAIHINGER 1911). Unsere innere Landkarte, die durch ein vielschichtiges Filtersystem entsteht, hat auch die Aufgabe, uns vor einer überwältigenden Flut von Sinneseindrücken, von denen der Großteil unnütz und belanglos ist, zu bewahren.

Bewusst wird nur, was nötig ist, um in dieser Welt zu existieren. Um Inhalte daraus zu formulieren, zu kommunizieren und unsere Erfahrungen auszutauschen, benüt-

* Universitätsklinik für Psychiatrie Graz, Vorstand: Univ. Prof. Dr. H.G. Zapotoczky
** Landesnervenkrankenhaus Graz
*** Niedergelassener Arzt und Psychotherapeut, Graz

zen wir ein nach komplizierten Regeln funktionierendes System, die Sprache. So sehr sie uns einerseits nützt, so sehr verleitet sie auch, Beschreibungen für die Wirklichkeit zu halten. Sprechen und wohlgeordnete Sprache sind für alle bekannten menschlichen Gruppen charakteristisch (SAPIR 1963). Alle Errungenschaften haben die Sprache als Basis. Wir gebrauchen Sprache auf zwei Arten:

1. Um unsere Erfahrungen zu repräsentieren – das nennen wir Folgern, Denken, Phantasieren etc. Wir schaffen ein sprachliches Abbild unserer persönlichen Wahrnehmung der Welt. Dazu benützen wir drei Universalien der Modellbildung:

   a) Die Generalisierung: Eine Erfahrung wird zum Symbol für die Gesamtheit.

   b) Die Tilgung: Nur Teile unserer Eindrücke werden bewusst.

   c) Die Verzerrung: Erfahrungen werden unbewusst in einigen Einzelheiten verändert. Verzerrungen entstehen auch, wenn neue Erfahrungen oder Fakten durch die Brille alter Schlussfolgerungen oder Glaubenssätze wahrgenommen werden. Beziehungen zwischen einzelnen Fakten oder Ereignissen können dann nicht wahrgenommen werden oder werden falsch zueinander in Beziehung gesetzt.

2. Um uns mitzuteilen – das nennen wir Reden, Diskutieren, Schreiben etc. Wir sind uns dabei der Auswahl und der Prozesse, die wir verwenden, nicht bewusst.

Die Sprache hat eine klare Struktur mit Regeln, die in der Transformationsgrammatik und ihren Weiterentwicklungen erfasst werden. Die Transformationsgrammatik geht auf die Arbeiten von Noam CHOMSKY (1973) zurück und hat die Entwicklung des NLP maßgeblich beeinflusst.

Wenn Sprache ein Modell der Welt darstellt, so stellt diese Grammatik ein Modell vom Modell, also ein Meta-Modell dar. Transformationsgrammatikalisch unterscheidet man zwei Strukturebenen:

1. *Die Tiefenstruktur:* Sie stellt die vollständige sprachliche Repräsentation unserer Erfahrungen von der Welt dar.

2. *Die Oberflächenstruktur:* Während man zu reden beginnt, trifft man unbewusst eine Reihe von Entscheidungen zur Form, in der man seine Erfahrungen mitteilen möchte. Die Wahl ist nicht bewusst, unser Verhalten dabei aber regelmäßig; Ergebnis: ein wohlgeformter Satz bzw. eine Wortgruppe.

Da alle Erfahrungen des Menschen sich des gleichen Nervensystems bedienen, kann man diesen Ansatz der Linguisten als Beispiel für jede menschliche Modellbildung nehmen.

Aus der Transformationsgrammatik sowie Anleihen aus anderen linguistischen Gebieten wurde von BANDLER und GRINDER (1973, 1981, 1984) ein Meta-Modell der Sprache zur Anwendung in der Psychotherapie entwickelt. Ziel dieses Modells ist es, dem Therapeuten ein Werkzeug in die Hand zu geben, das ihm ermöglicht, während des Gespräches herauszufinden, welches Modell der Welt der Klient hat. Der geübte Anwender achtet dabei sehr genau auf seine eigenen inneren Prozesse. Da das Modell eine Formalisierung des inneren Erlebens darstellt, erkennt der Therapeut den Zeitpunkt für ein Nachfragen daran, dass er auf eigenes Erleben zurückgreifen müsste, um den Klienten zu verstehen. Tut er das, bewegt er sich nicht mehr innerhalb des Modells des Klienten, sondern innerhalb seines eigenen Weltmodells, bezieht sich also nicht auf den Klienten, sondern lediglich auf die eigene Erfahrung.

Das Meta-Modell der Sprache ermöglicht also, beim externen sensorischen Erleben zu bleiben und so Informationen vom Klienten zu erhalten. Es verlangt vom Klienten, dass er sich klarer verständlich macht, und verhindert, dass der Therapeut aus seiner Realität ergänzt. Die Zugangshinweise erhält der Therapeut über die Oberflächenstruktur der Sprache des Klienten.

Diese Veränderungen lassen Rückschlüsse auf die Tiefenstruktur zu. Hinterfragen macht es möglich, diese Tiefenstruktur zu bereichern. Die verschiedenen psychotherapeutischen Schulen haben unterschiedliche Schwerpunkte, wie sie diese verarmten Verhaltensmuster bereichern. Allen gemeinsam ist, dass über Kommunikation das Modell des Menschen verändert und bereichert wird.

Das Meta-Modell bietet eine Struktur, die es ermöglicht, Einschränkungen in der Informationsverarbeitung sehr rasch zu erkennen und dadurch größtmöglichen Gewinn für den Klienten zu erzielen.

Die feinen Unterteilungen des Meta-Modells zerfallen in drei Gruppen mit entsprechenden Untergruppen.

1. Information gewinnen
   a) Tilgung,
   b) Fehlen des Bezugsindex,
   c) Unvollständig spezifizierte Verben,
   d) Nominalisierungen.

2. Einschränkungen im Modell des Sprechers
   a) Universalquantoren,
   b) Modaloperatoren der Notwendigkeit,
   c) Modaloperatoren der Möglichkeit.

3. Semantische Fehlgeformtheit
   a) Ursache und Wirkung,
   b) Gedankenlesen,
   c) Das verlorene Performativ.

Das Meta-Modell der Sprache hat sich in der Therapie bewährt. Das Vorhandensein bestimmter Metamodellverletzungen weist darauf hin, dass die innere Landkarte des Betreffenden nur begrenzt brauchbar ist, was die Wahlmöglichkeiten und damit auch die Flexibilität des Reagierens Problemsituationen einschränkt.

Die Hypothese, dass Menschen mit psychiatrischen Problemstellungen in diese Personengruppe gehören, bildet die Grundlage für die nachfolgende Sprachuntersuchung. Sprachuntersuchungen an Patienten mit Erkrankungen aus dem schizophrenen Formenkreis wurden besonders in Hinblick auf den Niederschlag der Denkstörungen in Sprachbildung und Ausdruck (Cutting 1985; Thomas 1987) durchgeführt. Die meisten Untersuchungen beziehen sich auf die Kohärenz der Texte (Hoffman 1986; Frommer 1989), die Komplexität (Morice 1982; Thomas 1990; Thomas 1987) der Sprache, das Metapherverständnis (Spitzer 1994) etc., bei depressiven Patienten auf Stimme und Sprachflüssigkeit (Stassen 1991).

Da zum Meta-Modell nach Bandler und Grinder im Zusammenhang mit psychiatrischen Diagnosen nur wenig bekannt ist, war es reizvoll abzuklären, ob ein Modell, das sich in der täglichen therapeutischen Arbeit bewährt hat, einer textanalytischen Untersuchung standhält.

Vorgehensweise

Die Patienten wurden bei Aufnahme in die psychiatrische Klinik im Rahmen des Aufnahmegesprächs gebeten, einen Text über ihre jetzige Situation und Befindlichkeit, wenn möglich in ganzen Sätzen, zu schreiben.

Nach einem Ratertraining wurden die anonymisierten Texte von zwei Ratern auf Metamodellverletzungen hin untersucht.

Die Einteilung der Patienten in Diagnosegruppen erfolgte nach der ICD Diagnose des behandelnden Arztes. In Hinblick auf die Patientenzahl (n=32) wurden die Patienten in drei Gruppen eingeteilt:

1. Endogene Depression und reaktive Depression. Diese Patienten wurden auch gebeten, eine Becksche Depressionsskala auszufüllen.

2. Patienten mit einer Panikstörung. Ihre Zuordnung wurde vom behandelnden Arzt mittels eines SKID-Interviews (Strukturiertes klinisches Interview nach DSM3-R) durchgeführt.

3. Patienten mit Schizophrenie oder schizoaffektiver Psychose. Vom behandelnden Arzt wurde ein PANNS(Positive and Negative Syndrom Scale)-Rating durchgeführt.

Die Vergleichsgruppe wurde aus der Praxis eines praktischen Arztes rekrutiert. Sie wurden ebenfalls gebeten, einen Text über ihre derzeitige Befindlichkeit zu schreiben.

Ausschlusskriterien waren:

- Psychiatrische Erkrankung,
- Neurologische Erkrankung, soweit sie das ZNS erfasst,
- Nicht im Normalbereich eingestellte Schilddrüsenerkrankungen,
- Unheilbare und terminale Erkrankung.

Die Patienten wurden nach Alter, Geschlecht und jeweils höchster abgeschlossener Ausbildung an die Patientengruppe angepasst. Zu jeder der drei Patientengruppen wurde eine entsprechende Vergleichsgruppe gebildet.

Alle Ergebnisse wurden nach Korrektur auf die mittlere Textlänge der Patiententexte umgerechnet, um vergleichbare Daten zu erhalten. Die mittlere Textlänge betrug 104 Worte.

Hypothesen

- Eine deutlich höhere Anzahl von Metamodellverletzungen über alle psychiatrischen Diagnosen hinweg wurde postuliert.

- Ein hoher Gesamtscore der Psychosegruppe sowie ein hoher Teilscore der depressiven Gruppe in den Unterteilungen Tilgung, Universalquantoren und Nominalisierungen wurde vermutet.

- Durch das Verteilungsmuster der einzelnen Items sollten die Diagnosen unterscheidbar sein.

- Diagnostische Aussagekraft und Therapieverlaufskontrollmöglichkeiten sollten beachtet werden.

- Aufgrund der Fallzahlen und der schwierigen Materie war eine statistische Berechnung nicht möglich, so dass nur Aussagen über die untersuchte Stichprobe getroffen werden können.

Ergebnisse

Die Hypothese bezüglich der Gesamtzahl der Metamodellverletzungen konnte ähnlich einem früheren Pilotprojekt (KLUG 1997) bestätigt werden.

Sowohl in der Zusammenfassung aller Diagnosegruppen als auch bei den einzelnen Untergruppen liegt die Anzahl der Modellverletzungen bei Klienten um $^1/_3$ höher als in der Vergleichsgruppe.

Psychosegruppe
Entgegen den Erwartungen scorte diese Gruppe nur unter „Information gewinnen" am höchsten und lag bei Einschränkungen im Modell des Sprechers sogar unter der Vergleichsgruppe. Der erwartete höchste Gesamtscore wurde also über die erste Gruppe erreicht. Als Erklärung bietet sich an, dass es sich bei der Untergruppe „Information gewinnen" um die eher einfachen sprachlichen Strukturen handelt. Psychotische Patienten, auch wenn sie sich bereits in einem Heilungsstadium befinden, in dem sie einen Text schreiben können, sind in ihrer Ausdrucksfähigkeit noch sehr eingeschränkt. Es ist ihnen daher nur deshalb möglich, in einfachen Satzgefügen Fehler zu machen, da sie nicht fähig sind, längere oder kompliziertere Satzstrukturen zu verwenden. Aus diesem Grund gibt es bei den Gruppen von Metamodellverletzungen, die eine entsprechende Komplexität voraussetzen, auch nur wenige Fehler.

Patienten mit Panikstörung
Hier drücken sich die Ängste am stärksten bei den Einschränkungen im Modell des Sprechens aus. Es tritt die gedankliche Grundstruktur des „könnte, möchte, müsste ..." zutage.

Depressive Gruppe
Entgegen den Erwartungen scorte sie in der Untergruppe „Information gewinnen" am niedrigsten. Dafür liegt sie in allen anderen Gruppen im Spitzenfeld.

Die Verteilung der Einzelitems ergibt nur bei den Patienten mit Psychosen ein deutliches Bild. Hier ist die Kurve deutlich abgeflacht, und es ist klar ersichtlich, dass die

Tilgung die führende Metamodellverletzung darstellt. Dieses Ergebnis passt zur einfachen Struktur der Texte und der Vermutung, dass die Patienten zu Verallgemeinerungen oder komplizierteren Verzerrungen nicht in der Lage sind.

Wenn man sich die Ergebnisse nach Schweregrad der Psychose (gemessen mit dem PANNS) ansieht, erhält man kein aussagekräftiges Ergebnis. Die Tatsache, dass die Patienten bei den Skalen für Plus- und Minussymptomatik im Bereich mittlerer Störung mehr Fehler als im Bereich starker Störung machen, spricht ebenfalls für die Hypothese, dass, sobald die Symptomatik stärker wird, die Patienten nicht mehr im gleichen Umfang in der Lage sind, Modellverletzungen zu produzieren. Dies korreliert mit der bekannten Unfähigkeit, dass diese Patientengruppe auch Metaphern schlechter versteht. So wie es ihnen nicht möglich ist, Verzerrtes bei der Aufnahme zu entzerren, fehlt beim Vorgang der Sprachbildung die Fähigkeit, größere Veränderungen mit Ausnahme von Auslassungen (Tilgungen) durchzuführen. Ob der Schwerpunkt auf Positiv- oder Negativsymptomatik liegt, gibt hier nicht den Ausschlag. Der Übergang von der Unfähigkeit, Metamodellverletzungen zu machen, bis zu Texten, die nicht mehr verwertbar sind, erscheint fließend. Zunehmende Tilgung führt zu Textbruchstücken, ähnlich dem „Gedankenabreißen" im Gespräch.

Bei der Auswertung der Ergebnisse der depressiven Gruppe zeigt sich eine deutliche Korrelation zum Schweregrad der Erkrankung. Wenn man sich die genauere Verteilung ansieht, nehmen vor allem die Tilgungen, unvollständig spezifizierten Verben, Universalquantoren und Modaloperatoren der Möglichkeit zu. Diese Parameter könnten für die Verlaufsbeurteilung herangezogen werden. Für die Therapie ergibt sich als wichtiges Ziel das Auflösen dieses depressiven Musters.

Zusammenfassend lässt sich sagen, dass psychiatrische Patienten eine deutlich höhere Zahl an Metamodellverletzungen machen als andere Patientengruppen. Durch die unterschiedlichen Schwerpunkte der einzelnen Diagnosegruppen ergeben sich für die Therapie spezielle Gewichtungen.

Bei den Depressiven zeigt sich eine deutliche Korrelation zwischen Schwere der Erkrankung und Metamodellverletzungen, so dass sich hier Möglichkeiten der Verlaufskontrolle und bevorzugte Interventionsmuster auf sprachlicher Ebene ergeben.

Für psychotische Patienten lässt sich zeigen, dass die eingeschränkte Fähigkeit hinsichtlich der Aufnahme von sprachlicher Information sich in der Umsetzung der eigenen Gedanken in Sprache wiederspiegelt.

Die hohe Raterreliabilität (nach Ratertraining) und die deutliche Unterscheidung zwischen krank und nicht krank zeigen, dass das Meta-Modell textanalytisch zu klaren Ergebnissen führt und im Bereich der psychiatrischen Erkrankungen anwendbar ist.

Literatur

ANDREASEN, N.C. & GROVE, W.M. (1986): *Thought, Language and Communication in Schizophrenia: Diagnosis and Prognosis.* Schizophr. Bull. 12: 348, 359.

ASHBY, W.R. (1956): *An Introduction to Cybernetics.* New York: Chapman and Hall University Paperbacks.

BANDLER, R. & GRINDER, J. (1981): *Metasprache und Psychotherapie. Die Struktur der Magie I.* Paderborn: Junfermann.

BANDLER, R. & GRINDER, J. (1984): *Kommunikation und Veränderung. Die Struktur der Magie II.* Paderborn: Junfermann.

BATESON, G. (1981): *Ökologie des Geistes.* Frankfurt: Suhrkamp.

BEVER, T.G. (1970): *The Cognitive Basics of Linguistic Structure.* In: HAYES, I.R. (Ed.): Cognition and Development of Language. New York: Wiley.

CAMERON-BANDLER, L. (1983): *Wieder zusammenfinden. NLP – neue Wege der Paartherapie.* Paderborn: Junfermann.

CHOMSKY, N. (1973): *Struktur und Syntax.* Frankfurt: Suhrkamp.

CHOMSKY, N. (1973): *Aspekte der Syntaxtheorie.* Frankfurt: Suhrkamp.

CUTTING, J. (1985): *The Psychology of Schizophrenia.* Edinburgh: Churchill Livingston.

FANSELOW, G. & FELIX, S.W. (1993): *Sprachtheorie I und II.* Tübingen: A. Francke.

FIALA, V. (1982 / 1994): *Diskussionsgrundlage über die methoden- und theoriespezifische Ausrichtung bezüglich NLP* (nicht veröffentlicht).

FROMMER, J. & TRESS, W. (1989): *Merkmale schizophrener Rede.* Neurol. Psychiat. 57: 85-93.

GRINDER, J. & ELGIN, S. (1973): *A Guide to Transformational Grammar.* New York: Holt, Reinhart and Winston.

HAYAKAWA, S.I. (1941): *Language in Thought and Action.* New York: Harcourt, Brace Jovanivich.

HOFFMAN, R.E. & SATEL, S.L. (1993): *Language Therapy for Schizophrenic Patients with Persistent „Voices".* British Journal of Psychiatry, 162: 755–758.

HOFFMAN, R.E., STOPEK, S. & ANDREASEN, N.C. (1986): *A comparative study of manic versus schizophrenic speech disorders.* Archives of General Psychiatry, 43: 931–838.

KLUG, G. & FUCHS-NIEDER, B. (1997): *Neurolinguistische Sprachmodelle (Metamodell der Sprache) und ihre Anwendbarkeit als ein Kriterium der Differenzialdiagnose psychiatrischer Störungen.* In: HOFMANN, P. (Hrsg): Klinische Psychotherapie. Wien, New York: Springer.

KORZYBSKI, A. (1933): *Science and Sanity: An Introduction to Non-Aristotelian Systems and General Semantics.* Lakeville, Connecticut: The International Non-Aristotelian Library Publishing Company.

MORICE, R. & INGRAM, J.C.L. (1982): *Language Analysis in Schizophrenia: Diagnostic Implications.* Australian and New Zealand Journal of Psychiatry 16: 11–21.

NEWELL, A. & SIMMON, H.A. (1971): *Human Problem Solving.* Englewood Cliffs, New Jersey: Prentice Hall.

PERALTA, V., CUESTA, M.J. & DE LEON, J. (1992): *Formal Thought Disorders in Schizophrenia: A Factor Analytic Study.* Compr. Psychiatry 33 (2): 105–10.

POSTAL, P. (1970): *On the Surface Verb Remind.* Linguistic Enquiry 1, 1:37–120.

SAPIR, E. (1963): *The Selective Writings of E. Sapir.* MANDELBAUM, D.G. (Ed.) Berkeley: University of California Press.

SPITZER, M., LUKAS, M., MAIER, S. & HERMLE, L. (1994): *Das Verstehen metaphorischer Rede bei gesunden Probanden und schizophrenen Patienten.* Nervenarzt 65: 282–292.

STASSEN, H.H., BOMBEN, G. & GÜNTHER, E. (1991): *Speech Characteristics in Depression.* Psychopathology 24 (2): 88–105.

THOMAS, P. & FRASER, W. (1994): *Linguistics, Human Communication and Psychiatry.* British Journal of Psychiatry 165: 585–592.

THOMAS, P., KING, K., FRASER, W.I. & KENDELL, R.E. (1990): *Linguistic Performance in Schizophrenia: A Comparison of Acute and Chronic Patients.* British Journal of Psychiatry 156: 204–210.

THOMAS, P., KING, K., & FRASER, W.I. (1987): *Positive and Negative Symptoms of Schizophrenia and Linguistic Performance.* Acta Psychiatrica Scandinavia 76: 144–151.

VAIHINGER, H. (1911): *Die Philosophie des Als Ob. System der theoretischen und praktischen Fiktion der Menschheit auf Grund eines idealistischen Positivismus.* Berlin: Reuther und Reichard.

VESTER, F. (1980): *Neuland des Denkens. Vom technokratischen zum kybernetischen Zeitalter.* Stuttgart: Klett.

WATZLAWICK, P., BEAVEN, J. & JACKSON, D. (1967): *Menschliche Kommunikation.* Bern: Huber.

WHITEHEAD, A.N. & RUSSELL, B. (1990): *Principia Mathematica.* Frankfurt: Suhrkamp.

WHORF, B. (1965): *Sprache, Denken, Wirklichkeit.* Reinbek: Rowohlt.

Der Umgang mit schweren Depressionen und die Möglichkeiten der Neuro-Linguistischen Psychotherapie (NLPt)

G. Klug, G. Langs, H. und K. Fabisch, H.G. Zapotoczky*

Wie bereits aus der vorangegangenen Untersuchung *(„Ich sag dir was – und du verstehst mich nicht“)* ersichtlich, lässt sich das Sprachmodell der Neuro-Linguistischen Psychotherapie (NLPt) gut auf Menschen mit psychiatrischen Störungen oder Erkrankungen anwenden.

Da sich gerade bei der Gruppe der Depressiven sehr spezifische Schwerpunkte der Metamodellverletzungen bei einigen Parametern (Tilgungen, unvollständig spezifizierte Verben, Universalquantoren und Modaloperatoren) ergeben haben, liegt es nahe, die Möglichkeiten der NLPt im Umgang mit diesem Zustandsbild genauer zu beleuchten.

Wie alle mit diesem Thema Befassten stoßen wir sofort auf die Heterogenität dieses Krankheitsbildes. Allein die verschiedenen diagnostischen Manuale sprechen von Major Depression, Dysthymie, depressiver Episode, depressiver Reaktion etc., von den körperlichen oder im Verlauf anderer psychischer Erkrankungen auftretenden Formen ganz abgesehen.

All diese Formen zeigen zudem eine Fülle von Symptomen. Hervorzuheben ist, dass immer körperliche und psychische Symptome gemeinsam auftreten, es sich also um ein den ganzen Menschen erfassendes Zustandsbild handelt.

---

* Universitätsklinik für Psychiatrie Graz, Vorstand: Univ. Prof. Dr. H.G. Zapotoczky

Zur Erklärung der Genese neigt man deshalb in zunehmendem Maße den multikausalen Modellen zu. Diese syndromale Auffassung beschreibt das Gesamtgeschehen besser als die klare Unterscheidung nach einzelnen Krankheitstypen. Man kann den depressiven Zustand also als ein Kontinuum sehen, in dem die einzelnen Erscheinungsformen nur eine Typologie polarer Gruppen (ANGST 1987) oder Cluster in einer Häufigkeitsverteilung darstellen.

Hier noch einmal eine kurze Aufzählung der wichtigsten Theorien zur Entstehung von Depressionen (ohne Anspruch auf Vollständigkeit): Depression als Trauerreaktion (FREUD 1915), Oralität (BIBRING 1937), Attachment (BOWLBY 1979), Anaklise (SPITZ 1957), depressive Position (KLEIN 1934), Narzisstische Krise (HENSELER 1974), Zeitigungsstörung und Endokinese (BINSWANGER 1960; TELLENBACH 1983), Strukturdynamik (JANZARIK 1957), Typus melancholicus und Sozialrollenmodell (TELLENBACH 1983; KRAUS 1995), Drei-Faktoren-Modell sozialer Vulnerabilität (BROWN 1995) (nach MUNDT 1996).

Allein die lerntheoretischen und verhaltenstherapeutischen Ansätze unterscheiden mindestens vier unterschiedliche Formen bedeutsamer Ausgangsbedingungen: die Depression als Folge des Verstärkerverlustes (FERSTER 1957), als Folge mangelnder Fertigkeiten im sozialen Bereich (LEWINSOHN), als Folge gelernter Hilflosigkeit (SELIGMAN 1979) und als Folge kognitiver Störung (BECK 1976), mit dem daraus entwickelten multifaktoriellen Erklärungsmodell (HAUTZINGER 1981; LEWINSOHN 1985).

NLPt basiert auf einer komplexen Sicht der Struktur kognitiver und emotionaler Prozesse und deren Auswirkungen auf die innere und äußere Befindlichkeit. Sie vertritt die grundlegende Auffassung im Sinn von Gregory BATESON, dass das Leben und der Organismus selbstorganisierende, (relativ) autonome kybernetische Systeme darstellen, die mittels ganzheitlicher geistiger Prozesse erfassbar sind (BATESON 1981). In diesem Sinne entspricht die Depression mit ihrer Vielzahl von Symptomen im psychischen und physischen Bereich dem holistischen Menschenbild der NLPt recht gut.

Aus diesen Überlegungen heraus ergibt sich natürlich die Frage, wie im therapeutischen Prozess der NLPt ein Therapeut zu diesem Problem steht und welche Möglichkeiten er hat, damit umzugehen. Eine der Prämissen der NLPt besteht in der Grundannahme eines Modells der Wirklichkeit. „Unsere Vorstellungen von der Wirklichkeit haben nicht die Bestimmung, ein Abbild von ihr zu sein, sondern sind ein Instrument, um sich leichter in ihr zurechtzufinden“ (VAIHINGER 1911). Aus seinen Erfahrungen und den Sinneseindrücken macht sich jeder Einzelne seine eigene Landkarte. Im komplexen Bereich der Depression mit den verschiedenen vermuteten Ursprüngen scheint es sehr viele Landkarten desselben Gebiets zu geben. In der

Wirklichkeit depressiver Menschen gibt es offensichtlich sehr viele Möglichkeiten, etwas ungenau zu „kartographieren“.

Ziel der NLPt ist es, sich nicht in Vermutungen über Ursachen und Grundlagen festzubeißen, sondern andere Wege der Veränderung zu suchen. Genauso wie von allen in diesem Bereich Arbeitenden sorgfältige Diagnostik verlangt wird (HAUTZINGER), wird sich der Therapeut in der Arbeit mit NLPt die Landkarte des Klienten genau ansehen und Zugangshinweise suchen, die es ihm ermöglichen, gemeinsam mit dem Betroffenen eine etwas genauere Karte zu erreichen. Je mehr diese Landkarte der Wirklichkeit entspricht, desto leichter ist es, mit ihr die Orientierung auf dem Weg durchs Gelände (= Leben) zu finden.

In der Neuro-Linguistischen Psychotherapie (NLPt) stehen dem Therapeuten als Zugangshinweise eine ganze Palette an Möglichkeiten offen, welche speziell in dieser Therapieform entwickelt oder verfeinert wurden. Hier seien nur das Metamodell der Sprache, die Hinweise über die Augenbewegungen und die genaue Beobachtung (Kalibrierung) der psychophysiologischen Spannungszustände in Mimik, Gestik und Körperhaltung genannt.

In Phasen einer leichten bis mittelschweren Depression ist Kontaktaufnahme und Arbeit an den erkannten Problemen noch gut möglich. Schwere Formen der Depression stellen jedoch eine besondere Situation dar. Es kann die logische Verbindung zwischen realer Situation und negativer Interpretation völlig abgerissen sein. Informationen werden völlig fehlerhaft verarbeitet, und der Betreffende ist kaum noch in der Lage, auf seine Umgebung zu reagieren (HAUTZINGER 1994). Nach Entstehung aufgrund prädisponierender Konstellation verstärkt sich die Depression über Rückkoppelung. Für die Prädisposition spielen die frühen Entwicklungsphasen als Kind, und zwar besonders Mangelerfahrungen, eine wichtige Rolle. Die Verstärkung durch die depressive Rückkoppelung mit der möglichen Automatisierung, wie sie bei schweren und chronischen Depressionen häufig auftritt, wird wenig beachtet (MUNDT 1996).

Bei der Entstehung dieser Rückkoppelung ist die Sprache von entscheidender Bedeutung. Worte haben je nach der logischen Ebene, auf der sie verwendet werden, eine unterschiedliche Bedeutung. Z.B.: „Brot ist ein Nahrungsmittel und Substantiv.“ Dieser Satz enthält zwei völlig korrekte Aussagen, ist aber in sich unsinnig, da zwischen den unterschiedlichen logischen Ebenen – „Brot“ als Nahrungsmittel bzw. als Begriff – nicht unterschieden wurde. In der NLPt würde man sagen: Brot als Nahrungsmittel ist Teil einer Karte, Brot als Substantiv ist Teil einer Beschreibung der Karte, also Teil der Metasprache (JOCHIMS 1995).

Wenn unterschiedliche Ebenen und Bedeutungen nicht auseinander gehalten werden, trainiert sich das Gehirn selbst auf die Bildung inadäquater Modelle. Diesen

Vorgang erklärt bereits KORZYBSKY (1933) als Wechselwirkung zwischen Sprache, Gehirn und Körper unter dem Begriff „semantische Reaktion".

Wenn der Mensch ein Symbol (egal, ob sprachlich, bildlich oder in anderer Form) registriert, muss er sich seine Bedeutung zugänglich machen, indem er sich an die Bilder, Erfahrungen, Gefühle und Töne erinnert, welche er gewöhnlich mit diesem Symbol (z.B.: Wort) verbindet. Er ist laut KORZYBSKY dahingehend konditioniert, weitgehend unbewusst und automatisch entsprechend den zu diesem Zusammenhang gehörigen sinnlichen und emotionalen Erlebnissen zu reagieren. Der Organismus reagiert als Ganzes; emotionale und intellektuelle Bedeutung eines Wortes sind untrennbar miteinander verbunden.

Jede semantische Reaktion geht mit einem bestimmten Zustand einher. Wenn die Struktur unserer Sprache inadäquate semantische Reaktionen zur Folge hat, wirkt sich das auch auf unser Verhalten aus. Umgekehrt können neue Modelle und Begriffe auch neue semantische Reaktionen konditionieren. Es ist entscheidend, welche Denkweise und Modelle wir benutzen, um unsere Erfahrungen von der Welt zu ordnen. Eine bestimmte Denkweise schlägt sich im Gebrauch der Sprache nieder. Diese beeinflusst über den Mechanismus der semantischen Reaktion auch wieder die Denkweise.

Wenn sich also durch depressive Zustände die Sprache (oder eine andere Ausdrucksform) verändert, ist das ein Ausdruck des veränderten Erlebens. Wenn es nun möglich ist, im depressiven Zustand die Sprache (oder eine andere Ausdrucksform) zu verändern (bereichern), führt das wiederum zu einem veränderten (bereicherten) Erleben.

Die gefundene Häufung von Tilgungen, unvollständig spezifizierten Verben, Universalquantoren und Modaloperatoren ist, in Zusammenhang mit einer generell erhöhten Anzahl von Metamodellverletzungen, typisch für die sprachlichen Veränderungen bei Depressionen. Über die oben beschriebenen unbewussten Reaktionsmuster stellen sie einen Weg dar, die eigenen Erfahrungen, Gefühle, Bilder und Töne so zu verändern, dass man sie nicht mehr erkennt (fühlt) und damit den Zugang zu ihnen verliert.

Vorsichtige Arbeit mit diesen Sprachveränderungen kann zur „Sprechbarmachung" bereits verlorener Worte und damit zur Wiedergewinnung der dazugehörigen Erfahrungen führen. Ohne große Anforderung an den Betroffenen wird der weitere Rückzug gebremst und langsames Wiedererfahren und Wiederempfinden möglich.

Diesen Freiraum kann man durch den vorsichtigen Einsatz von Übungen zum „state of excellence" in vorerst dissoziiertem und später assoziiertem Zustand, durch ausgewählte Metaphern und respektvoll zurückhaltende Trance-Arbeit mit dem Unbewussten vertiefen. So können die Betroffenen wieder mit ihren Erfahrungen, Gefühlen und Emotionen in Kontakt gebracht werden. Auftauchende positive Erfahrungen können über die Technik des Ankerns physiologisch fixiert werden und bilden für die weitere Therapie beständige positive Einstiege und Ressourcen. Die negativen Erfahrungen werden wieder bewusst und sind nach einer entsprechenden Stabilisierungsphase einer weiteren Bearbeitung zugänglich.

Bei schwer depressiven Menschen besteht erst nach dieser langen Vorphase eine ausreichende Basis zur Arbeit mit komplexeren NLPt-Interventionen. Zu diesem Zeitpunkt ist die Gefahr der Überforderung mit entsprechender Verschlechterung, wie sie von vielen Autoren (MUNDT 1996; PAYK 1986; HAUTZINGER 1994) bei der Arbeit mit schwer Depressiven beschrieben wird, nicht mehr gegeben.

Erfahrungsgemäß birgt die Arbeit mit depressiven, besonders aber schwer depressiven Personen die Versuchung, sich sofort auf die ersten angebotenen Handlungsmöglichkeiten zu stürzen. Auch der erfahrene, gelassene Therapeut wird durch die vorangegangene, oft mühselige Arbeit, die sich nach außen nur in Mikroschritten zeigt, und durch die schwierige Kommunikation „ausgehungert". Zu frühes Reagieren führt jedoch häufig zu einem neuerlichen „Sich-Verschließen" oder zu einem Abgleiten in einen Bereich, der eher den Therapeuten beruhigt als dem Klienten nützt.

Gerade schwer depressive Menschen brauchen Zeit, sich an Erfahrungen und Erleben wieder heranzutasten, so dass hier die Geduld des Therapeuten die wichtigste Tugend darstellt. Unermüdliches Auflösen der sprachlichen Selbstausgrenzung und das sanfte Nähren des dadurch in Gang gebrachten Erlebens stellen eine solide Basis her, auf der es dem Depressiven möglich ist, sich wieder selbst zu erleben. Veränderungswünsche tauchen dann von selbst auf.

Die weitere Aufgabe des Therapeuten besteht darin, mit dem Betroffenen gemeinsam realistische kleine Ziele zu erarbeiten. Erfolgreiche Durchführung wird intensiv gewürdigt und sogleich als weitere Ressource verankert. Langsam werden sich die Inhalte der Übungen und auch deren Tiefe verändern und die Arbeit sich zunehmend von gegenwärtigen hin zu zukünftigen Zielen orientieren. Zur Verdeutlichung soll ein möglicher Ablauf beschrieben werden:

Bei jedem Erstkontakt mit schwer depressiven Menschen sind all die bekannten Grundregeln für ein Erstgespräch zu beachten. Sowohl für den Klienten als auch für den Therapeuten ist es deutlich schwieriger als bei einer leichteren Depression, einen guten Kontakt herzustellen und eine genaue Anamnese zu transportieren. Bereits in dieser Phase kommen die ersten Ansätze in der Therapie zum Tragen. Für den Klienten scheint es von großer Wichtigkeit zu sein, dass das Verhalten des Therapeuten in dieser Phase sehr stabil ist und er sich daher in seiner labilen, unkonzentrierten, vergesslichen und von Selbstzweifeln durchsetzten Verfassung darauf verlassen kann.

Von Beginn an ist also konsequentes Nachfragen im Sinn des Meta-Modells, genaue Beachtung der in der Sprache verwendeten Repräsentationssysteme, des Wahrnehmungstypus, der Augenmuster und des kinästhetisch-physiologischen Ausdrucks wichtig. Diese Grundtechniken der NLPt sind in dieser ersten Phase die wichtigsten und häufig auch einzigen Möglichkeiten, einen Prozess in Gang zu setzen.

Das konsequente Forschen nach Tilgungen, unvollständig spezifizierten Verben, Universalquantoren, Modaloperatoren und anderen Metamodellverletzungen fällt dem Klienten erfahrungsgemäß anfangs gar nicht auf. Es kann jedoch dazu dienen, die Anamnese zu erweitern und einen depressiven Menschen, dessen Wunsch zu reden häufig begrenzt ist, in Kommunikation zu bringen. Wichtig ist, sich nicht am Inhalt der Gespräche festzumachen, sondern mit den Betroffenen nach ihren Möglichkeiten zu „plaudern", aber dennoch die sprachlichen Auffälligkeiten zu hinterfragen. Diese Konsequenz sollte über einen längeren Zeitraum (mindestens mehrere Gespräche) ohne spezielle inhaltliche Ausrichtung fortgesetzt werden. Jahrelange Erfahrung hat gezeigt, dass die Klienten es als positiv empfinden und immer wieder Belebungseffekte für das Gespräch davon ausgehen. In dieser ersten Phase ist es nicht sinnvoll und günstig, Hausaufgaben zu geben, da sie nur Anlass zu Gefühlen der Überforderung und Überlastung bilden und kaum gemacht werden. Das konsequente Nachfragen hat sich aber als implizite Hausaufgabe herausgestellt, da den Betroffenen ein Teil des Grundmusters langsam bewusst wird und sie beginnen, sich im Rahmen des „abendlichen Gedankenkreisens" dieselben Fragen selbst zu stellen. Die Bewusstwerdung wird meist mit Sätzen wie: „Ich stelle mir in Gedanken schon die gleichen Fragen, wie Sie sie mir stellen." Führt man die konsequente Arbeit mit dem Meta-Modell fort, bemerkt das der Klient und versucht, als ersten Schritt bereits von sich aus zu vermeiden, die gewohnten Formulierungen zu wählen. Er setzt sich damit in einer für einen schwer depressiven Menschen immens aktiven Form mit seinen Sprach- und damit auch Denkmustern auseinander. Durch die Konsequenz erscheint es dem Klienten auch vertraut, und er möchte es nicht missen, auch wenn er sich gelegentlich darüber amüsiert, was in einer depressiven Phase ja auch einen Schritt in die richtige Richtung darstellt.

Neben der Arbeit mit dem Meta-Modell ermöglichen diese Gespräche in der ersten Phase den Aufbau von Vertrauen und nehmen die Angst vor Überforderung. Gleichzeitig geben sie dem Therapeuten durch genaues Kalibrieren und Beachten der Muster die Möglichkeit, den Wahrnehmungstyp, das vorherrschende Repräsentationssystem und physiologische Erstarrungen zu erkennen. Dieses „Abgeholtwerden" in seiner Welt durch sinnesspezifische und körperliche Spiegelung fördert bekanntlicherweise die Vertrauensbildung und stellt eine gute gegenseitige Arbeitsbasis her.

Der langsame Übergang vom „Pacen" zum „Leaden" wird dann vom Klienten mitvollzogen. So ist es möglich, den Klienten langsam zu sinnesspezifischen Qualitäten hinzuführen, die in seinem Muster unterrepräsentiert sind, und so seinen Erfahrungshorizont zu bereichern. Auch das Herausführen aus seiner körperlichen Einseitigkeit stellt eine Veränderung dar, da mit einer körperlichen Veränderung immer auch eine gewisse Veränderung der Befindlichkeit einhergeht.

Dies sind Vorgehensweisen, wie sie die NLPt bei jedem Klienten verwendet; bei schwer depressiven Menschen ist jedoch zweierlei zu beachten. Erstens: Das Eingeschränktsein und das sich leicht einstellende Überforderungsgefühl dieser Menschen führt dazu, dass es nötig ist, diese erste Therapiephase sehr viel länger und konsequenter zu durchlaufen. Eine zu frühe Mischung mit inhaltlicher Arbeit oder Anforderungen anderer Art können zu einem massiven Rückfall führen. Zweitens: Menschen, die sich derzeit in einer akut depressiven Phase befinden, waren in ihrem Erleben und Fühlen nicht immer so eingeschränkt. Anders als bei Menschen, denen gewisse sinnesspezifische Qualitäten schon sehr lange fehlen oder bei denen jahrzehntelange körperliche Erstarrungen bestehen, liegt bei akut depressiven Menschen die positive Phase mit ihren reichen Möglichkeiten meist noch nicht so weit zurück.

Auch wenn sie sich dessen nicht bewusst sind, wird durch das Leading in diese Richtung die Erinnerung an diese positive Zeit aktiviert und führt früher oder später auch zum bewussten Erinnern. Bereits diese unbewussten Phasen sind bei genauer Beobachtung – besonders der Physiognomie – erkennbar. Werden die Erinnerungen bewusst, formuliert sie der Klient fast immer. Erst jetzt ist der Zeitpunkt gegeben, um einen weiteren Schritt zu machen. Bei schwer depressiven Menschen kann es geraume Zeit (für den Therapeuten oft unendlich lange) dauern, bis diese Äußerung vom Klienten kommt. Deshalb besteht die Versuchung, sofort diese Erinnerungen aufzugreifen und inhaltlich damit zu arbeiten. Dafür ist es aber immer noch zu früh. Erstes Erinnern an positive Ereignisse heißt nicht, mit der Emotionalität, die ihnen innewohnt, auch gleich schon umgehen zu können. Hier verbirgt sich wieder eine gefährliche Möglichkeit der Überforderung, die sehr leicht übersehen wird. Aus diesem Grund ist es sinnvoll, diese Erinnerungen aufzugreifen, sie zu würdigen und eventuell physiologisch zu verankern, um sie leichter abrufbar zu machen. Vorsichtiges Annähern in Form eines „dissoziierten States" mit Sicherheitsanker zur Betrachtung und Beschreibung der Geschehnisse und besonders der aufgetretenen Gefühle und Emotionen ist häufig nötig. Erst wenn dies dem depressiven Menschen problemlos möglich ist, sollte man stufenweise assoziieren. Hier besteht die Aufgabe des Therapeuten in einer stützenden Begleitung des Klienten. Seine Aufgabe ist es, den Menschen genau zu beobachten und zu leiten, um das Kippen der an sich positiven Erfahrung eines angenehmen früheren Erlebnisses durch emotionale Überforderung in Angst zu verhindern.

Es ist für den Therapeuten sehr wichtig, sich im Bewusstsein zu halten, dass depressive Menschen neben ihrem intensiven Wunsch nach Gefühlen und Erleben eine mindestens gleich große Angst davor haben, da sie sich diese Gefühle nicht mehr zutrauen oder sich nicht mehr für fähig erachten, sie auszuhalten.

Alle das „normale Leben" betreffenden Dinge machen ihnen immense Angst, die einer „Phobie vor dem Leben" nicht unähnlich ist. Aus diesem Grund sind situationsadäquate Abwandlungen der Arbeit, wie sie mit Phobie, Panik und Angst in der NLPt durchgeführt wird, in Folge auch für die Arbeit mit Depressiven geeignet. Hier besonders in der Mittelphase, wo bereits eine gewisse Stabilisierung stattgefunden hat, ein Zugang zu früherem Erleben möglich ist, aber zuviel Angst besteht, um sich in diesem Zusammenhang den klassischeren Interventionen zuzuwenden.

Sobald es dem Klienten möglich ist, die Erinnerungen auch assoziiert zu erleben, kann man sie in Form von Übungen zum „state of excellence" auch verankern und so Ressourcen aufbauen.

Metaphern, auch in Verbindung mit leichter Trance-Arbeit, können den Prozess positiv begleiten. Andere Formen der Trance scheinen erst am Ende der ersten Phase günstig, da es vorher sehr schwierig ist, ein Abgleiten in depressionsverstärkende Kreisläufe zu erkennen und dem gegenzusteuern. Ein früherer Einsatz von Trance bleibt dem mit diesem Medium sehr erfahrenen Therapeuten vorbehalten. In dieser Phase der Annäherung an Erinnerungen können Trancen sehr hilfreich sein. Übungen auch nur in leichter Trance zum Erleben des eigenen Körpers, zum Loslassen und zum Bereichern der Erinnerung zeigen erstaunliche Wirkung. In Folge ist es auch möglich, mit dem Unbewussten zu arbeiten und so einen stabileren Umgang mit positiven und negativen Emotionen zu erreichen. Es gelingt nun, erste Zielformulierungen zu treffen, die „hohe Latte" in kleinere Teilschritte zu gliedern und kleine Hausaufgaben zu stellen. Jeder Erfolg wird gewürdigt und als Ressource gleich verankert. Auf diese Weise kann ein mächtiger Ressourcenanker etabliert werden, der in der weiteren Therapie sehr hilfreich sein kann.

Wenn es gelungen ist, den Klienten so weit zu stabilisieren, dass er fähig ist, auch mit stärker affekt- und emotionsgeladenen Ereignissen wieder umzugehen, ist es möglich, Therapiemöglichkeiten der NLPt in Anwendung zu bringen, die intensiver auf die Veränderung des Lebens als Gesamtes und nicht so sehr auf die hochakute Gehemmtheit der aktuellen depressiven Phase wirken. Hier seien nur Zeitlinienarbeit, Traumaarbeit, systemische Arbeit und immer wieder das Zielmodell erwähnt.

Zusammenfassend lässt sich sagen, dass sich für die Arbeit in der NLPt der Zugang zu schwer depressiven Menschen in drei grobe Phasen einteilen lässt:

1. Die *Phase der Erstarrung*: Hier ist die Angst und Eingeschränktheit so groß, dass zu massive Therapieansätze zu einer Schädigung des langsamen, vorsichtigen Prozesses führen würden. Den größten Erfolg erzielen hier die neurolinguistischen „Basisfertigkeiten", Arbeit mit dem Metamodell der Sprache, den Repräsentationssystemen und dem Spiegeln ohne intensiven Bezug zu Inhalt und ohne Druck. Daraus entsteht im Patienten eine Eigendynamik, durch die er Teile des Prozesses selbst übernimmt. Die wichtigste therapeutische Fertigkeit stellt die Geduld dar.

2. Diese *Phase der Öffnung* beginnt, wenn der Klient anfängt, langsam Zugang zu seinen Erinnerungen und ihrer Emotionalität zu bekommen. Sie ist geprägt von der Sehnsucht nach und der großen Angst vor den eigenen Gefühlen. Dieses Schwanken zwischen der „Panik", die Gefühle verloren zu haben, und der Angst, sie nicht aushalten zu können, macht die Arbeit mit abgewandelten Interventionen zu den Themen Phobie, Panik und Angst sinnvoll. Eine langsame Annäherung über Dissoziation hin zur Assoziation mit gefühlsbetonten Erlebnissen zeigt gute Wirkung. Gestützt und gefördert durch Metaphern und Trancen, die sich immer stärker mit den erwachenden Gefühlen beschäftigen, kann der Patient diese Fähigkeiten soweit ausbauen, dass erste Zielformulierungen und kleine Hausaufgaben möglich werden.

3. Der Klient ist so weit stabilisiert, dass er emotionale Belastungen ertragen kann. Hier beginnt die stärkere Ziel- und Zukunftsorientierung mit dem Zielmodell, aber auch Trauma-, Zeitlinien- und systemischer Arbeit.

Literatur

Andreas, C. und S. (1993): *Gewusst wie: Arbeit mit Submodalitäten und weitere NLP-Interventionen nach Maß.* Paderborn: Junfermann.

Angst, J. (1987): *Begriff der affektiven Erkrankung.* In: Kisker, K.P., Lauter, H., Meyer, J.E., Müller, C. & Strömgen, E. (Hrsg.): *Psychiatrie der Gegenwart.* Band 5. Berlin, Heidelberg, New York: Springer.

Bateson, G. (1981): *Ökologie des Geistes.* Frankfurt: Suhrkamp.

Beck, A.T. (1976): *Cognitive Therapy and Emotional Disorder.* New York: Intern. Univers. Press.

Clarkin, J.F., Pilkonis, P.A. & K.M. (1996): *Implications for Reform of the Health Care System.* Archives of General Psychiatry 53: 717–723.

Dilts, R., Bandler, R. & Grinder, J. (1989): *Strukturen subjektiver Erfahrung. Ihre Erforschung und Veränderung durch NLP.* Paderborn: Junfermann.

Ferster, C. B. (1974): *Behavioral Approaches to Depression.* In: Friedman, R.J. & Katz, M. M. (Eds.): The Psychology of Depression: Contemporary Theory and Research. New York: Wiley.

Fiala, V. & Klug, G. (1995): *Grundpositionen und Einordnungen des Psychotherapiekonzeptes Neuro-Linguistisches Programmieren (NLP) im psychotherapeutischen Gesamtverständnis.* (nicht veröffentlicht)

HAUTZINGER, M. und DE JONG-MEYER, R. (1994): *Depressionen.* In: REINECKER, H. (Hrsg.): Lehrbuch der klinischen Psychologie. Göttingen: Hogrefe.

HAUTZINGER, M. und GREIF, S. (Hrsg.) (1981): *Kognitionspsychologie der Depressionen.* Stuttgart: Kohlhammer.

HIRSCHFELD, R.M.A. et al. (1997): *The national depressive and manic depressive association consensus statement on the undertreatment of depression.* JAMA 227: 333–340.

JOCHIMS, I. (1995): *NLP für Profis: Glaubenssätze und Sprachmodelle.* Paderborn: Junfermann.

KORZYBSKI, A. (1933): *Science and Sanity: An Introduction to Non-Aristotelian Systems and General Semantics.* Lakeville, Connecticut: The International Non-Aristotelian Library Publishing Company.

LEWINSOHN, P. M., HOBERMANN, H.M., and HAUTZINGER, M. (1985): *An Integrative Theory of Depression.* In: BELLACK, A. S., HERSEN, M. & KAZDIN, M.M. (Eds.): International Handbook of Behavior Modifikation and Therapy. New York: Plenum.

MUNDT, C. (1996): *Die Psychotherapie depressiver Erkrankungen: Zum theoretischen Hintergrund und seiner Praxisrelevanz.* Nervenarzt 67: 183–197.

PAYK, Th. R. & TULLIUS, R. (1986): *Verhaltenstherapeutische Konzepte zur Depressionsbehandlung.* Erlangen: Perimed.

RUSH, A.J., (chairperson) (1996): *Ongoing needs in depression.* Journal of Clinical Psychiatry, 57: 600–610.

SELIGMAN, M. E. P. (1975): *Helplessness.* San Francisco: Freeman.

VAIHINGER, H. (1911): *Die Philosophie des Als Ob. System der theoretischen und praktischen Fiktion der Menschheit auf Grund eines idealistischen Positivismus.* Berlin: Reuther und Reichard.

Anhang B

Methodischer Anhang

Professionelles NLPt-Zielmodell *Manual**

Sobald der Geist auf ein Ziel gerichtet ist, kommt ihm vieles entgegen
– *Johann Wolfgang v. Goethe*

1. Rapport

Sprachlich, stimmlich, körperlich, strukturell – und vor allem: von Herzen! First things first! Und immer wieder während der ganzen Begleitung: In welchem Zustand bist du? Bist du als Begleiter und Coach kongruent und mit dir selbst in Rapport?

Welche Phantasien löst dein Klient in dir aus? Was tust du damit? Wie sinnvoll ist eure „Arbeitsarchitektur"? (Im rechten Winkel ist oft besser als gegenüber.)

Durch den Rapport entsteht auch der „gemeinsame Trancezustand", in dem viele Lösungspotenziale aktiviert werden.

Bei realen Therapien/Beratungen/Coachings: Überweisungs- und Auftragsklärung! Wer will was von wem? Wer hat geschickt? Wieviel Zeit wird vereinbart? Hast du Hilfsmittel zum Externalisieren (vorzugsweise bunte Bausteine unterschiedlicher Größe und Form) zur Verfügung?

Wie stellst du dich innerlich ausreichend darauf ein, offene Fragen (Wie? Was? Wann?) zu stellen? Wie machst du es, aufmerksam genug zu sein, um auf den Prozess nach außen und nach innen zu achten.

Wie kannst du genau hinhören, um zu hören, welche Fragen dein Klient bereits beantwortet hat, ohne dass du gefragt hast?

* ÖTZ-NLP Trainingsmaterial

2. Ziel und Wohlgeformtheitskriterien

a. *„(NAME), worum geht es (dir)?"* Die Antwort auf diese Frage zeigt dir meist, ob dein Klient problem- oder lösungsorientiert ist, sich vielleicht nur aussprechen möchte oder vielleicht überhaupt nur plaudern will. So erfährst du viel vom Umfeld. Wenn dein Klient auf diese Frage nicht mit Zielformulierungen antwortet, bringt ihn die nächste Frage leichter dorthin. (Ach ja, es ist tatsächlich günstig, zu wissen, wie dein Klient heißt.)

b. *„Was möchtest du (tun)?"* Damit wird Zielzustand bzw. Zielhandlung abgefragt. Vom Klienten das Ziel nach den WGF-Kriterien **als Handlung** formulieren lassen:

- Positiv formuliert:
  Was ...? Wie ...? (bei negativen Formulierungen nachfragen: *„Was/Wie möchtest du stattdessen tun?"*)

- Wahrnehmungsspezifisch genau:
  So *konkret* wie möglich das *relevante* innere (Denken) und äußere (Tun) Verhalten, um das es geht, herausarbeiten, insbesondere bei Gefühlszielen. Verwende dabei das Meta-Modell mit Augenmaß, d.h. liebevoll und konsequent.

- Im Kontext:
  „Wann, wo, mit wem, wie oft, bis wann, zu welchen Bedingungen? Zu welchen nicht?" „Was konkret macht den Unterschied?" „Wann tust du es jetzt schon?"

- Unter dem eigenen Einfluss:
  „Wie weit/sehr ist (ZIELHANDLUNG) unter deinem eigenem Einfluss?" Wenn nicht oder nur teilweise: *„Was kannst du dazu wie konkret beitragen?"*

Wenn es mit dem Rapport gut vereinbar ist und dir hilfreich erscheint (insbesondere wenn es sich um ein komplexes Thema mit mehreren Komponenten handelt, die sinnvoll differenzierbar sind), biete Bausteine, Münzen o.Ä. zum Externalisieren des Themas an (lass den Klienten Farbe, Form, Wert und Platz selbst aussuchen).

Das METAZIEL (siehe auch Punkt 5) gleich nach den ersten Antworten oder während oder nach der Zielformulierung erfragen.

Die jeweiligen Unterfragen (a, b, c, ...) nicht der Reihe nach runterleiern, sondern inhaltsbezogen je nach Relevanz ausgewählt stellen. Oft wird dein Klient eine Frage teilweise beantwortet haben, ohne dass du sie überhaupt gestellt hast ...

3. Innere Landkarte des Jetzt

a. *„Was konkret tust du derzeit (noch) statt (ZIELHANDLUNG)?“* Insbesondere *wann* und *wann nicht*?

b. *„Was ist das Gute/der Vorteil an deinem (IST-VERHALTEN)?“*

c. *„Was ist das Gute/der Vorteil an deinem (IST-ZUSTAND)?“*

d. *„Wieviel des (BISHERIGEN GUTEN) kannst du wirklich erhalten, wenn du in Zukunft (ZIELHANDLUNG) tust?“*

e. *„Wieviel des (BISHERIGEN GUTEN) bist du wirklich bereit aufzugeben/zu verabschieden/umzuwandeln, um in Zukunft (besser) (ZIELHANDLUNG)?“*

f. Inhaltsabhängig: *„Wenn du das (BISHERIGE GUTE) weder loslassen noch mitnehmen möchtest/kannst, wie realistisch ist dann (ZIELHANDLUNG)?*

g. *„Was möchtest du daher?“* Zielsatz neu formulieren lassen – play it again, Sam! Nochmals den Prozess Punkt 1–3 durchlaufen, bis ein klarer und relevanter Zielsatz mit kongruenter Physiologie auftaucht. Natürlich kannst du, um das innere und äußere Umfeld ökologisch zu überprüfen, auch Fragen aus 4–12 stellen, nur wird dies – solange die Punkte 1–3 nicht sauber herausgearbeitet sind – dich und deinen Klienten später vermutlich aufhalten.

4. Zukunftsprognose des Ist-Verhaltens

Die „Grausame-Liebe-Frage“:

a. *„Wie wird es weitergehen, wenn du mit (IST-VERHALTEN) so weitermachst?“*

b. *„Wie wirst du das aushalten, wenn du nichts veränderst am jetzigen Zustand? Kurz-, mittel- und langfristig?“*

Diese Fragen sind recht gut geeignet „zähe“ oder „widerständige“ Klienten zu mobilisieren, die bei ihrem Thema wenig in die Zukunft blicken – es wird oft ein wichtiger „Schock-Teil“ aktiviert. Der so entstehende Rebound-Effekt hilft dann, die

Energie zu mobilisieren, die für eine erste Aktivierung zur Veränderung gebraucht wird.

Es kommt sozusagen zu einem Hin- und Herpendeln zwischen dem Teil, der im Ist-Verhalten Vorteile erlebt, und dem Teil, der eine bessere Zukunft möchte. Damit wird oft auch erstmals die Dramatik der weiteren Ist-Entwicklung erlebbar gemacht.

5. Metaziel-Chunk-Up

Je nach Inhalt und Präzision gleich bei der Zielformulierung oder hier stellen:

a. *„Wofür wird es gut sein, wenn du (ZIELVERHALTEN/ZIELZUSTAND) erreicht hast/tust?“* Oder: *„Was ist der Sinn/Zweck deines (ZIELVERHALTEN/ ZIELZUSTAND)? Was wird es dir bringen?“*

Bleib durchaus ein bisschen dabei und verstärke das gute Erlebnis des Metazielzustandes. Das Metaziel und der damit hervorrufbare attraktiv-positive Zustand kann – wenn gut herausgearbeitet – sehr gut als Hebel- und „Unterstützungskriterium“ dienen, wenn der Klient später in einen Stuck State gerät. Das heißt, dass du dir als guter Coach die relevante sprachliche und körperliche Formulierung des Metazieles gut merken solltest, um sie bei Bedarf mit Hebelfragen zu verwenden, z.B.:

„*Wie sehr würde es dir gerechtfertigt/lohnend erscheinen, das* (z.B. Preise zahlen, bisheriges Gutes loslassen, Ressourcen aktivieren, einen entsprechenden Preis bezahlen etc.) *zu tun, damit du (METAZIEL) bekommst/erreichst/schaffst?*"

Die Frage nach dem Metaziel ist auch wichtig, um angesichts offensichtlich unökologischer oder unrealistischer Ziele auf elegante Art Alternativen herauszufiltern, aber auch, um mehr über die inneren Kriterien und die innere Landschaft zu erfahren und „Lösungs-Shortcuts" zu überprüfen (hoch und lateral, ggf. auch runterchunken).

b. „*Welche anderen guten Möglichkeiten gäbe es, das (METAZIEL) zu erreichen?*"

6. VAKOG-Evidenz, Zielkriterien und Zielzustand

a. „*Woran wirst du konkret merken, daß du (ZIELZUSTAND) erreicht hast?*"

Für Klient und Begleiter *sensorisch* beobachtbare bzw. wahrnehmbare Kriterien, vor allem bei Zielen im Gefühlsbereich, insbesondere wenn das Ziel noch nicht konkret formuliert ist. Das ist sowohl eine Hilfsfrage zur Konkretisierung als auch eine Möglichkeit, den Klienten analog in den Zielzustand gehen zu lassen. (Diesen kannst du pacen, ankern oder ggf. auch selbst ankern lassen.)

b. „*Wie wirst du sein, wenn du (ZIELZUSTAND) erreicht hast?*"

Es ist meist besser – auch um Zugang zu neuen Ressourcen (Hebel) aufzubauen –, eine körperliche Darstellung des Zielzustandes zu forcieren, als diesen nur beschreiben zu lassen. Das Managen des analogen Zustands des Klienten (verstärken, evtl. gleich ankern – je nach Beziehung/Inhalt) ist gleich wichtig wie die verbal/digitale Informationsgewinnung.

7. Preise

a. „*Was gibst du auf bzw. was ist der Preis, den du zahlen müsstest, um (ZIELHANDLUNG) zu tun?*" „*Wie weit/sehr bist du bereit dazu?*"

Wenn ja bzw. vollständig: OK, wenn nein:

b. „*Wie ist daher dein Ziel jetzt umzuformulieren/zu gestalten?*" oder:

c. „*Was brauchst du, um das aufgeben bzw. diesen Preis zahlen zu können?*"

Gegebenenfalls das, was hier deutlich wird, als neues Subziel/Teilziel bearbeiten oder zurück zu den Punkten 1–3 des Zielsatzes und neu formulieren lassen – play it again, Sam!

8. Auswirkungen / Systemische Ökologie

„Wenn du (ZIELHANDLUNG) tust, welche Auswirkungen wird das auf dein Leben haben?" „Wie wird sich dein Leben dadurch verändern?"

Systemisch abfragen (inhaltsabhängig):

a. *„Wie reagiert deine Familie darauf? Dein(e) Partner(in), Kinder, Eltern?"*

b. *„Wie sehr beeinflusst es andere Bereiche in deinem Leben?"* (Gesundheit, Arbeitsplatz, Freizeit, Freunde, Finanzen etc.)

c. *„Was werden sonstige Folgen sein?" „Wie weit stimmst du diesen Folgen zu?" „Was tust du, um sie zu verhindern/beeinflussen?"*

d. *„Wenn du den Folgen nicht zustimmst, was ist dann dein (neues) Alternativziel?"* Zielsatz neu formulieren lassen – play it again, Sam!

Wenn die Punkte 1–8 weitgehend klar sind (manchmal auch früher, um aus „Sackgassen" rauszukommen und/oder gute Zustände zu unterstützen):

9. Ressourcen

a. *„Welche Hilfen (Ressourcen) hast du bereits?"* (Eventuell gleich ankern.)

b. *„Welche Hilfen brauchst du noch?"*

Information, Organisation, etwas lernen, zeigen lassen, innere Sätze, Zeit, Freunde, gute Zustände etc. Beachte innere und äußere Ressourcen. Oft sind Ressourcen bzw. deren Aktivierung als Subziele gesondert aufzubauen. Hier setzen auch die anderen Veränderungsinterventionen von NLP/NLPt an.

Inhaltsabhängig oder auch schon früher bei den Punkten 1–3 verwendbar:

c. *„Was müsstest du (wie) erleben, damit du ab sofort (ZIELHANDLUNG) tust und auch beibehältst?"*

10. Hindernisse

a. *„Was hindert(e) dich bis jetzt, (ZIELHANDLUNG) zu tun?"*

b. *„Was stand/steht dir bisher/noch im Weg?"*

Diese Frage ist inhaltsabhängig zu stellen – achte auf die Zeitformulierung!

Z.B.: welche Erinnerung?
welche bildhafte Vorstellung?
welche Überzeugung?
welcher Entschluss?
welche Loyalität oder Zugehörigkeit?

Hier tauchen oft Phänomene auf, die objektiv dem eigenen Einfluss des Klienten unterliegen, tatsächlich aber von ihm als wenig beeinflussbar erlebt werden. Hier setzen auch die anderen Veränderungsinterventionen von NLP/NLPt an.

c. *„Wie kannst/wirst du mit diesen bisherigen Hindernissen umgehen?"*

Konkret beschreiben lassen, dabei auf Kongruenz achten. Bei Inkongruenzen immer beide Teile sprachlich und nonverbal pacen. Hebelfragen verwenden bzw. als neues Subziel bearbeiten.

11. Glauben, Werte

a. *„Woran musst du glauben, um (ZIELVERHALTEN) zu können?"*

Diese Frage ist kontextabhängig zu stellen, insbesondere bei Veränderungsarbeiten, die Werte und „Glaubenssysteme" berühren.

b. *„Wie sehr glaubst du das?"*

c. *„Was müsstest du konkret erleben, um das glauben zu können?"* (soweit nicht schon bei 9. c. oder früher eine relevante Antwort gekommen ist).

12. Aktionen / Future-Pacing

Future-Pacing ist für viele Menschen ohnehin ein automatischer Prozess, sobald sie innere Hindernisse – z.B. durch NLPt-Zielarbeit – aufgelöst haben!

Je nach Klient kann eine kurze Visualisierung der Schritte, ein Bild der Person von sich selbst, ein Aufzählen, ein Aufzeichnen, das Verfassen einer Checkliste, ein kurzes Probehandeln bzw. Vorerleben in Trance o.ä. den Prozess im Future-Pace absichern.

Wenn du als Therapeut/Therapeutin nicht sicher bist, welcher Weg ein günstiger ist, und dein Klient/deine Klientin noch nicht mit dem Future-Pace begonnen hat, kannst du auch vorsichtig nachfragen, auf welche Art zukünftige Vorhaben bisher gut abgesichert wurden oder was denn jetzt am besten wirken würde? Ganz allgemein kannst du natürlich fragen:

a. „Was ist jetzt ein guter erster Schritt zu deinem Ziel hin?"

Oft ist das Vereinbaren einer Pilotphase sinnvoll, insbesondere wenn die reale Feinplanung von einer Umweltreaktion abhängt, die nicht vollständig vorgedacht werden kann, sondern zuerst erlebt werden muss.

b. „Was konkret wirst du als Erstes tun?" „Bis wann konkret?"

c. „Was ist ein guter zweiter Schritt? Weitere Schritte?"

d. „Welche inneren/äußeren Signale/Auslöser/Anker wird es für dich geben, an denen du merkst, dass du auf gutem Wege bist?"

e. „Welche Vereinbarungen mit anderen musst du treffen, damit du diese relevanten Signale auch erhältst/wahrnimmst?"

f. „Was würde es dir am ehesten leichtmachen, (ERSTER SCHRITT) zu tun?"

Wichtige Hinweise zur Interaktion in der professionellen NLPt-Zielarbeit*

- Sprich deinen Klienten regelmäßig mit seinem Namen an – das verstärkt den Rapport und die Minitrance!
- Verwende sowohl digitalsprachliche (Worte) als auch neurosprachliche (Körperbewegungen etc.) Formulierungen deines Klienten. Vermeide Metasprache, Metakommentare deiner Arbeit und Interpretationen.
- Geh die einzelnen Punkte dieser Anleitung immer unter Beachtung und Nutzung von Pacing und Leading (Körperhaltung, Bewegung, Gestik, Mimik, Augenbewegungen, Sprachmuster, Repräsentationssysteme, Metaprogramme) durch.
- Pacing (z.B. Wiederholen und Zusammenfassen) und Leading (z.B. neue Zielfrage stellen), verbal und nonverbal positiv verstärkt, sind gerade auch für stete kleine Fortschritte sehr wichtig. Was immer du inhaltlich positiv verstärken kannst, verbal und nonverbal, das tue.
- Typische Fallen sind wertpositive Formulierungen (z.B.: „Ich möchte meine Kinder weniger schlagen"), weil hier in einem allgemeinen Wertkonsens das schon als positiv erlebt wird. Dennoch ist hier unbedingt nachzufragen: Was möchtest du wie stattdessen tun?
- Nette Fallen bieten oft auch so genannte Life-Style-Change-Ziele, z.B.: Ich möchte abnehmen (wie viel Kilo?), Gewicht verlieren (wohin?), aufhören zu rauchen (was stattdessen?). Hier ist wichtig, das genaue Stattdessen-Verhalten anhand einer konkreten Beispielsituation herauszuformulieren, insbesondere den Auslösereiz für das Verhalten. Im Zielsatz ist das der Kontextmarker (z.B.: Immer, wenn ich dort im Körper eine Spannung spüre/wenn das und das

* ÖTZ-NLP Trainingsmaterial

passiert, möchte ich statt zur Zigarette zu X greifen oder Y tun, z.B. mir das Bild vorstellen, laufen, mich strecken, einen Schluck Wasser trinken usw.).

- Bei Zielen, in denen die Handlung/Stimmung anderer betroffen ist, d.h., wo der Einfluss augenscheinlich begrenzt ist: Arbeite einerseits den eigenen relevanten Handlungsanteil des Klienten heraus, bringe ihn andererseits dazu, in die Schuhe seines Gegenübers (z.B. Konfliktpartners) zu steigen, um so herauszufinden, wie die Landkarte des anderen (inklusive des Vorteils für diesen) beschaffen ist und wo/wie konkrete Einflussmöglichkeiten bestehen.

- Verwende das Meta-Modell, um relevante sprachliche Tilgungen, Verzerrungen und Verallgemeinerungen des Klienten aufzulösen.

- Verwende Skalen (z.B. 1–10), um nachzufragen, wenn der Klient unklare Formulierungen verwendet (weitgehend, meistens, sehr usw.), und frage dann, was erforderlich ist, um z.B. von 6 auf 7 zu kommen.

- Häufig ist der wichtigste Schritt getan, wenn es dem Klienten gelingt, sein Vorhaben nach den Kriterien von Punkt 2 und 3 (Zielkriterien und Jetzt-geographie) zu formulieren.

- Sehr produktiv ist es, nach dem Herausarbeiten des Zielsatzes in eine „Future-Pacing-Spielhandlung" einzusteigen, damit dein Klient gleich die Möglichkeit hat, sein Zielverhalten analog auszuprobieren (Externalisieren durch Verhalten).

- Oft verschiebt sich auch das Ziel während des Gesprächs aufgrund der Verlagerung unbewusster Kräfte, und/oder es muss zuerst an Subzielen gearbeitet werden.

- Wenn der Klient gerade auf etwas Neues gekommen ist, verwende die einfache Hebelformulierung:

  „Wenn das (NEUE ERKENNTNIS) so ist, was konkret möchtest du daher?" bzw.:

  „Was folgt daraus für (ZIELVERHALTEN/ZIELZUSTAND)?"

- Zielfragen sind grundsätzlich offene Fragen, d.h. Wie-Fragen. Wenn du mehr als dreimal im Gesprächsverlauf von 20 Minuten eine geschlossene Zielfrage stellst (z.B. Gibt es ...? Kennst du ...? Kannst du ...?), bist du möglicherweise mehr an deinen eigenen Lösungen interessiert als am Klienten und am Rapport.

- Verwende nach Ermessen und unter Beachtung der Beziehung (Information statt Munition) verbal und nonverbal die ÖTZ-NLP-Hebelfrage:

„Wie kannst du (ZIEL 1, KRITERIUM 1) erreichen/tun, wenn du dabei (ZIEL 2, KRITERIUM 2, METAZIEL) möchtest/berücksichtigst?

Damit wird – guter Rapport und Stimmführung vorausgesetzt – ein hochwirksamer Ankerausgleich (Trancezustand) angesteuert.

- Ein, wenn auch „nur“ verbal veranlasster Ankerausgleich und/oder eine neu aus der Tiefe des Unbewussten verfügbar gemachte Informationen – mögen sie auch noch so gut und sinnvoll sein – müssen erst in die bestehende innere Landkarte integriert werden. Das benötigt meist Zeit, zumindest eine Pause!
- Im Zweifelsfall .... v e r l a n g s a m e .... den Prozess. Das lässt dir mehr Zeit, den Rapport zu dir selbst und zum Klienten nachzujustieren, und sowohl du als auch dein Klient können vor- und nachdenken. Schließlich sind die Fragen, die du stellst, hochwirksame, potente Instrumente. Da darf für eine gute Antwort schon Zeit sein.
- Achte darauf, ob nach einer Antwort deines Gesprächspartners noch etwas nachkommt, d.h., schau konkret auf Mund, Augen und Atmung, ob dein Klient tatsächlich fertig ist mit seinem Gedankengang. Je mehr du deinem Gegenüber Platz und Zeit einräumst, desto rascher kommst du meist vorwärts!
- Insgesamt: Je erfolgreicher du darin bist, deinem Gesprächspartner bei der Weiterentwicklung zu helfen, desto mehr Zeit zur Verarbeitung benötigt er möglicherweise.
- Beachte physiologisch beobachtbare unterschiedliche „Teile“, damit du sie bei der Arbeit später gut nützen kannst. Eine Aussage wird oft mit ganz anderer Stimmlage und Gestik gesagt werden als eine – vielleicht widersprüchliche – andere.
- Alle nonverbalen Interventionen sprechen das Unbewusste direkt an.
- Achte auch darauf, dass die Inhalts-/Beziehungskongruenz stimmt, d.h., wie sehr sich das Thema, um das es geht, in eurer Interaktion widerspiegelt und wie sehr das nützlich oder hinderlich ist für die Arbeit.
- Wenn dich das Thema deines Klienten selbst sehr berührt und du merkst, dass du zu sehr darauf „anspringst“, ist es in Ordnung, kurz zu unterbrechen, Pause zu machen und dich wieder in einen arbeitsfähigen Zustand zu versetzen (z.B. durch eine kurze Teile-Arbeit mit dir selbst).
- Gute NLP-Zielarbeit ist oft mit – offiziellen oder informellen – Trancen verbunden. Trancen machen oft durstig. Mit Wassertrinken lässt sich gut ein break-state erzeugen.

➟ Bei all deiner NLP-Kompetenz und Wichtigkeit für deinen Klienten bist du nur eine Übergangserscheinung in seinem/ihrem Leben. Stell daher immer deine Interventionen darauf ab, seine/ihre Autonomie und Selbstbestimmung zu stärken!

Viel Freude und Erfolg!

Unsere Ausbildung widmet sich zu einem großen Teil der Entwicklung der Kandidaten vom hyperaktiv-empathischen Agieren zum zurückhaltend-liebevollen Zuhören.

Nachstehender Cartoon skizziert eher das „Vorher".

Hyperaktives Zuhören

Anhang C

Organisatorischer Anhang

Geschichte und Struktur des ÖTZ-NLP

Das Österreichische Trainingszentrum für Neuro-Linguistisches Programmieren wurde im Jahre 1984 von den Psychotherapeuten Dr. Brigitte Gross, Dr. Siegrid Schneider, Dr. Helmut Jelem und Mag. Peter Schütz gegründet.

Von Beginn der Arbeitstätigkeit an hat sich das ÖTZ-NLP darum bemüht, die amerikanischen NLP-Konzepte für Beratung, Pädagogik und Therapie in Richtung einer für die europäische Kultur passenden Methodik weiterzuentwickeln. Die Tatsache, dass es sich bei den Gründern des Österreichischen Trainingszentrums für NLP um Personen handelt, die bereits vor Beginn ihrer NLP-Ausbildung in den unterschiedlichsten psychotherapeutischen Richtungen ausgebildet waren (Dynamische Gruppenpsychotherapie, Psychoanalyse, Gesprächspsychotherapie, Systemische Therapie, Körpertherapie, Psychodrama), hat es von Anfang an möglich gemacht, sowohl organisatorisch als auch inhaltlich mit anderen in Österreich tätigen Schulen und Therapeuten regelmäßig in Austausch zu treten und somit auch einen Beitrag zur Weiterentwicklung des NLP zu leisten, so dass durchaus von einer eigenständigen österreichischen und europäischen psychotherapeutischen Schule des NLP gesprochen werden kann.

Bereits 1986, also noch lange vor der Formulierung des österreichischen Psychotherapiegesetzes, hat das Österreichische Trainingszentrum für NLP bereits eine inhaltlich mit dem 1990 erlassenen Psychotherapiegesetz weitgehend übereinstimmende psychotherapeutische Ausbildungsordnung konzipiert, um sicherzustellen, dass die hochwirksamen Methoden und Techniken nur von einem entsprechenden Wissens-, Erfahrungs- und Selbsterfahrungshintergrund aus vermittelt werden. Diese mehr als vier Jahre dauernde NLP-Psychotherapiequalifikation, motiviert durch die Nähe zum ÖAGG, war weltweit die erste dieser Art.

Auch die Zulassung zur NLP-Ausbildung erfolgte bereits seit 1985 nach den in Österreich, insbesondere im ÖAAG und den analytischen Vereinigungen, üblichen Usancen: Eine Zulassung zur Ausbildung ist erst nach einem positiv absolvierten Auswahlseminar und einem Aufnahmegespräch mit einem oder mehreren Trainern möglich.

Weitere Feedback- und Orientierungsgespräche finden zwischen den einzelnen Ausbildungsschritten des zweiten, dritten und vierten Jahres statt.

Das ÖTZ-NLP stand auch Pate bei der Gründung der EANLPt und ist durch diese seit 1999 in der European Association for Psychotherapy (EAP) vertreten.

Aufgrund der Zugehörigkeit von dreien der Gründer (Dr. SCHNEIDER, Dr. JELEM, Mag. SCHÜTZ) zum Lehrkörper österreichischer Universitäten ist auch eine regelmäßige wissenschaftliche Anbindung gegeben.

Um den unterschiedlichsten Interessen in der NLP-Anwendung genauere und abgegrenzte Arbeits- und Anwendungsmöglichkeiten bereitzustellen, wurden im ÖTZ-NLP – entsprechend der im Rahmen des Psychotherapiegesetzes notwendig gewordenen Professionalisierung – Untergliederungen (Fachsektionen) geformt, nämlich

- für Psychotherapie und klinische Arbeit,
- für Pädagogik und Sozialberatung,
- für Management und Organisationsberatung.

Das ÖTZ-NLP hat, im Sinne der Gemeinnützigkeit des Vereines für Ausbildungskandidaten, aber auch nach Maßgabe der Möglichkeiten für Studierende an österreichischen Hochschulen, eine Präsenzbibliothek mit deutsch- und englischsprachiger NLP-Literatur eingerichtet.

Es bietet auch Praktikumsplätze für Psychologiestudenten und unterhält seit 1997 eine für das psychotherapeutische Propädeutikum anerkannte Beratungsstelle sowie seit 1998 ein psychotherapeutisches Propädeutikum.

e-mail: info@nlpzentrum.at
http://www.nlpzentrum.at

Curriculum des ÖTZ-NLP
– Stand 10. April 2001 –

A. Ausbildung NLP-PsychotherapeutIn

Im folgenden sind die Bezeichnungen geschlechtsneutral zu verstehen.

I. Ausbildungsziele – Tätigkeitsbereich

Der NLP-Psychotherapeut verfügt über eine Ausbildung, die ihn befähigt, mit Hilfe der therapeutischen Grundhaltung, Modelle und Techniken der NLPt therapeutische Wirkung auf Einzelpersonen, Paare und Gruppen auszuüben, die ihm zur Behandlung anvertraut sind. Dies sowohl im Rahmen von kontextorientierter und strategischer Kurzpsychotherapie als auch bei längerfristiger therapeutische Begleitung. Er ist mit dem Wesen der zu behandelnden Phänomene (Krankheit, Störungen) vertraut und kann die Auswirkungen von therapeutischen Maßnahmen und Interventionen einschätzen, so dass er Gefährdungen des Klienten erkennen und ausgleichen sowie eine therapeutische Zielrichtung vermitteln kann.

II. Aufnahmeverfahren für die Ausbildung

Voraussetzung für den Beginn der Ausbildung:

1. ***Erfüllung der Vorgaben des § 10 Abs. 2 des Psychotherapiegesetzes:***
   - Eigenberechtigung
   - Vollendung des 24. Lebensjahres
   - Vorlegung einer schriftlichen Erklärung einer psychotherapeutischen Ausbildungseinrichtung, dass eine Ausbildungsstelle für die Absolvierung des psychotherapeutischen Fachspezifikums, einschließlich des Praktikums gemäß § 6 Abs. 2 Z 2, zur Verfügung gestellt werden wird.
   - Erfolgreiche Absolvierung des psychotherapeutischen Propädeutikums und entweder
   - Absolvierung einer Ausbildung im Krankenpflegedienst oder in einem medizinisch-technischen Dienst oder
   - Zulassung auf Grund der Eignung des Betreffenden nach Einholung eines entsprechenden Gutachtens des Psychotherapiebeirates oder
   - abgeschlossene Ausbildung an einer Akademie für Sozialarbeit, einer Pädagogischen Akademie, einer Lehranstalt für Ehe- und Familienberater, Kurzstudium Musiktherapie, Hochschullehrgang für Musiktherapie oder

- abgeschlossenes Studium der Medizin, Pädagogik, Philosophie, Psychologie, Publizistik- und Kommunikationswissenschaft, Theologie oder für das Lehramt an höheren Schulen oder
- Nachweis eines in Österreich nostrifizierten Abschlusses eines ordentlichen Studiums (im Sinne des vorigen Absatzes) an einer ausländischen Universität.

2. Schulenspezifische Zugangskriterien

a. Die vorläufige Zulassung erfolgt

- nach positiver Beurteilung im Rahmen eines NLP-Einführungsseminares sowie eines Intensiv- und Auswahlseminares (zumindest 50 h, davon zumindest 30h Selbsterfahrung). (Dieses Auswahlseminar kann auch im Rahmen der im Propädeutikum vorgeschriebenen Selbsterfahrung erfolgen.)
- nach einem Aufnahme- und Orientierungsgespräch mit mindestens einem Lehrpsychotherapeuten oder dafür Lehrbeauftragten.

b. Die endgültige Zulassung erfolgt

- nach dem positiven Abschluss des Lehrganges Practitioner I. (zumindest 40h Methodik und 40 h Selbsterfahrung) nach einem Aufnahme- und Orientierungsgespräch mit mindestens einem Lehrpsychotherapeuten oder dafür Lehrbeauftragten.
- Nachweis eines Praktikumplatzes gemäß Psychotherapiegesetz
- Im Sinne der Regelungen des AHStG und des StGG ist eine spezielle Zulassung als außerordentlicher Hörer für besonders geeignete Personen, die nicht über alle Zulassungsvoraussetzungen verfügen, für bestimmte Ausbildungsteile möglich. Ein Abschluss als Psychotherapeut ist für diese Personen nicht möglich. Über Anrechnung derartiger Ausbildungsteile bei Nachbringen der Ausbildungsvoraussetzungen entscheidet der Ausbildungsauschuss.

III. Fähigkeiten

Der Graduierungswerber hat folgende Fähigkeiten (zumindest als gut erkennbares Potential), Kenntnisse und Persönlichkeitsmerkmale nachzuweisen:

a. Den für einen psychotherapeutischen Ausbildungskandidaten erforderlichen persönlichen Entwicklungsstand und adäquate Belastbarkeit.

b. Gute theoretische Kenntnisse aus Persönlichkeitspsychologie, NLP-Theorie, insbesondere Trancemethodik, kognitivpsychologische und Systemtheorie. Er muss diese persönlichkeitsfördernd, systemfördernd und prozessfördernd einsetzen können.

c. Erkennen von Störungen sowie die Fähigkeit, gesundheitsfördernde Entwicklungen und Ressourcen zu aktivieren.

d. Die Fähigkeit, therapeutische Designs zu entwickeln und umzusetzen.

e. Verfügbarkeit einer hohen Kreativität, Verantwortung und verschiedener Hilfsmittel, um Entwicklung zu fördern.

IV. Fachspezifische Ausbildung

Die fachspezifische Ausbildung beinhaltet einen theoretischen und einen praktischen Teil, wobei den Prinzipien der Methode Neuro-Linguistische Psychotherapie entsprechend die Vermittlung weitestgehend integriert und aufeinander abgestimmt erfolgt.

Insgesamt umfasst die fachspezifische NLPt-Ausbildung:
(Die in Klammern stehenden Zahlen entsprechen der Anforderung des PThG § 6)

Theoretischer Teil:
a. Theorie der gesunden und der psychopathologischen Persönlichkeitsentwicklung 80h (60h)
b. Methodik und Technik der Psychotherapie (Schwerpunktbildung) 330h (200h)
c. Persönlichkeits- und Interaktionstheorien 90 h (50h)
d. Pychotherapeutische Literatur 40h (40h)

Praktischer Teil:
a. Psychotherapeutische Selbsterfahrung und Lehrtherapie 370 (200)
b. Praktikum mindestens 550 h (davon 150 h innerhalb eines Jahres in einer facheinschlägigen Einrichtung des Gesundheitswesens)
c. Praktikumssupervision 30 h (30 h)
d. Supervision 180 h (120 h)

Die fachspezifische Ausbildung findet in drei Ausbildungsabschnitten statt, die jeweils Theorie, Methodik, Selbsterfahrung und Supervision enthalten.

Im Interesse der Persönlichkeitsentwicklung und je nach Reife und Vorerfahrungen des Kandidaten sind nach Maßgabe der Ausbildungsleitung Veranstaltungen des nächstfolgenden Abschnittes bereits während des I Abschnittes absolvierbar.

Insbesondere nach jedem Ausbildungsabschnitt ist mit dem Kandidaten durch ein Orientierungsgespräch abzuklären, ob das jeweilige Ausbildungsziel erreicht ist, ansonsten ist ein Weiterverbleib in der Ausbildung als ordentlicher Hörer nicht möglich.

Das psychotherapeutische Praktikum und die zugehörige Praktikumssupervision wird in Regelfall mit Beginn bzw. während des II. Ausbildungsabschnittes zu absolvieren sein.

Die volle psychotherapeutische Tätigkeit (Psychotherapeut in Ausbildung unter Supervision) mit leidenden Personen wird – mit Ausnahme live supervidierter Tätigkeit im Rahmen von Ausbildungsveranstaltungen – im Einvernehmen mit der Ausbildungsleitung im Regelfall im III. Ausbildungsabschnitt beginnen können.

Fachspezifischer Ausbildungsabschnitt I: *Schwerpunkt: Selbsterfahrung und Methodik*

Struktur:
a. Ausbildungsgruppe 1 (PR2) inklusive 40h Peergroup-Arbeit mit Schwerpunkt Theorie/Methodik) 200h Schwerpunkt: Theorie, allgemeine Techniken der NLP-Psychotherapie, insbesondere der zielorientierten Therapie mit besonderer Berücksichtigung der Klientenökologie. Selbsterfahrung.

b. Blockseminar NLP-Gruppenselbsterfahrung (Systemische Orientierung I) 40h

c. Im Regelfall Beginn der Einzelselbsterfahrung bei einem von der Ausbildungsleitung akzeptierten Psychotherapeuten 25h

Der 1. Ausbildungsabschnitt beinhaltet gemäss PthG:

- Theorie gesunder und pathologischer Persönlichkeitsentwicklung 10h
- Methodik und Technik der Psychotherapie 110h
- Persönlichkeits- und Interaktionstheorien 10h
- Psychotherapeutische Selbsterfahrung (Gruppen und fraktionierte Einzelselbsterfahrung) 70h sowie 50h Einzel-Selbsterfahrung
- Supervision 30h

Fachspezifischer Ausbildungsabschnitt II: *Schwerpunkte Methodik, Einzelselbsterfahrung und Supervision*

Struktur:

a. Ausbildungsgruppe 2 (MP): Schwerpunktbildung Psychotherapie (200h) mit den Schwerpunkten
a1: Explizite und implizite Modellierprozesse und T.O.T.E. Konzepte (Theorie 30h)
a2: Tiefgehende Interventionsmethodik für Veränderung auf Glaubens- und Wertebenen und Arbeit mit Submodalitäten (Methodik 60h, Selbsterfahrung 60h)
a3: Während dieser Ausbildungsgruppe ist im Rahmen einer Projektarbeit der eigene Lern- und Entwicklungsfortschritt schriftlich zu dokumentieren.
a4: Blocksupervision 50h

b. Blockseminar NLP-Gruppenselbsterfahrung (Systemische Orientierung II) 40h

c. Weiterführung der kontinuierlichen Einzelselbsterfahrung bei einem von der Ausbildungsleitung akzeptierten Psychotherapeuten (>25h)

d. Blockseminare NLP & Psychosomatik (Theorie/Methodik 16/16h)

e. Blockseminare: NLP in der Arbeit mit Kindern (Theorie/Methodik 12/12h)

f. Blockseminar Krisenintervention (Theorie/Methodik 12/12h)

Der 2. Ausbildungsabschnitt beinhaltet gemäss PthG:

- Theorie gesunder und pathologischen Persönlichkeitsentwicklung 20h
- Methodik und Technik der Psychotherapie 100h
- Persönlichkeits- und Interaktionstheorien 50h
- Psychotherapeutische Selbsterfahrung 125h
- Supervision praktischer psychotherapeutischer Tätigkeit 50h

Fachspezifischer Ausbildungsabschnitt III: *Schwerpunkte Methodik, Supervision, Theorie und abrundende Selbsterfahrung*

Struktur:

a. Ausbildungsgruppe 3 – ca. 2 Jahre 300h

Der Certifikats-Kurs umfasst Diagnostik, spezielle therapeutische Techniken, insbesondere Erstgespräch, Anamnese und Diagnose sowie Entwurf und Veränderung von feldbezogenen, therapeutisch wirksamen Designs unter Abstimmung auf die psychopathologischen Voraussetzungen der Klienten, Umgang mit Psychosen, spezielle Psychosomatik, spezielle systemische Interventionen, Krisenintervention II, Literatur, Theorie und Untersuchungsmethodik, Blocksupervision psychotherapeutischer Arbeit. Aufteilung:

SE 50h
Methodik 80h
Supervision 70h
Theorie 80h
Literatur 20h

b. Beginn NLP-Supervisionsgruppe (60h)
Zum Abschluss der Supervision sind fünf schriftliche Fallberichte vorzulegen. Diese sind vom Supervisor gegenzuzeichnen.

c. Allfällige Weiterführung der Einzelselbsterfahrung

d. Abrundende Einzelselbsterfahrung (NLP Lehrtherapie) bei einem von der Ausbildungsleitung nominierten Lehrtherapeuten > 25h. Dieser soll nicht ident sein mit dem Therapeuten/in der Einzelselbsterfahrung

e. Tätigkeit als Ressourceperson > 60h (Methodik)

f. „Gegenfächer“: psychotherapeutische Methoden anderer „Schulen“ 50h (SE)

Der 3. Ausbildungsabschnitt beinhaltet gemäss PthG:

- Theorie gesunder und psychopathologischer Persönlichkeitsentwicklung 50h
- Methodik und Technik der Psychotherapie 120h
- Persönlichkeits- und Interaktionstheorien 30h,
- Literatur 20h
- Psychotherapeutische Selbsterfahrung 125h
- Supervision praktischer psychotherapeutischer Tätigkeit 130h

Die Praktika haben gemäss Psychotherapiegesetz § 6 Abs. 2 Z 2 zu erfolgen.

Abschluss:
Voraussetzung für die Abschlussprüfung ist der positive Abschluss aller Teile/Lernschritte des Curriculums inkl. des Nachweises der praktischen Arbeit von 600 Patientensitzungen unter entsprechender Supervision.

Die Ausbildung schließt mit einer schriftlichen Abschlussarbeit und einer mündlichen kommissionellen Gesamtprüfung vor dem vom Ausbildungsauschuss nominierten Prüfungsgremium.

Die Abschlussarbeit hat zumindest 2 Monate vor der Abschlussprüfung vorzuliegen.

Abbruch bzw. Ausschluss von der Ausbildung:
Eine Unterbrechung bzw. ein Abbruch der Ausbildung ist durchzuführen, wenn:

- Die mangelnde psychische Eignung des Kandidaten vom Ausbildungsauschuss festgestellt wird.
- Bei Verstoß gegen ethische Prinzipien des psychotherapeutischen Berufes.

Eine Wiederaufnahme der Ausbildung nach einer Wartezeit kann vom Ausbildungsausschuss genehmigt werden, sofern Grund zur Annahme besteht, dass die in der Person des Ausbildungskandidaten bestehenden Gründe und Dynamiken für die Ausbildungsunterbrechung (Ausschluss) keinen relevanten Einfluss mehr haben werden.

Übergangsregelung:
Personen, die zum Zeitpunkt der Anerkennung des ÖTZ-NLP als § 7 Institution PThG in Österreich (Stichtag 1) bereits Ausbildungsteile absolviert haben, können die Ausbildung zum Psychotherapeuten fortsetzen, sofern das Propädeutikum innerhalb von 3 Jahren ab Stichtag 1 nachgeholt wird und die Voraussetzungen für die Zulassung zutreffen.

Personen, die die NLP-Therapiequalifikation vor dem 1.1.98 abgeschlossen haben und bereits in die Psychotherapeutenliste eingetragen sind, gelten als graduiert.

Für Personen, die die NLP-Therapiequalifikation vor dem 1.1.98 zumindest zu 80% abgeschlossen haben und bereits in die Psychotherapeutenliste eingetragen sind, sind Teilanrechnungen ihrer bisherigen Erfahrung und zusätzlichen Ausbildungen in anderen Psychotherapiemethoden im Einzelfall möglich.

Für Fristverlängerungen ist eine einstimmige Entscheidung des Ausbildungsausschusses notwendig.

B. Ausbildung LehrpsychotherapeutIn NLPt

1. Im Regelfall 5-jährige Tätigkeit als Psychotherapeut auf Basis einer anerkannten NLPt-Ausbildung nach den Kriterien des ÖTZ-NLP

2. Besonderes wissenschaftliches Engagement und didaktische Kompetenz

3. Absolvierung der erforderlichen Lehrausbildungen und -supervisionen (> 300h)

4. Lehrtherapeuten- oder Lehrbeauftragten-Kolloquium

5. Teamfähigkeit im Ausbildungsausschuss

6. Übergangsregelung: Personen, die zum Zeitpunkt der Anerkennung des ÖTZ-NLP als § 7 Institution PThG in Österreich (Stichtag 1) bereits mehr als 3 Jahre Erfahrung als anerkannter NLP-Therapeut nach der jeweils geltenden Ausbildungsordnung des ÖTZ-NLP hatten und innerhalb von 2 Jahren nach dem Stichtag 1 auch die gesetzliche Eintragung als Psychotherapeut erlangt haben, können bei Vorliegen von B.2. bis B.5 als Lehrpsychotherapeuten oder – für den Fall eingeschränkter Qualifikation – als Lehrbeauftragte anerkannt werden. Für Fristverlängerungen ist eine einstimmige Entscheidung des Ausbildungsausschusses notwendig.

EANLPt
– Europäische Gesellschaft für Neuro-Linguistische Psychotherapie –

Die EANLPt wurde 1995 gegründet als die Plattform von nationalen NLPt-Organisationen, NLPt-Trainingsinstituten und Neuro-Linguistischen Psychotherapeuten, die NLPt in Europa repräsentieren. Unsere Mitglieder sind nationale Organisationen oder Arbeitsgruppen für NLPt aus derzeit (April 2001) fünfzehn europäischen Ländern: Lettland, Kroatien, Dänemark, Österreich, Griechenland, Deutschland, Frankreich, Belgien, Italien, Schweiz, Finnland, Irland, Niederlande, Ungarn und Polen.

Ziel und Auftrag der EANLPt ist das Fördern der psychotherapeutischen Anwendung von NLP (Neuro-Linguistische Psychotherapie NLPt) als anerkannte Psychotherapie-Methode in Europa. Darüber hinaus unterstützen wir die Durchsetzung hoher Trainingsstandards und repräsentieren diese Methode in den europäischen Regierungsstellen und innerhalb der EAP. Wir unterstützen auch die Gründung einer weltweiten Plattform für NLPt.

Mit der Europäischen Gesellschaft für Psychotherapie arbeiten wir zusammen zur Ausstellung des *European Certificate for Psychotherapy* (ECP) auf der Basis von NLPt. Die Voraussetzung für das ECP für NLPt ist die Erfüllung des unten abgedruckten Metacurriculums (englischer Originaltext).

EANLPt Europäische Gesellschaft für Neuro-Linguistische Psychotherapie
A-1094 Wien, Widerhofergasse 4
Tel: +43-1-317 67 80, Fax: +43-1-317 67 81-22 , http://www.eanlpt.org
Mobile: +43-676-317 47 02, e-mail: eanlpt@ping.

Metastructure of Training Curriculums for Neurolinguistic Psychotherapy (NLPt) (1998)

Based on the NLPt traditions in Europe since 1986 and the standards of EAP, an EANLPt recognized curriculum has to fulfill the following criteria:

Prerequisite for NLP therapy training:

Higher education:
A least a 3 year B.A. or B.Sc. – preferably in Humanities, Education, Social Science, Medicine or Psychology. In case of other studies the relevant knowledge in Psychology and Social and Medical sciences has to be proven. Where required by law, e.g. in Austria, a specific demonstration of relevant knowledge is necessary (Psychotherapeutisches Propaedeutikum).

In addition a structured process of assessment before the beginning of training of at least 3 days is required.

The actual 4-5 year currriculum has to be structured as follows:

1st year: A somewhat advanced NLP Practitioner training group with emphasis on counselling/therapy >250 hours (at least 6 modules of a minimum of 3 days each, stretched over at least 10 months).

2nd year: Master Practitioner training group with emphasis on counselling/therapy >250 hours (at least 6 modules of a minimum of 3 days each, stretched over at least 10 months).

The first and second year together should contain at least 250 hours of self-awareness-training, 100 hours of methodology, 50 hours of theory and 100 hours of supervision.

In addition, > 150 hours of documented peer group meetings for practical peer work, indepth literature study (theory) and discussion should be performed within the first and second year.

3rd and 4th year: Training groups (> 500 hours) should contain:

Self-awareness: >50 hours

Supervision (group) for clinical work: 100 hours

Advanced psychotherapeutic methodology, including therapy strategy, resonance and transference patterns: 200 hours

Advanced psychotherapeutic / psychopathologic / clinical theory: 150 hours

In addition, at least 100 hours of documented peer group meetings for practical peer work, in-depth literature study (theory) and intervision should be performed.

Additionally required training modules:

NLPt theory and literature seminars: > 40 hours

Individual therapy with a qualified NLPt Therapist: >75 hours

Special training in crisis intervention, psychosomatic interventions: 80 hours

NLPt special topics (depending on governmental requirements and the specificemphasis of the NLPt training institute) and theory/etiology of disorders: > 120 hours

Individual psychotherapeutic supervision with a recognized and experienced NLPt Supervisor: >40 hours.

At least four cases of at least 15 hours each must be documented in writing.

Clinical work with patients under supervision: > 600 hours.

All of the practical clinical work should be done in a healthcare/clinical/institutional setting.

A written thesis and a final exam are required.

Ein Konsumentenführer durch die Vielfalt von NLP-Kursen, -Diplomen und -Angeboten – eine professionell-europäische Perspektive

Peter Schütz

NLP-Kurse gibt es viele, fast alle werden – ursprünglich aus Marketingüberlegungen – „NLP-Practitioner-Kurs" genannt (in Anlehnung an die amerikanische Berufstradition (practitioner of law, practitioner of medicine ...). Profil, Inhalt und Länge haben sich seit den ersten Practitioner-Kursen (ab 1978) sehr gewandelt und diversifiziert. Mangels allgemein anerkannter Vereinigungen und Standards gibt es inzwischen eine große Vielfalt, was auch der NLP-Denkweise entspricht. Gleiches gilt für die Qualifikation und Zertifizierung von NLP Trainern, -Lehrtrainern und -Lehrpsychotherapeuten.

In der Praxis der NLP-Ausbildung handelt es sich meistens um Anwendung psychologischer bzw. psychotherapeutischer Vorgehensweisen, da die meisten NLP-Modelle aus dem Modellieren von Psychotherapeuten hervorgegangen sind.

D.h.: NLP arbeitet nicht nur mit der Oberflächenstruktur der Gedanken, Formulierungen und den sozialen Rollen vom Menschen, sondern immer auch mit der Tiefenstruktur der Gefühle, der Glaubenssätze und der Psyche des Menschen. Daher lohnt es sich, sehr genau darauf zu achten, wessen fachlicher und menschlicher Kompetenz man sein psychisches, emotionales, soziales und spirituelles Lernen anvertraut.

Interessanterweise besuchen viele Personen – motiviert durch tolle Versprechungen in NLP-Büchern und marktschreierischen Artikeln – NLP-Kurse statt einer Psychotherapie – was durchaus legitim sein mag. Andere wollen auf dem Hintergrund einer entsprechenden Berufsqualifikation NLP als professionelle Fortbildung erlernen. Auch in diesem Falle macht es sich bezahlt, sich genauer zu erkundigen, was Sache ist. Manche NLP-Kurse sind – je nach Qualifikation der Ausbilder – für staatliche Coaching/Therapie/Mediations-Lizenzen anrechenbar.

Die im folgenden gemachten Angaben sind so gut wie möglich recherchiert und entsprechen dem Sprachgebrauch der Branche, der sicher vielfältig ist. Im Regelfall gilt: Je kürzer der Kurs, desto teurer pro Tag und desto problematischer die wahrscheinliche Ausbildungsqualität. D.h., die längeren Kurse haben das beste Preis/Leistungs-Verhältnis. Ausnahme: Bei Massenkursen von 7 Tagen mit >100 TN kann es pro Tag wieder billiger werden.

Es macht auch einen wesentlichen Unterschied, wie gezielt geschult und supervidiert wird. Die traditionelle Arbeitsform des NLP sieht vor, dass abwechselnd jeder Teilnehmer als Coach, Klient und Beobachter arbeitet. Daher ist es für die Qualität der Ausbildung auch entscheidend, ob aus finanziellen Gründen jede Person aufgenommen wird, oder ob ein Auswahlverfahren durch geschulte Fachkräfte erfolgt. Andernfalls kann es leicht vorkommen, dass psychisch schwerstbelastete und instabile Personen im Kurs mit Ihnen aktiv als Coach arbeiten.

Selbstverständlich ist es möglich, in jeder dieser Arbeitsformen zu lernen und positive menschliche Erfahrungen zu machen – vermutlich jedoch mit unterschiedlicher Tiefe und Differenzierung.

Ähnliche Ausdifferenzierungen finden sich bei den Zugangsvoraussetzungen, der Kompetenz, Erfahrung und Ausbildung von „NLP-Trainern".

Eine der Grundpositionen im NLP ist es, das Positive herauszustreichen und nichts zu unternehmen, was von anderen Personen als abwertend oder kränkend erlebt werden könnte. Damit wurde lange Zeit die in anderen Bereichen von Training, Wissenschaft, Körperkünsten etc. übliche Differenzierung von und Auseinandersetzung über Standards vermieden. Das hatte zur Folge, dass es schwierig geworden ist, Glaubwürdigkeit und valide pragmatische Kommunikationsstrukturen zu etablieren.

Während etwa in der Welt der Ärzte, Richter, Psychotherapeuten, Sozialarbeiter, Karatelehrer, Zen-Mönche, Priester, Klinischen Psychologen, Berufspiloten aufgrund von Ausbildungsstruktur, Schulentradition, standardisierter Zugangsvoraussetzung, Ausbildungslänge und Tradition das getestete Minimumwissen und Durchschnittswissen statistisch sehr gering streut und in größeren gesellschaftlichen Systemen verankert ist, sind fast all diese Parameter in der NLP-Welt kaum diskutiert, vereinbart bzw. in andere, staatliche und halbstaatliche, Systeme eingebunden. Das führte unter anderem dazu, dass in manchen Ländern auf politischer Ebene darüber diskutiert wird, aus Gründen des Konsumentenschutzes NLP zu verbieten oder einzuschränken. Auch wird NLP häufig journalistisch und fachlich sehr vereinfacht und/oder als unwirksam dargestellt.

Während erwartet werden kann, dass ein NLP-Ausbilder sowohl über hohe persönliche Reife und Erfahrungals auch überdurchschnittliche Kompetenz im psychosozialen Bereich und Wissen im fachlichen Bereich verfügt, sieht die Realität häufig ganz anders aus. Die Spannbreite von Menschen, die NLP-Kurse anbieten, reicht vom esoterisch-verwirrten wissenschaftsfeindlichen Highschool-Dropout, der in wenigen Wochen sich sein Trainerzertifikat erkauft oder ersessen hat, über „get-rich-quick-Immobilienmakler mit Hang zur Macht" bis hin zum in der Arbeit mit Menschen langjährig erfahrenen Zen-Mönch und Arzt mit 5jähriger solider Trainerausbildung und Selbsterfahrung.

Aus sozialwissenschaftlicher Sicht (im Sinne der Typologien von Bacon) hat sich NLP in vier Richtungen entwickelt, die aus den Kursprospekten nicht sofort erkennbar sind.

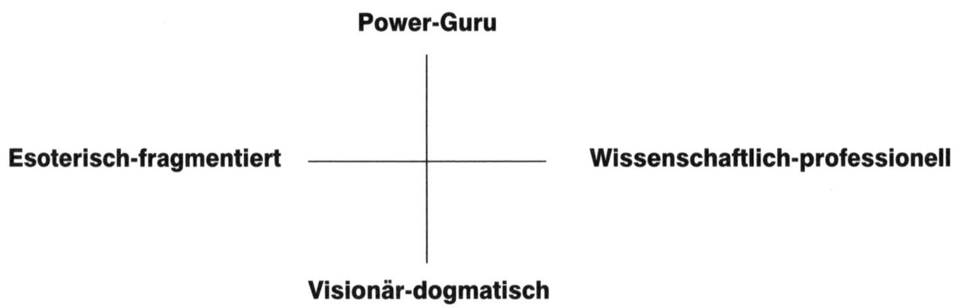

Esoterisch-fragmentiert

Kurse unterschiedlicher Länge, sehr naturnahe Designs mit viel Tanz und Musik, wissenschaftsphob, an der überwiegend „hypnotischen" Sprache erkennbar. Die Ausbilder verfügen selten über höhere abgeschlossene Berufsausbildungen und/oder Berufsberechtigungen.

Power-guru clubbings

Meist sehr kurze Kurse in Blockform; sehr intensives Großgruppenerlebnis mit bis zu mehreren 100 Personen, eher „young power male" und kurzfristig selbstbewusstseinsstärkend orientiert; überwiegend Demonstrationen vor der Großgruppe, kaum fachlich angeleitetes und supervidiertes Training.

Visionär-spirituell-dogmatisch

Meist längere Blockkurse, viel strukturiertes schriftliches Material, stark beziehungs- und dogmatisch wertorientiert im Sinne der amerikanischen „political correctness", durchaus persönlichkeits- und selbsbewusstseinsstärkend, weniger auf Kompetenztraining und Verständnis von Gruppenprozessen hin organisiert.

Professionell-wissenschaftlich-organisiert

Eingebunden in staatliche und halbstaatliche Organisationen, wertorientiert, didaktisch und technologisch fokussiert, um neben positiver Persönlichkeitsentwicklung auch tatsächliche Handlungskompetenz nachweisbar zu vermitteln (Videofeedback, strukturierte Peergruppenprozesse, aktive Fallsupervision im Kurs, realistisches Testing mit Fremdreferenz).

Große NLP-Verbände – zumindest im deutschen Sprachraum – haben sich traditionell aus kommerziellen und politischen Gründen auf Minimalstandards bzgl. Kurslänge und Inhalte geeinigt, da z.B. zweiwöchige Trainerkurse leicht und rasch Geld bringen.

Etwas bessere Standards bzgl. der Trainerqualifikation bieten kleinere Trainerverbände (INLPTA, NLDÖ-NLP-Professionell, EANLPt...).

Es empfiehlt sich daher, vor Besuch eines Kurses genau zu recherchieren und weniger auf die äußere Aufmachung als vielmehr auf den tatsächlichen Hintergrund der Ausbildner und die Strukturen zu achten. Es scheint auch so zu sein, dass Ausbildungen, die von mehreren erfahrenen Trainern gemeinsam geleitet werden, weniger auf Abhängigkeit und mehr auf Vielfalt der gelebten Modelle abzielen, und bei Konflikten mit Kursteilnehmern bessere Chancen einer win-win Regelung haben.

Die im folgenden verwendeten Kodierungen für Training-Standards sind idealtypische Beschreibungen (Typologien), natürlich gibt es auch Mischformen.

Außerdem finden wir:

Standard-**Fernstudium** – Ja, auch das gibt es: Ihr zertifizierter mail-order-NLP-Practitioner J (einige Tonbandkassetten + Lehrbücher für das Fernstudium), manchmal ein Tag Abschlusskurs.

Die Hauptphänomenologien der NLP Practitioner Kurse

* Standard **Speedy** – 5-7-Tages-Kurse. Häufig mit 50-300 Teilnehmern, viele Großgruppentrancen mit Rockmusik-Berieselung, auch Business-(Verkaufsmotivations-) Kurse, häufig im englischen Sprachraum zu finden, auch bei US-Firmen, die im deutschen Sprachraum Fuß fassen wollen.

** Standard **Quick** – 130 Stunden, 16-18 Tage. Meist in einem bis zwei Blocks, häufig Trainer mit Miniausbildung (2 Jahre) vor Trainingsbeginn, Assistentenmindestqualifikation nur 110 Stunden. Aus diesen Kursen ist im Regelfall weder praktische Handlungskompetenz noch Berufsberechtigung ableitbar. Häufig bei DVNLP-Ausbildungen zu finden. Positiv: Der Clubbing-Charakter, zwei Wochen hindurch eine schöne Zeit für relativ viel Geld. Produzieren oft kurzfristige Highs, mit wenig Follow-up-Möglichkeiten. Kein Auswahlverfahren.

*** Standard **Kommerziell** – 180 Stunden, 24 Tage, die Ausbildung ist über mindestens 9 Monate gestreckt. Trainerausbildung mindestens vier Jahre vor Trainingsbeginn, Assistentenmindestqualifikation 220 Stunden. Auch bei DVNLP-Ausbildungen zu finden. Kein Auswahlverfahren.

Sonderform: **Kommerziell Block** (Feriencamps) – In USA und Europa, Qualität sehr unterschiedlich, Anrechenbarkeit hinsichtlich der europäischen Rechtsnormen selten möglich. Produzieren oft kurzfristige Highs, mit wenig Follow-up-Möglichkeiten. Sehr oft mit sehr großen (mehr als 50 Personen) Gruppen. Kein Auswahlverfahren. Interessant wegen der Gruppendynamik und der Mehrsprachigkeit. Auch hier sehr große Unterschiede in Design und Standard. Kein Auswahlverfahren. Mit diesem Kurstyp – in Kombination mit Quick-Kursen – ist es möglich, in wenigen Monaten zu Trainerzertifikaten zu gelangen.

**** Standard **Solid** (NLDÖ 1) – 240-280 Stunden, 35-40 Tage, Ausbildung ist über mindestens 9 Monate gestreckt, professionelle Supervisionen, Peergroups, NLP-Trainerausbildung über vier Jahre vor Trainingsbeginn, ausreichende Einzelselbsterfahrung und Supervision der Trainer, mehrere Trainer. Schwerpunkt auf der persönlichen Entwicklungsarbeit und professioneller Methodik. Auswahlverfahren.

***** Standard **Professional** (NLDÖ II) – 240-280 Stunden, 35-40 Tage, Ausbildung über mindestens 9 Monate gestreckt, professionelle Supervisionen, strukturiertes Auswahlverfahren, Zielcoaching-Video verpflichtend, Testing mit externen Personen. NLP-Trainerausbildung über fünf Jahre vor Trainingsbeginn, ausreichende Einzel-selbsterfahrung und Supervision der Trainer, mindestens drei Lehrtrainer, die auch voll qualifizierte Psychotherapeuten, Ärzte, psychologische Berater sind.

	Ausbildungs-tage	Trainer-Ausbildungs-standard	Anrechenbarkeit in Österr. bei gesetzl. Ausbildungen	Profession. Testing mit Video und externen Klienten	Mind. drei Lehrtrainer sind lizens. Psychotherapeuten	Dauer	Strukturiert. schriftliches Video-Feedback für TN	Professionelles Zulassungsverfahren	Gruppen-größe
Fernstudium	?	??		nein	?	unbegrenzt	nein	?	?
Mini	5–7 Tage	??	nein	nein	?	1 Woche	nein	nein	unbegrenzt
Quicky	14 Tage Block	DVNLP 21 Tage	nein	nein	nein	Block, ev. zusätzl. 1 Wochenende	nein	nein	unbegrenzt
Kommerziell	18–24 Tage	DVNLP 21 Tage	teilweise	nein	nein	teilweise	nein	nein	unbegrenzt
Solid	30–35 Tage	> NLDÖ Standard I > 80 Tage	teilweise	nein	teilweise	teilweise	nein	teilweise	30
Professionell	35–40 Tage	> NLDÖ Standard II *)	ja	ja	ja	> 9 Monate	ja	ja	30

*) > 80 Tage + Psychotherapieausbildung, Nachweis der Arbeit mit realen Klienten

Publikationen

Dokumentationen, Fallstudien, Forschung

Results of NLP treatment in Psychotherapy

A study of NLP aaplication in Psychotherapy was organised by Martina Genser-Medlitsch and Peter Schütz in Vienna, Austria in 1996. The test sample of 55 therapy clients and the control group of 60 clients on a waiting list were matched by pattern of symptoms, age, family circumstances, education level, therapy experience etc. The test group were seen by members of a group of 37 NLP Master Practitioners (22 men and 15 women) who used a full range of NLP techniques (reframing, setting outcomes, parts work, meta-model, metaphor, trance, time line work, anchoring, belief changes, submodality shifts, strategies, and trauma-phobia process). Clients were assessed with a number of questionnaires before therapy, after therapy, and at 6 month follow-up. The assessments checked ocurrence of individual discomfort, clinical psychological symptoms, coping strategies used for stress management, locus of control (feeling of being in control of their lives), and subjective evaluation of the therapy by the client and the therapist.

Diagnoses (ICD9) ranged from schizo-affective and other psychotic disorders, through alcohol dependence, endogenous depression, psychosomatic disorders, and other issues to post-traumatic stress disorders. The disorders were more severe initially in the test group than in the control group on all scales, and their use of psychiatric drugs was higher. On average, treatments lasted 12 sessions (1–48) over a period averaging 20 weeks.

After treatment 1.9% of clients who had had NLP therapy felt no different, 38,9% felt better, and 59.3% felt considerably better. None of those treated felt worse. In the control group, 47.5% felt no different, 29.5% felt better, and 6.6% felt considerably better. 9.8% of the controls felt worse and 4.9% felt considerably worse. At 6 month follow-up, 52% of clients who had had therapy felt considerably better, 28% felt better, 12% felt there was no change, and 8% felt worse. Meanwhile, the therapists rated 49% of their treatments as having met objectives well, 47% as having met objectives to a certain extent, and 4% as of little or no success.

After therapy, the clients who received NLP treatment scored higher in their perception of themselves as being in control of their lives (with a difference at 10% significance level), had reduced their use of drugs, used more successful coping methods to respond to stressful situations, and showed less symptoms of anxiety, aggression, paranoid thinking, social insecurity, compulsive behaviour, and depression. The study showed that some positive changes occurred in the control group as well which could not be accounted for by the therapy, including reduction of psychosomatic symptoms, social isolation and paranoid thinking.

Altogether, positive changes in 25 of 33 symptom areas (76%) occurred as a result of the therapy, positive changes in 3 areas occurred in both groups, and no significant changes occured in 5 areas.

Amongst the group who received therapy some interesting differences emerged. In 63.15% of the symptom scales changes were more pronounced in those under 36 years than in those over 35 years old. On 40% of the symptom dimensions, men improved more than women (especially in the areas of feeling more in control of their lives, and reduction of paranoid thinking, aggression, depression and anxiety). Clients receiving longer durations of therapy (11–48 sessions, as compared to 1–10 sessions) had more gains (especially in relief from compulsive and psychotic behaviours) at the end of therapy, but showed some loss at 6 month follow-up.

The NLP Model of Association/Dissociation and the NLP Phobia/Trauma Process

The effectiveness of the NLP Phobia cure, which is based on the NLP model of dissociation, is supported by several small scale studies. The treatment in question, which takes about 10 minutes, is the standard one taught in NLP Practitioner trainings.

Denholtz M.S., and Mann, E.T., „An automated audiovisual treatment of phobias administered by non-professionals“ in: The Journal of Behaviour Therapy and Experimental Psychiatry (6, p 111–115), 1975. The first report of the application of the technique, suggesting it may have some merits.

Allen, K., „An Investigation of the Effectiveness of Neuro-Linguistic Programming Procedures in treating Snake Phobias“ (in: Dissertation Abstracts International 43, 861B), 1982. This study of 36 undergraduate students with snake phobia found the NLP process behaviourally as successful as far more time-consuming than behaviourist Massed Systemic Desensitisation regimes, and subjectively more convincing to the participants.

Einspruch, E., „Neurolinguistic Programming in the Treatment of Phobias“, in: Psychotherapy in Private Practice 6(1): 91-100, 1988. Findings from this study by the University of Miami Phobia Trauma Clinic suggest that the technique is successful with regard to symptoms of both anxiety and depression in clients with phobias. 31 phobic patients seen in the group/class treatment program completed a phobia questionnaire (fear inventory) and the Beck Depression Inventory before and after 8 weeks of treatment. 17 patients seen in individual therapy completed part of the phobia questionnaire before and after treatment. Results indicate marked improvement by those who were treated. Findings suggest that NLP holds promise for treating phobias.

Koziey, P., and McLeod, G., „Visual-kinesthetic Dissociation in Treatment of Victims of Rape“, in: Professional Psychology, Research and Practice 18(3); 276–282,1987. The study, from the University of Alberta, showed the reduction of anxiety in teenage rape victims, and recommends the use of the process in cases of trauma.

The Use of Submodalities

Many NLP techniques are based on the changing of specific qualities (called submodalities) of the internal pictures, sounds and body responses a subject uses. Research on these was occuring before NLP developed, and is summarised in the back of the book. Gordon, D., *Therapeutic Metaphors,* Meta Publications, Cupertino 1978

Studies show, for example, that the submodalities in which a client views a placebo (what colour, what size the pill, how colourful the packaging is) will affect the result.

Other studies show that changes in the submodalities in one sensory system will automatically result in changes in the other sensory systems and in emotional changes as well (so if you change the way your internal picture looks, you'll feel different). As an example, office workers in a room repainted in blue colour will complain of the cold, even though the temperature has remained the same, but will stop complaining if the room is repainted yellow. These responses take place on a physiological level; like sounds of about 80 decibels, which produce a 37% decrease in stomach contractions (similar to the result of „fear", and likely to be percieved as such, as the comparsed of musical scores for thriller movies know).

These examples are taken from:

Buckalew, L.W., and Ross, S. , „Relationship of Perceptual Characteristics to Efficacy of Placebos", in: *Psychological Reports* 49, p 955–961, 1981;

Berry, P., „Effect of Coloured Illumination Upon Percieved Temperature", in: *Journal of Applied Psychology*, 45(4), p 248–250;

Smith, E.L., and Laird, D.A., „The Loudness of Auditory Stimuli Which Affect Stomach Contractions In Healthy Human Beings", in: *Journal of the Acoustic Society of America*, 2, p 94–98, 1930.

Anchoring

In orthodox psychological literature, the NLP technique of anchoring is known as classical conditioning, as developed 100 years ago by Ivan Pavlov (who induced dogs to salivate by ringing a bell just before feeding them, and then just ringing the bell). In one of the earliest studies of classical conditioning, an eleven months old boy (Albert) was introduced to a white rat. Initially, Albert liked the rat and wanted to play with it.

However, each time he reached for it, the experimenter made a loud noise behind his back, which frightened him. After five such incidences, the fear was anchored to the rat, and Albert started to panick each time he saw it. After inducing this phobia by anchoring, the experimenters were then able to remove it by using a similiar procedure (though this must have clearly been an ethically dubious procedure for both Albert and the rat!). Research from p 40 in :

Davison, G.C., and Neale, J.M., *Abnormal Psychology.* John Wiley & Sons, New York, 1986.

Of the hundreds of examples of anchoring principles applied in an innovative way, without the name „anchoring" being used, one stands out for me. It is Ellen Langer's study of two groups of elderly men (aged 75-80 years), at Harvard University. For 5 days, these two otherwise similiar groups of men lived in a closely supervised retreat centre out in the country. One group was engaged in a series of tasks encouraging them to think about the past (to write an autobiography, to discuss the past etc). The other group was engaged in a series of tasks which actually anchored them back into a past time (1959). They wrote an autobiography only up to 1959, describing that time as „now", watched 1959 movies, had 1959 music playing on the „radio", and lived with only the artifacts available in 1959. Before and after the 5 days, both groups were studied on a number of criteria associated with aging. While the first group stayed constant or actually deteriorated with respect to these criteria, the second group dramatically improved with respect to physical health measures such as joint flexibility, vision, and muscular strength, as well as IQ testing. They were anchored back to being 50 years old, by the sights and sounds of 1959.

Langer, E.J., *Mindfulness,* Addison Wesley, Reading, Massachusetts, 1989.

The NLP Allergy Process, described below, is an example of a well researched NLP technique using this anchoring principle.

The NLP Allergy Process

For this topic a research base exists outside of NLP. Several studies suggest that allergic responses can be generated (and thus also be removed) by classical conditioning (which in NLP is called anchoring). In these studies, an allergy inducing chemical is given to mice, for example, at the same time as a camphor smell is released. In following sessions, the smell of camphor will induce an allergic response. See as an example:

„Pavlovian Conditioning of Rat Mucosal Mast Cells to Secrete Rat Mast Cell Protease II", in: *Science,* 6, January 1989, p 83–85.

Small scale studies of the results of NLP are also supportive. There has been a study by Dr Judith Swack studied ten people suffering from a variety of allergies (cats, dust, flowers, cigarette smoke etc). Seven of the ten responded to the ten minute allergy process by become completely response-free. Over two years, the results decreased however, as three of the seven regained some allergic response.

Interestingly, of the three who initially did not respond successfully to the allergy process, two became allergy free once Swack used other NLP techniques (Time Line Therapy, the Compulsion Blowout and the Trauma Process) with them as well.

The overall success of NLP in treating allergies may be close to 100%, but the success of the 10 minute process itself, with no other interventions, is initially 70%, and 40% on long term follow-up.

Swack, J.A., „A Study of Initial Response and Reversion Rates of Subjects Treated With The Allergy technique", in: *Anchor Point,* Vol 6, No 2, Feb 1992.

Hypnosis and the Communication with the Unconscious Mind

The research on the results of Hypnosis in general, and Ericksonian Hypnosis in particular, is filling quite a lot of volumes. NLP Practitioners have contributed to that research, as for example in the study done by Lynn Timpany (of Transformations NLP Consultants Ltd, New Zealand) on the effectiveness of a one-session hypnosis treatment for morning sickness and anxiety in 12 women who were pregnant. Of those 12 women, two had sleeping problems which disappeared as a result of the session, five of the eight who were vomiting noticed a significant improvement, and two went from being nauseous virtually 100% of the time to feeling ill less than 20% of the time.

Timpany, L., „A Study of The Effectiveness of Single Session NLP Treatment For Pregnancy Treatment", in: *Anchor Point,* June 1996, p 18–19.

The literature about hypnosis documents some remarkable successes in a variety of fields. As a reference, see: Crasilneck, H.B., and Hall, J.A., *Clinical Hypnosis: Principles and Applications,* Allyn and Bacon, Boston, 1985.

Studies show that hypnosis can override what would have been considered „incurable congenital conditions". For example, the British Medical Journal in 1952 published a study of a 16 year old boy suffering from congenital ichthyosis erythroderma, whose skin was covered in a horny layer, with fluid weeping at the joints. After the week following hypnotic treatment, small areas of the body were clear, and the results spread to the rest of the body over the second week (loc. Cit., p. 376).

In one of the clearest demonstrations of the ability to communicate with a person's

unconscious mind, D. Cheek induced 3000 fully anaesthetised patients to produce hand movements as „yes"- and „no"-signals, obviously without their conscious knowledge.

Cheek, D., „Awareness of Meaningful Sounds Under General Anaesthesia", in: *Theoretical and Clinical aspects of Hypnosis*, Symposium Specialists, 1981.

Time Line Therapy® and the Treatment of Medical Conditions such as Asthma

A one year research study (May 1993–May 1994) into the treatment of asthmatics with NLP techniques was done in Denmark. Results have already been presented at a number of European conferences, including the Danish Society of Allergology Conference (August 1994), and the European Respiratory Society Conference (Nice, France, October 1994)

The study was run by General Practitioner Jorgen Lund and NLP Master Practitioner Hanne Lund, from Herning, Denmark. Patients were selected from 8 general practices. 30 were included in the NLP intervention group, and 16 in the control group. All received basic medical care including medication. Most had never heard of NLP before, and many were completely disbelieving in it, or even afraid of it. Their motivation to do NLP was generally low.The intervention group had an initial one-day introduction to NLP and Time Line Therapy®, and then 3–36 hours (average 13) of NLP intervention. The NLP focus was not mainly on the asthmatic condition, it rather was on how the people concerned were living their daily lives.

The interventions used were:

- Clearing anger, sadness, fear, hurt, guilt and any limiting decisions using Time Line Therapy®;
- using the NLP Trauma cure on the origin of the asthma.
- Plus using the NLP allergy cure.

The results affected both their lives in general as well as their asthmatic condition. The patients concerned tended to describe their change subjectively as enabling them to be „more open", getting „collossal strength and self confidence", „a new life" etc.

The lung capacity of adult asthmatics tends to decrease by 50ml a year on average. This was the case in the control group. Meanwhile the NLP group increased their lung capacity by an average of 200ml (like reversing four years of damage in a year!). Daily variations in peak flow (an indicator of unstable lung function) were at 30–40% in the beginning. In the control group they decreased to 25%, but in the NLP group they fell to below 10% . Sleep disorders in the control group were at 70% in the beginning, dropping to 30%. In the NLP group they were at 50% in the beginning, dropping to ZERO. Use of inhalers and medication in the NLP group fell to near ZERO.

Hanne Lund points out that the implications of this project are far beyond asthma management. She says, „We consider the principles of this integrated work valuable in treatment of patients with any disease, and the next step will be to train medical staff in this model." Hanne Lund can be reached at: NLP Creative Kommunikationa, Bredgade 11, DK 7400 Herning, Denmark

The NLP Model of Sensory System Strategies and the NLP Spelling Strategy

One of the most important claims made by NLP is that people think in specific sensory languages, and these types of thought can be accessed by changing the direction, in which the subject's eyes are looking. The following experiment supports this notion, and the effectiveness of ist application to memorising the spelling of words.

F. Loiselle at the University of Moncton in New Brunswick, Canada (1985) selected 44 average spellers, as determined by a pretest on their ability of memorising nonsense words. Instructions in the experiment, which required the 44 to memorise another set of nonsense words, were given on a computer screen.

The 44 were divided into four subgroups:

- Group One were told to visualise each word in the test, while looking up to the left.
- Group Two were told to visualise each word while looking down to the right.
- Group Three were told to visualise each word (no reference to eye position).
- Group Four were simply told to study the word in order to learn it.

The results of the testing which took place immediately after were the following: Group One (who did acually look up left more than the others, but took the same amount of time) improved their spelling by 25%, Group Two worsened their spelling by 15%, Group Three improved by 10%, and Group Four scored the same as previously. This strongly suggests that looking up left (Visual Recall in NLP terms) enhances spelling, and is twice as effective as simply teaching students to picture the words. Furthermore, looking down right (Kinesthetic in NLP terms) damages the ability to visualise the words. Interestingly, in a final test some time later (testing retention), the scores of Group One remained constant, while the scores of the control group, Group Four, plummeted a further 15%, a drop which was consistent with standard learning studies. The resultant difference in their ability to memorize the spelling of the words for these two groups was 61% .

Thomas Malloy at the University of Utah Department of Psychology completed a study with three groups of spellers, again pretested to find average spellers. The first group were taught the NLP spelling strategy of looking up and to the left, the second group were taught an auditory based on phonetics (pronouncation), whereas no new information was given to the third group. In this study the tests involved real words. Again, the visual recall spellers improved 25%, and had near 100% retention one week later. The group taught the auditory strategies improved 15% but this score dropped 5% in the following week. The control group showed no improvement.

These studies support the NLP Spelling Strategy specifically, as well as the NLP notion of Eye Accessing Cues, Sensory system use, and Strategies in general. They are reported in: Dilts, R. and Epstein, T., *Dynamic Learning*, Meta Publications, Capitola, California,1995

Identifiers: Biostatistics; Human; Research Heading #7
Dialog (R) File 86: Mental Health Abstracts

0520453
Matching Perceptual Predicates: Effect on Perceived Empathy in a Counseling Analogue.
Hammer, A.L.
Washington Univ.
Journal of Counseling Psychology (Washington) (US) 30:2 172-179, Apr 1983 ISSN: 0022-0167
Languages: English
Document Type: Journal

This study investigated Grinder and Bandler's (1976) assertion that responding with perceptual predicates similar to those used by a speaker results in increased perceived empathy. In an analogue counseling interview with 63 female undergraduates, counselors tracked the use of visual, auditory, and kinesthetic perceptual predicates and then responded with either similar or dissimilar predicates of their own. A significant difference was found between treatments in the expected direction, with students in the matched predicates condition rating their counselors higher on perceived empathy. There was no difference between interviewers and no interaction effect. The procedure of continually tracking and matching perceptual predicates is contrasted with the method of identifying and matching a primary representational system used by other researchers, and questions are raised about the assumptions regarding representational systems in neurolinguistic programming. It is concluded that the tracking procedure was preferable for empirical and theoretical reasons. Implications for training and further research are discussed. (31 refs.)

Descriptors: perception; counseling; counselors; empathy; students; training
Identifiers: Female; Human Heading #8
Dialog (R) File 86: Mental Health Abstracts

0425052
HER1982-20582
Neurolinguistic Programming: Testing Some Basic Assumptions. (Ph.D. Dissertation).
Birholtz, Laura S.
Fielding Institute
Dissertation Abstracts International 42(5): 2042-B, 1981. Ann Arbor,
Univ. Microfilms No. 8118324, 131p., 1981.
Languages: English

A study was conducted to determine whether people tend to exhibit preferred modes of representation in their use of verbal predicates, as asserted by Bandler and Grindler. Ss (n=27) responded to two sets of stimulus questions, separated by a 1 week interval, completed a personality measure on the third week, and completed a self-report questionnaire on the fourth week. Ss showed a deliberate or nondeliberate preference for words that reflect one sensory category more than another. All Ss identified as having a preferred mode had a kinesthetic preferred mode. These Ss showed stability over time, over reports of positive and negative experiences, and over reports of time references (past, present, and future experiences). No match was found between categorization by predicates and categorization by self-report. There were nine significant correlations between personality characteristics and the proportion of predicates used: five were between the proportion of auditory predicates used as measures of well-being, socialization, achievement via conformance, and intellectual efficiency. The three most often identified modes were visual, auditory, and kinesthetic; these three accounted for nearly 100% of the predicates used.

Including nouns did not affect categorization. (Journal abstract modified)

Descriptors: Perception; Psycholinguistics
Identifiers: Dissertation; Human; ResearchHeading #11
Dialog (R) File 86: Mental Health Abstracts

0424697
HER1982-20187
Speaking the Client's Language: The Effects of Neuro Linguistic Programming (Predicate Matching) on Verbal and Nonverbal Behaviors in Psychotherapy. A Single Case Design. (Ph.D. Dissertation).

Frieden, Fredrick Paul.
Virginia Commonwealth University
Dissertation Abstracts International 42(3): 1171-B, 1981. Ann Arbor,
Univ. Microfilms No. 8118960, 146p., 1981.
Languages: English

Bandler and Grinder's technique of neurolinguistic programming, predicate matching, was tested as to its effects on trust, communicative behaviors, and outcome using two female undergraduates seeking counseling for personal problems. Partial support for Bandler and Grinder's theories was found. When some of the data was averaged it appeared that predicate matching produced increased eye contact and paradoxically increased head to head distance. The findings are discussed in terms of anxiety or intimacy regulation. Relationship as measured by the Barrett-Lennard Relationship Inventory was not affected by the independent variable of matching/mismatching. Outcome as measured by the target complaints indicated that each client/participant experienced improvements in all three identified symptom areas. (Journal abstract modified)

Descriptors: Communication; Delivery-Program evaluation; Psycholinguistics; Psychotherapy
Identifiers: Dissertation; Human; ResearchHeading #12
Dialog (R) File 86: Mental Health Abstracts

0406710
HER1982-01622
The Effect of Matching Primary Representational System Predicates on Hypnotic Relaxation.
Yapko, Michael D.
Hypnosis Center and Counseling Alternatives, 5922 El Cajon Boulevard, San Diego, CA 92115
American Journal of Clinical Hypnosis 23(3): 169-175, 1981.
Languages: English

The effect of matching primary representational system (PRS) predicates on hypnotic relaxation was investigated in 30 Ss exposed to three different hypnotic inductions varying in sensory language structure according to major representation systems. The newly emerging and rapidly growing neurolinguistic programming model of communication states that conversational language reflects a favored sense for processing information, or PRS. The assumption that the use of similar language structure would increase rapport and influence was tested. Ss were evaluated by EMG for relaxation obtained from PRS compatible and noncompatible inductions. Ss objectively obtained the greatest relaxation when experiencing hypnotic inductions containing predicates corresponding to their PRS (p less than .05). Matching PRS predicates increases the relaxation level of Ss exposed to matching and nonmatching inductions, and identifying and matching PRS language structures appears to enhance rapport and influence. 10 references. (Author abstract modified)

Descriptors: Hypnotism; Communication
Identifiers: Journal; Human; ResearchHeading #13
Dialog (R) File 86: Mental Health Abstracts

0539109
Neurolinguistic Programming in the Context of Group Counseling Childers, j.h. jr; Saltmarsh, R.E.
Department of Counselor Education, University of Arkansas, Fayetteville, Ar
Journal for Specialists in Group Work (Falls Church) (US) 11:4
221-227, nov 1986 issn: 0193-3922
Languages: English
Document type: Journal

This article describes neurolinguistic programming in the context of group counseling and specific techniques that can be used in various stages of group counseling. The five stages of group development are outlined, and the activities of the group leader in each stage determined. (10 refs.)

Descriptors: group processes; methodology; neurosciences;
psychophysiology; psychotherapy; encounter group therapy; group counseling;
linguistics; neurology; psychotherapeutic techniques

Identifiers: biostatistics; human
Heading #3
Dialog(R)file 86:mental health abstracts

0533472
The Phobia Paradigm in Neurolinguistic Programming
Psychiatry The State Of The Art Volume 4, Psychotherapy And Psychosomatic Medicine Proceedings Of The VII World Congress Of Psychiatry, Held July 11-16, 1983, In Vienna, Austria
Rempel, K.
Alberta Children's Hospital 1820 Richmond Rd. S.W., Calgary, Canada T2t 5c7 Ca
Plenum Press New York, NY (US) 305-309, 1985 Isbn: 0-306-41604-2
Languages: English
Document Type: Chapter

At the heart and core of ericksonian therapy and therefore of the nlp model is the assumption that the patient has within his own personal history all of the resources and learnings he needs to resolve his current difficulties. Erickson was often heard to say to his patients, „your unconscious contains a vast storehouse of learnings, memories and resources"1. He believed that even clients with the most deprived and impoverished backgrounds had experiences that could serve as the raw materials for creating and developing new resources to assist them in meeting their present needs. He further believed that each and every experience, no matter how painful, could serve as an asset and foundation for learning. People have resources but they have many of them unconsciously and they are often not organized in the appropriate context. In frogs into princes, bandler and grinder write, „it is not that a person can't be confident and assertive at work, it is that he isn't. He may be perfectly confident and assertive on the golf course ... But he has never made that transfer, that connection"2. It is when a person is unable to access needed resources in a particular context, that increased stress will be exerted on his already available conscious resources which may produce anxiety, or more extreme symptoms of psychopathology, and ultimately an arrest to his further growth and learning. The difficulty lies not in the lack of resources but rather in the absence of associative links that will connect needed resources to appropriate contexts. In ericksonian therapy, the therapist's task therefore, is to assist the client to access and retrieve unconscious resources and experiences within his personal history and to reassociate them to a present context in order to achieve desired change. (4 refs.)

descriptors: communication; neurosciences; psychotherapy; associative processes; linguistics; neuropathology; phobias; psychotherapeutic processes; unconscious (personality factor)
identifiers: biostatistics; human
heading #4
Dialog(R)file 86:mental health abstracts

TI: Wie wirksam ist therapeutische Hilfe mit NLP?
AU: Schnappauf,-Rudolf-A.
AD: Am Fussgraben 26, 65597 Huenfelden-Heringen, Germany
SO: MultiMind – NLP aktuell, 1994, 6, 14-21
AB: Informiert wird im Überblick über die Grundlagen und Effekte des Neurolinguistischen Programmierens (NLP) in der Psychotherapie. Eingegangen wird dabei besonders auf die Bedeutung der Bezeichnung NLP, die Entstehungsgeschichte, den systematischen Charakter und die Inhalte von NLP sowie die Unterschiede zwischen NLP und anderen Therapieformen. Ausgeführt wird ferner, (1) dass NLP Erfolgsstrategien liefert, (2) dass NLP die beste Lösung für alle Beteiligten sucht, (3) dass NLP die Selbsthilfekräfte von Menschen belebt, (4) dass NLP Menschen in gute Zustände führt, (5) dass NLP absolut diskret ist, (6) dass NLP anhand feinster körpersprachlicher Signale fuehrt, (7) dass NLP die positive Absicht sucht, (8) dass NLP als Kurzzeittherapie häufig sehr effektiv ist, (9) dass NLP die Vielfalt schätzt und integrierend wirkt, (10) dass NLP respektvoll und tolerant ist, (11) dass NLP behindernde Konflikte löst, (12) dass NLP Persönlichkeitsanteile integriert und so Energie freisetzt, (13) dass im NLP 99 Prozent „Verstehen des anderen" und ein Prozent „Intervention" ist sowie (14) dass NLP oft viele positive Nebeneffekte erzielt.

TI: Eine Untersuchung zum Submodalitätenkonzept des NLP
AU: Weerth,-Rupprecht
AD: Hardinghausstr. 25, 4500 Osnabrück, Germany
SO: MultiMind – NLP aktuell, 1992, 3, 9-12
AB: In einer Pilotstudie wird untersucht, inwieweit die im Submodalitätenkonzept des Neurolinguistischen Programmierens (NLP) postulierten Veränderungen der Submodalitäten (definiert als formal-qualitative Feinunterscheidungen innerhalb jeder Sinnesmodalität) von Vorstellungen, die ihrerseits in subjektiv emotionsrelevanten Situationen fester kognitiver Bestandteil sind, emotionsverändernd wirken können. In vier Seminaren wurden 29 Personen in halbstandardisierter Form theoretisch und praktisch in die Eigenanwendungs-möglichkeiten des Submodalitätenkonzepts eingefuehrt. Dabei wurden zahlreiche direkte Wirkungen und ein halbes Jahr später deren Dauerhaftigkeit sowie spontan weitergeführte Eigenanwendungen

von Submodalitätenveränderungen abgefragt. Die deskriptive Auswertung ergab bei allen Seminarteilnehmern emotionsrelevante Wirkungen, wobei sich mehr und weniger wirksame Submodalitäten zeigten. Weiterhin konnten bei knapp zwei Drittel der Teilnehmer verschiedene erfolgreiche Alltagsanwendungen der gelernten Methodik festgestellt werden. Hieraus lässt sich auf die theoretische und praktische Relevanz dieses Teilkonzepts des NLP schliessen.

TI: Erweiterung einschränkender Glaubenssätze und Veraenderung von Verhaltensweisen bei HIV-positiv

AU: Konefal,-Janet

IN: University of Miami, Miami, FL, United States; School of Medicine; Department of Psychiatry

SO: MultiMind – NLP aktuell, 1992, 3, 30-36

AB: Über den Einsatz von Techniken des Neurolinguistischen Programmierens in der Arbeit mit Personen, die von einer HIV (Human Immunodeficiency Virus)-Infektion betroffen sind, wird berichtet. Dabei wird die Bedeutung imaginativer Techniken bei der Auseinandersetzung mit der Erkrankung (Aufbau einer positiven Zukunftsorientierung, Dissoziation von Identität der Person und Virus) und die Notwendigkeit einer Veraenderung einschränkender Glaubenssätze (HIV-Infektion als unausweichliches Todesurteil) betont. Dadurch soll der Stressfaktor, den die Tatsache der Infektion auf die Person ausuebt, gemindert werden. Verschiedene Übungen (Kommunikation zwischen Teilen, Time-Line-Technik, ein gesuenderes Ich schaffen, Stärkung des Lebenswillens) werden schematisch dargestellt.

TI: Arbeit mit einem HIV-Positiven
NLP-Anwendung „Gesundheitsrad"

AU: Bader,-Birgit

AD: Gustav-Falke-Str. 2, 20144 Hamburg, Germany

SO: MultiMind – NLP aktuell, 1995, 4, 22-28

AB: Die auf der Grundlage der „Logischen Ebenen" von Robert Dilts und dem daraus entwickelten „Gesundheitsrad" von Janet Konefal durchgeführte Psychotherapie mit einem HIV (Human immunodeficiency virus)-infizierten Patienten wird beschrieben. Es wird deutlich gemacht, wie die Techniken des Neurolinguistischen Programmierens eingesetzt werden, um mit dem Patienten die in seinen Symptomen enthaltene Botschaft zu erkunden.

TI: Prüfungsangst ... wegankern in nur einer Sitzung?
Eine empirische Untersuchung

AU: Reckert,-Horst-W.

AD: Königsbergerstr. 3, 72280 Dornstetten, Germany

SO: MultiMind – NLP aktuell, 1994, 6, 22

AB: Die Effektivität der Technik des „Anker-Kollabierens" aus dem Neuro-linguistischen Programmieren (NLP) bei der Kurzzeittherapie von Prüfungsangst wird untersucht. Zwölf Studenten wurden in einer ungefähr 45minütigen Sitzung mit NLP-Anker-Kollabieren vorbereitet: Die Problem- und Ressourcephysiologien wurden an den beiden Handgelenken kinästhetisch geankert und zum Kollabieren gebracht. Im Vergleich zu einer Kontrollgruppe von 13 Studenten, die sich die Prüfungssituation im Sinne eines mentalen Trainings in allen Repräsentationssystemen vergegenwärtigen sollten, belegen vor und nach dem Training bzw. der Prüfung erhobene Fragebogendaten die Effizienz der Anker-Kollabieren-Technik. Die während des Trainings erfassten Herzratendaten lieferten dagegen widersprüchliche Befunde.

TI: Using an Imaginary Scrapbook for Neurolinguistic Programming in the Aftermath of a Clinical Depression: A Case History.
AU: Hossack-A; Standidge-K
SO: Gerontologist. 1993 Apr; 33(2): 265-8
AB: We employed neurolinguistic programming (NLP) principles to develop a positive self-identity in an elderly male patient in England recovering from clinical depression. This novel technique encouraged recall of intrinsically rewarding past experiences. Each experience was conceptualized in an image and compiled chronologically in an imaginary book, providing continuity to what were chaotic and fragmented recollections during the immediate postdepressive stage. The patient's anxiety and depression were alleviated and his own functional goals largely realized. The scrapbook approach to alleviating depressive symptoms combines NLP principles, sensory modality preference in information processing, guided reminiscence and recall therapy, and the lifebook method.

TI: Neurolinguistic Programming as an Adjunct to other Psychotherapeutic/ Hypnotherapeutic Interventions.
AU: Field-ES
SO: Am-J-Clin-Hypn. 1990 Jan; 32(3): 174-82
*LHM: ZBMed-100 Zentralbibliothek für Medizin in Wien, Währinger Gürtel 18-20 1097 Wien Tel.40400/1085
AB: The therapeutic dissociative techniques of „anchoring“ and „three-part dissociation“, neurolinguistic programming (NLP) treatment paradigms incorporating the idea of division into ego states, are effective in crisis intervention and as a stimulus for catharsis. Using the anchoring technique in the first session, a 23-yr-old male patient with severe anxiety, manifested by episodes of hyperactivity, was able to superimpose inner resources upon the situations which led to the episodes. Utilizing three-part dissociation, the patient experienced the hyperactive episodes „for the very last time“ and terminated them permanently. Hypnotic exploration and ideomotor signaling were used with a 32-yr-old male patient presenting with uncomfortable feelings associated with intense anger. After the origin of the anger was determined, a three-part dissociation produced an abreaction and catharsis. Interaction at a cognitive level integrated the feelings and knowledge into personal consciousness.

TI: A Simple Hypnotically Based NLP Technique Used With Two Clients in Criminal Justice Settings.
AU: Curreen,-Merlin-P.
IN: Psychological Services Div, Auckland, New Zealand
JN: Australian-Journal-of-Clinical-and-Experimental-Hypnosis; 1995 May, Vol 23(1) 51-57
AB: Much of the language of neurolinguistic programming (NLP) derives from Ericksonian hypnosis and the techniques utilized in both can be successfully integrated to facilitate effective therapeutic change, particularly in cases where clients have poorer verbal and social skills, or are resistant to behavior change in therapy. This paper describes the use of NLP and Ericksonian techniques in hypnosis with clients in the criminal justice system. In Case 1, a 28-yr-old Maori man who was charged with assault on a female became violent and depressed and assaulted and harassed a married woman with whom he had an affair when he realized that she was not taking the relationship seriously. In Case 2, a 30-yr-old part Maori man began to experience panic attacks soon after he was sentenced to prison for aggravated robbery. In both cases, a basic NLP technique, enhanced by hypnotic language patterns, worked effectively to bring about successful outcomes.

TI: Brief Treatment for Adult Children of Alcoholics: Accessing Resources for Selfcare.
AU: Crandell,-John-S.
JN: Psychotherapy; 1989 Win Vol 26(4) 510-513
AB: The case of a 57-yr-old female adult child of an alcoholic (ACA) illustrates that brief treatment may be all that is necessary to help many ACAs who possess the requisites for effective self-care but who have been blocked from using them. The case shows how therapy can find a way around the inhibition of the resource of self-care by mobilizing existing internal resources so that emotional needs can be responded to in the self. In this case, the techniques of accessing resources and anchoring were drawn from neurolinguistic programming.

TI: Neuro-Linguistic Programming in the Treatment of Phobias.
AU: Einspruch,-Eric-L.; Forman,-Bruce-D.
IN: U Miami, Phobia & Anxiety Disorders Clinic, FL, US
JN: Psychotherapy-in-Private-Practice; 1988 Vol 6(1) 91-100
AB: Evaluated a program for treating phobias based on R. Bandler and J. Grinder's (1979) neuro-linguistic programming (NLP) and Ericksonian approaches to psychotherapy within the context of a multifaceted treatment program. 31 phobic patients seen in the group/class treatment program completed a phobia questionnaire fear inventory and the Beck Depression Inventory before and after 8 wks of treatment. 17 patients seen in individual therapy completed part of the phobia questionnaire before and after treatment. Results indicate marked improvement by those who were treated. Findings suggest that NLP holds promise for treating phobias.

TI: Sexual Abuse of Males by Females: The Problem, Treatment Modality, and Case Example.
AU: Shelden,-Virginia-E.; Shelden,-Randall-G.
IN: Behavioral Medicine Assoc, Las Vegas, NV, US
JN: Family-Therapy; 1989 Vol 16(3) 249-258
AB: Reviews literature on the sexual abuse of males by females, focusing on the sexual abuse of a male child by his mother. A treatment model known as neurolinguistic programming (NLP) is described. The primary focus in NLP is outcome. The task of the therapist is to identify behavior in which clients no longer wish to engage and to have clients state in specific positive terms their desired state. NLP, biofeedback, and other methods may be used to expose early sexual abuse as an underlying source of adult dysfunction; this discovery may be used to gain access to a disturbed family system. A case study is presented of a 42-yr-old male patient who was sexually abused by his mother and in which NLP was the treatment of choice.

TI: Self-Empowerment and the 15-Minute Solution
AU: Stanton, -Harry-E.
SO: AUST-J-CLIN-EXP-HYPN. 24/2 (137-144) 1996
CP: Australia
AB: Rapid-change therapeutic techniques are becoming increasingly popular and in this article four of these, deriving from the work of the neuro-linguistic programmers – the switch, anchoring a positive feeling, installing belief, and rapid trance induction – are linked in order to provide a treatment intervention occu-

pying a time period of 15 minutes. Three case studies involving examination anxiety, weight loss, and fear of public speaking are used to illustrate how the techniques might be applied.

TI: Treating Phobias Rapidly with Bandler's Theatre Technique.
AU: Stanton, -Harry-E.
IN: U Tasmania, Hobart, Australia
JN: Australian-Journal-of-Clinical-and-Experimental-Hypnosis; 1988 Nov Vol 16(2) 153-160
AB: Describes R. Bandler's (1985) theater technique, which makes use of mental imagery and dissociation to treat phobias. Working within the neurolinguistic programming tradition, Bandler, rather than treating phobias over a protracted time period as decreed by conventional wisdom, uses an approach that removes phobias rapidly. Case examples of a 47-yr-old female agoraphobic, a 36-yr-old male social phobic, and a 29-yr-old female simple phobic illustrate the treatment of each Diagnostic and Statistical Manual of Mental Disorders (DSM-III) category of phobia with this technique.

TI: Combining Hypnosis and NLP in the Treatment of Telephone Phobia
AU: Stanton, -Harry-E.
AD: Centre for Learning and Teaching, University of Tasmania, GPO Box 252C, Hobart, Tas. 7001, Australia
SO: AUST-J-CLIN-EXP-HYPN. 24/1 (53-58) 1996
AB: Two neuro-linguistic programming techniques which have proven to be therapeutically effective are those of the 'theatre' and the „collapsing of anchors". As both have produced good results when used individually, their combination is likely to provide a very powerful therapeutic intervention. When a hypnotic induction is also brought into play as a means of increasing patient expectancy of success, the combination can provide a vehicle for effective single-session therapy. The manner in which this approach to therapy might be applied is illustrated in the treatment of an insurance agent afflicted with telephone phobia.

TI: Using the Power of Belief in Acupuncture and Holistic Medicine: Case studies
AU: Vachon, -D
SO: AM-J-ACUPUNCT. 21/1 (33-40) 1993
AB: Drawing on his experience in acupuncture, psychoneuroimmunology and Neuro-Linguistic Programming, the author provides practical techniques and case studies on how to help patients discover unhealthy beliefs and how to empower them to create healthy alternatives. The techniques can be easily integrated into the therapeutic routine and are useful for enhancing the patient's general ability to meet life's challenges.

Title: Images of Trauma._(book reviews)
Authors: Muss, David
Citation: The Lancet, May 15, 1993 v341 n8855 p1266(2)
Subjects: Books_Reviews
People: Healey, David
Rev Grade: A
Reference #: A13976751
Excerpt: Full Text COPYRIGHT Lancet Ltd. 1993

Post-traumatic stress disorder, at long last, has been clearly identified by Healey as one of the most important neuroses of the past decade. Note, for instance, the complete absence of post-traumatic stress disorder from the index of the 1990 edition of the Oxford Textbook of Psychiatry. The underlying message is that, since its definition in 1980, the study of this condition has given us the chance to stop looking for biological, mechanical, genetic, or other reasons to explain the presence of psychological difficulties, and that we must carefully listen to what each patient is telling us, for therein lies the answer.

Healey not only mentions neurolinguistic programming (NLP) but also indicates that in the NLP treatment images are focused on and actively manipulated. I reported the successful application of the NLP rewind technique as adapted to post-traumatic stress disorder in 1991 and, although I am unable to describe precisely how it works, Healey offers an excellent explanation as to why the technique is so successfull. Rightly, he observes that „when talking about recurrent intrusive images there is a major problem, which is that declaring ourselves verbally is essentially a univocal communication that in any point in time can only abstract certain aspects of extreme consciousness. In part, therefore, the difficulty in talking about recurrent imagery will be that there is always far more going on in our conscious state than we can ever describe. The problem is like commentating on a football match, sometimes the most important events happen at a different part of the stage to that which you happen to have an eye on at the moment“. In the rewind technique, the traumatised patient does not say anything to the therapist but rather looks at the images mentally and goes through them forwards and then backwards. It is probably by covering the whole stream of consciousness rather than having to verbalise one instance to the therapist that the technique manages to inactivate the whole of the recurring distressing sequence of events. The end result is that of restoring competence to the patient.

TI: West Meets East: The Art of Subconscious Healing in Traditional Chinese Medicine and Acupuncture

AU: VACHON D, 1214 Spruce Street, Berkeley CA 94709, USA

SO: Journal: American Journal of Acupuncture, 1991, 19 (1) 37-57

AB: This paper discusses therapeutic intervention within the framework of some of the latest advances in psychoimmunology. It describes the healing process as a matter of establishing a dialogue with the patient's subconscious mind. In this regard, the author analyzes the sequence of events leading to the satisfactory resolution of any type of disease – from the original interview to the final assessment of the results – from two different perspectives: 1) Traditional Chinese Medicine and 2) Neuro-Associative Conditioning (NAC SUP T SUP M), a form of Neuro-Linguistic Programming (NLP SUP T SUP M). English Descriptors: Acupuncture; Review; Folk medicine; Western medicine; Human; Oriental medicine

---

TI: Glaubenssysteme und der Glaube daran

AU: Leinhos,-Holger

AD: Tübinger Str. 105, 70178 Stuttgart, Germany

SO: MultiMind – NLP aktuell, 1995, 5, 31-36

AB: Ausgehend von einer Darstellung des konstitutiven paradoxen Charakters der Leitideen, die im Neurolinguistischen Programmieren als Glaubenssysteme gekennzeichnet sind, wird ein Beschreibungs- und Interventionsmodell vorgestellt, das der Komplexität dieser subjektiven Systeme Rechnung tragen soll. Dabei wird auf die von G. Guenther entwickelte Polykontexturale Logik als Basismodell zurückgegriffen, deren selbstreferentieller Charakter die widerspruchsfreie, nicht-zirkuläre Modellierung reflexiver Strukturen erlaubt. An einem Fallbeispiel wird ein komplexes Handlungsmodell illustriert, dessen vier logische Positionen selbstreflexive Interventionen in Glaubenssystemen ermöglichen. Auf weitere Anwendungsmöglichkeiten in nicht-klinischen Feldern wird hingewiesen.

TI: Die Zeitlinie – eine Möglichkeit zur erlebnisintensiven systemischen Therapie mit EinzelklientInnen
AU: Schindler,-Hans
AD: Wielandstr. 13 a, 28203 Bremen, Germany
SO: Systhema, 1995, 9 (1), 53-60
AB: Die Arbeit mit der aus dem Neurolinguistischen Programmieren abgeleiteten Technik der Zeitlinie wird als eine fruchtbare erlebnisaktivierende Methode der systemischen Psychotherapie mit Einzelklienten beschrieben. Dabei werden die Klienten gebeten, auf einer Zeitlinie im Raum mit Hilfe von Gegenständen zu markieren, wo sich ihre Vergangenheit, Gegenwart und Zukunft befinden, sich an diese Orte zu begeben und ihren Gefühlen nachzuspüren. Möglichkeiten der Arbeit an der Zeitlinie (Zielfindung, Entwicklung von Teilzielen, Entscheidungsfindung, Verabschiedung alter Muster und Eröffnung neuer Handlungsmöglichkeiten sowie symbolische Vergangenheitsbewältigung) werden an kurzen Fallbeispielen verdeutlicht. Die Arbeit mit der Zeitlinie wird als Methode zur Unterstützung von Selbstorganisationsprozessen charakterisiert.

TI: Das Konzept „Widerstand" in der Psychotherapie Milton Ericksons, in der Kommunikationstherapie und im Neurolinguistischen Programmieren, Teil 1
AU: Stahl,-Thies
AD: Eulenstr. 70, 22763 Hamburg, Germany
SO: MultiMind – NLP aktuell, 1994, 2, 49-55
Note: Teilabdruck aus: Petzold, H. (Ed.) 1981. *Widerstand. Ein strittiges Konzept in der Psychotherapie.* Paderborn: Junfermann
AB: Im ersten Teil einer Arbeit über den Umgang mit „Widerstand" in der Hypnotherapie nach Milton H. Erickson, in der Kommunikationstherapie und im Neurolinguistischen Programmieren werden epistemologische Implikate des Ansatzes von Erickson dargestellt und hinsichtlich ihrer Abweichung von traditionellen psychotherapeutischen Modellen diskutiert. Es wird deutlich gemacht, dass Erickson Manipulation als unvermeidlichen Bestandteil therapeutischen Handelns betrachtete und daher von einem Therapeuten gute Beobachtungsfähigkeiten, einen breiten Handlungsspielraum sowie die Bereitschaft, selbst Verantwortung für die Veränderungen des Klienten zu übernehmen, forderte. Verschiedene Vorgehensweisen und Konzepte von Erickson (Verzicht auf einsichtsfördernde Interventionen, Utilisationsprinzip, Konzentration auf Symptomveränderung, Einbeziehen des sozialen Kontextes, Verwendung analog-metaphorischer Kommunikation) werden erläutert.

TI: Das Konzept „Widerstand" in der Psychotherapie Milton Ericksons, in der Kommunikationstherapie und im Neurolinguistischen Programmieren, Teil 2
AU: Stahl, Thies
AD: Eulenstr. 70, 22763 Hamburg, Germany
SO: MultiMind – NLP aktuell, 1994, 3, 50-58
Note: Teilabdruck aus: Petzold, H. (Ed.) 1981. *Widerstand. Ein strittiges Konzept in der Psychotherapie.* Paderborn: Junfermann

AB: Im zweiten Teil einer Arbeit über den Umgang mit „Widerstand" in der Hypnotherapie nach Milton H. Erickson, in der Kommunikationstherapie und im Neurolinguistischen Programmieren (Teil 1 in MultiMind – NLP aktuell 1994, 2, 49-55) wird deutlich gemacht, dass für Erickson Widerstand ein interpersonales Phänomen in der Therapie darstellte. Unterschiede zu traditionellen, insbesondere psychoanalytischen

Psychotherapieverfahren, die den intrapersonalen Aspekt von Widerstand betonen, werden herausgearbeitet und am Beispiel der Depersonalisation des Therapeuten durch den Klienten während einer hypnotisch induzierten Altersregression erläutert. Drei Kommunikationsstrategien von Erickson für den Umgang mit Patienten im Widerstand werden differenziert und anhand von illustrativen Fallbeispielen diskutiert: (1) Techniken zur Vermeidung von Widerstand (therapeutische Bindungen bzw. Doppelbindungen, indirekte Suggestionen per Implikat, Verwendung von Metaphern), (2) Techniken zur Utilisation von Widerstand, (3) Techniken zur Provokation und anschließender Utilisation von Widerstand.

TI: Das Konzept „Widerstand" in der Psychotherapie Milton Ericksons, in der Kommunikationstherapie und im Neurolinguistischen Programmieren, Teil 3
AU: Stahl, Thies
AD: Eulenstr. 70, 22763 Hamburg, Germany
SO: MultiMind – NLP aktuell, 1994, 4, 47-52
Note: Teilabdruck aus: Petzold, H. (Ed.) 1981. *Widerstand. Ein strittiges Konzept in der Psychotherapie.* Paderborn: Junfermann
AB: Im dritten Teil einer Arbeit über den Umgang mit „Widerstand" in der Hypnotherapie nach Milton H. Erickson, in der Kommunikationstherapie und im Neurolinguistischen Programmieren (Teil 1 und 2 in MultiMind – NLP aktuell 1994, 2, 49-55 bzw. 3, 50-58) wird deutlich gemacht, wie die Konzepte von Erickson in die Kommunikationstherapie bzw. in das Neurolinguistische Programmieren eingeflossen sind und dort weiterentwickelt wurden. Dabei wird auf therapeutische Doppelbindungen durch paradoxe Kommunikationsformen und Symptomverschreibungen sowie auf einen den Widerstand des Klienten vermeidenden Sprachgebrauch eingegangen. Darüber hinaus werden „Pacing" und „Leading" sowie die Techniken des Angleichens und Überlappens von Repräsentationssystemen, der visuell/kinästhetischen Dissoziation und des Reframings mit Bezug auf Widerstandsphänomene diskutiert.

TI: NLP in der Zahnarztpraxis: Gebisse, die im Kopf nicht passen
AU: Windhorst,-C.; Kirschner,-T.
AD: Egerlandstr. 35 c-d, 8266 Toeging, Austria
SO: MultiMind – NLP aktuell, 1994, 5, 32-33
AB: Über den Einsatz des Neurolinguistischen Programmierens bei einem Patienten mit psychogener Unverträglichkeit der Zahnprothese wird berichtet. Bei dem Patienten konnten Zusammenhänge zwischen psychogenen Schmerzen und seinen unerfüllten Wünschen hinsichtlich der Ästhetik des Gebisses aufgedeckt werden. Entsprechend wurden die Probleme des Patienten durch eine minimale Größenkorrektur der Zähne gelöst.

TI: NLP in der allgemeinärztlichen Praxis
AU: Mast,-Karl
AD: Altensteigerstr. 11, 71034 Böblingen, Germany
SO: MultiMind – NLP aktuell, 1994, 3, 22-25
AB: Über Erfahrungen, die mit der Anwendung des Neurolinguistischen Programmierens (NLP) in der allgemeinärztlichen Praxis gemacht wurden, wird berichtet. Dabei wird auf Grundfertigkeiten, die prinzipiell bei allen Arzt-Patient-Begegnungen anwendbar sind, autorisierte und nicht autorisierte Kurzzeitinterventionen und therapeutische Interventionen im Rahmen psychosomatischer Erkrankungen eingegangen. Darüber hinaus wird der Beitrag von NLP in der „Kleinen Psychotherapie" und professionellen Lebenshilfe (Coaching) diskutiert.

TI: Die sprechenden Organe – Format und Einzelbeispiele zur Versprachlichung körperlicher Symptome
AU: Hickey,-Birgit
AD: Ippendorfer Allee 55, 53127 Bonn, Germany
SO: MultiMind – NLP aktuell, 1994, 2, 22-24
AB: Die Versprachlichung körperlicher Symptome wird als eine Technik des Neurolinguistischen Programmierens zur Behandlung psychosomatischer Beschwerden vorgestellt. Dabei wird der Klient in einem leichten Trancezustand aufgefordert, den mit der Beschwerde zusammenhängenden Körperteil zu identifizieren und in verbalen Kontakt mit ihm zu treten. Vier Fallbeispiele illustrieren das Vorgehen.

TI: Umfassende Trauma- und PTSD-Therapie-Interventionen mit NLP
AU: Goetzen,-Ulrich
IN: B.I.S. Concept GmbH, Bonn, Germany
SO: MultiMind – NLP aktuell, 1994, 2, 25-27
AB: Der vom Bonner Institut für Spezialseminare (B.I.S. Concept GmbH) entwickelte kurzzeittherapeutische Ansatz zur Behandlung von Trauma-Opfern und Klienten mit posttraumatischen Stressreaktionen wird vorgestellt. Das Konzept, das im Zusammenhang mit dem Krieg im ehemaligen Jugoslawien in einem Intensivtraining an 21 Trauma-Therapeuten vermittelt wurde, berücksichtigt insbesondere systemtheoretische Aspekte und Techniken des Neurolinguistischen Programmierens.

TI: Glaube versetzt Berge – Zum Wesentlichen in der Arbeit mit Glaubenssätzen Die kinästhetische Ableitungssuche zur Identifikation relevanter Glaubenssätze (K.A.S.I.G.) als Diagnoseinstrument für die Arbeit an emotional relevanten Glaubensinhalten
AU: Schmidt-Tanger,-Martina
AD: Am Milchhornsberg 12, 51429 Bergisch-Gladbach, Germany
SO: MultiMind – NLP aktuell, 1994, 3, 13-16
AB: Die kinästhetische Ableitungssuche zur Identifikation relevanter Glaubenssätze (K.A.S.I.G.) wird als Technik des Neurolinguistischen Programmierens zur Diagnose emotional relevanter Glaubensinhalte vorgestellt. Die sechs Schritte des Modells (Gefühls fokussieren; spontane Erinnerung induzieren; erinnerte autobiographische Szene komplettieren; Erzählung protokollieren und Generalisierungen abstrahieren; Resonanztest; Weiterarbeit mit dem Material durch Techniken zur Veränderung von Glaubenssätzen) werden skizziert und an einem Fallbeispiel illustriert.

TI: Sexueller Missbrauch und Rheuma.
Ein Therapiebericht
AU: Lenk,-Wolfgang
AD: Wartburgstr. 17, 10825 Berlin, Germany
SO: Hypnose und Kognition, 1994, 11 (1-2), 127-137
AB: Über die Therapie einer 40jährigen Frau, die in ihrer Kindheit zwischen dem dritten und elften Lebensjahr von ihrem Vater sexuell missbraucht wurde, wird berichtet. Im Alter von 17 Jahren entwickelte sie Gelenkrheuma, das ihre Hand- und Fußgelenke stark verkrüppelte. Darüber hinaus litt sie an massiven Problemen in ihrer Familie. Um die Schmerzen zu reduzieren und neue Lebensperspektiven zu entwickeln, wurden Interventionen aus der klinischen Hypnose und dem Neurolinguistischen Programmieren erfolgreich angewandt.

TI: Behandlung von Sprachproblemen eines bilingualen Griechen
AU: Lenk,-Wolfgang
AD: Wartburgstr. 17, 1000 Berlin 62, Germany
SO: Hypnose und Kognition, 1990, 7 (2), 34-42
AB: Die Therapie eines 27jährigen bilingualen Griechen, der in bestimmten Situationen Worte und Wortgruppen so stark verwechselte, dass der Sinn seiner Aussagen nicht mehr verständlich war, wird beschrieben. In den acht Sitzungen in meist dreiwöchentlichem Abstand wurden Interventionen aus Hypnotherapie, Neurolinguistischem Programmieren und Systemischer Therapie eingesetzt, die zu einem veränderten Verständnis seiner Familiengeschichte, neuen Einstellungen und Verhaltensweisen, einer Verbesserung seiner Kurzsichtigkeit und schließlich zur nahezu vollständigen Behebung der Sprachstörungen führten.

TI: Psychotherapeutische Behandlung eines Lipoms im Eigenversuch
AU: Lenk,-Wolfgang
AD: Wartburgstr. 17, 1000 Berlin 62, Germany
SO: Hypnose und Kognition, 1988, 5 (1), 45-52
AB: Es wird von einer „Selbsttherapie“ mit den Techniken der Hypnose und des Neurolinguistischen Programmierens zur Behandlung eines rezidivierenden Lipoms ohne operativen Eingriff berichtet. Der Therapieverlauf wird anhand von Tagebucheintragungen skizziert.

TI: Generative Imprinting – Die schöpferische Prägung
AU: Fraser,-Royé-; Gardner,-Ann-M.
AD: 2 Grace Ct. No. 5D, Brooklyn, NY 11201, United States
SO: MultiMind – NLP aktuell, 1993, 1, 19-22
Note: Bereits in englischer Sprache erschienen in: Anchor Point 1990, 4 (11)
AB: Die Technik des „Generative Imprinting“ (Schöpferische Prägung), die auf dem Hintergrund der Arbeit von R. Dilts entwickelt wurde, wird vorgestellt. Während Dilts seine Aufmerksamkeit auf traumatische Erfahrungen in der Vergangenheit (negative Prägungen) richtet, geht das „Generative Imprinting“ von der schöpferischen Wirkung positiver Früherfahrungen aus. Die Schöpferische Prägung ist dabei eine Imagination der höchsten Werte eines Individuums und des kreativsten Zustands auf spiritueller Ebene. Sie spiegelt die unbewusste, innerste Quellenerfahrung (Source experience) wieder. Es wird deutlich gemacht, wie die Schöpferische Prägung – ausgehend vom generalisierten Wunschzustand und mit Hilfe der Analyse der Submodalitäten – zugänglich gemacht und therapeutisch angewendet werden kann. Ein Fallbeispiel illustriert das Vorgehen.

TI: Die Schöpferische Prägung und der Function Mode
AU: Fraser,-Royé-; Gardner,-Ann-M.
AD: 2 Grace Ct. No. 5D, Brooklyn, NY 11201, United States
SO: MultiMind – NLP aktuell, 1993, 2, 10-13

Note: Bereits in englischer Sprache erschienen in: Anchor Point 1991, 5 (3)
AB: Im zweiten Teil einer Arbeit über die Anwendung des „Generative Imprinting“ (Schöpferische Prägung) im Neurolinguistischen Programmieren (Teil I in Multi Mind – NLP aktuell 1993, 1) werden Verbindungen zwischen der Schöpferischen Prägung und den sechs Phasen im „Function Mode“-Modell

(Glaubenssätze/ Absicht, Motivation, Zusatzdaten, feste Überzeugung, Entscheidung, T.O.T.E./ Action) deutlich gemacht. Die Schöpferische Prägung dient dabei als Katalysator, um die innerste Quellenerfahrung und die damit verbundenen Glaubenssätze und Absichten offenzulegen. Weiterhin werden die mit jeder weiteren Phase des „Function Mode“ verbundenen Submodalitäten und Strategien herausmodelliert. Es wird betont, dass dabei die einzelnen Strategien in den Phasen des „Function Mode“ kongruent mit der Befriedigung der Absicht einhergehen müssen. Ein Fallbeispiel illustriert das Vorgehen.

TI: Beziehungen heilen durch Timeline-Interaktionen
AU: Karlson,-Eric
SO: MultiMind – NLP aktuell, 1996, 5 (2), 34-37
Note: Bereits in englischer Sprache erschienen in: Anchor Point 1992, 6 (10)
AB: Der Einsatz von Timeline-Techniken des Neurolinguistischen Programmierens zur Veränderung der Gefühle und Einstellungen von Klienten gegenüber einem Beziehungspartner wird erläutert. Die Techniken können sowohl in Beziehungen mit gegenseitiger Abhängigkeit als auch in Beziehungen, in denen ein Partner vom anderen ausgenutzt wird, angewendet werden. Verschiedene Fallbeispiele illustrieren das Vorgehen.

TI: Ein NLP-Format für Double-binds
AU: Krauthauser,-Helmut
AD: Kaiser-Wilhelm-Ring 44, 55118 Mainz, Germany
SO: MultiMind – NLP aktuell, 1995, 5, 37-39
AB: Auf dem Hintergrund des Neurolinguistischen Programmierens wird eine Technik zur Bearbeitung von „double-bind“-Erfahrungen entwickelt. Das therapeutische Vorgehen wird beschrieben und anhand eines Fallbeispiels erläutert.

TI: NLP und Schmerz
AU: Burghard-Eckstein,-Kirstin; Gerhardt,-Kathrin
IN: Besser-Siegmund-Institut, Hamburg, Germany
SO: MultiMind – NLP aktuell, 1993, 5, 10-13
AB: Über die Anwendung der psychotherapeutischen Techniken des Neuro-linguistischen Programmierens (NLP) bei der Schmerzbehandlung am Besser-Siegmund-Institut in Hamburg wird berichtet. Anhand eines Fallbeispiels einer Patientin mit chronischen Schmerzen wird das Vorgehen erläutert. Die positiven Behandlungsergebnisse bei 20 schmerzkranken Patienten, die im Institut mit einem interdisziplinären Ansatz und unter besonderer Berücksichtigung des NLP behandelt worden waren, werden dargestellt.

TI: Präsuppositionen im Rahmen der Fast-Phobia-Cure
AU: Toivonen,-Veli-Matti
AD: Vehkatie 25 as. 23, 04400 Jaervenpaeae, Finland
SO: MultiMind – NLP aktuell, 1993, 5, 14-16
Note: Bereits in englischer Sprache erschienen in: Anchor Point 1992, 6 (8)
AB: Über den Einsatz von präsuppositionalen Sprachmustern bei der Behandlung von Phobien mit der „Fast Phobia Cure“ des Neurolinguistischen Programmierens wird berichtet. Es wird gezeigt, wie in therapeutischen Fragen Präsuppositionen beim Elizitieren von dissoziierten, mit der Phobie verknüpften inneren Bildern und bei der Veränderungsarbeit der Submodalitäten genutzt werden können. Darüber hinaus wird

auf die Anwendung von Präsuppositionen beim Mapping-Across eingegangen. Zwei Fallbeispiele demonstrieren das Vorgehen.

TI: Lösungsorientierte Kurztherapie: Konzepte, Prämissen und Stolpersteine
AU: Loth,-Wolfgang
AD: Steinbrecher Weg 52, 5060 Bergisch Gladbach 1, Germany
SO: Systeme, 1992, 6 (2), 3-22
AB: Ausgehend von einem Fallbeispiel aus der Praxis werden verschiedene lösungsorientiert-kurztherapeutische Konzepte (Mental Research Institute; Neurolinguistisches Programmieren; Ansatz von Steve de Shazer am Brief Family Therapy Center; Single Session Therapy) skizziert. Es wird deutlich gemacht, dass die emanzipationsförderlichen Prämissen kurztherapeutischer Ansätze nicht auf den Nutzen-Effekt reduziert werden dürfen. Die erhöhte Wahrscheinlichkeit für eine kürzere Behandlungszeit ergibt sich aus den Rahmenbedingungen der Therapie (Absprachen und konstruktives Zusammenarbeiten von Anbietern und Kunden in Richtung vereinbarter Ziele). Sie ist somit nicht als formal normierende Behandlungsvorgabe aufzufassen.

TI: Beliefs schnalzen
AU: Hurst-Prager,-Christina; Waller,-Urs
SO: NLP-Journal, 1991, 3, 28-31
AB: Die Technik des „Beliefs schnalzen", mit der negative Glaubensüberzeugungen verändert werden können, wird vorgestellt. Das Vorgehen wird am Beispiel einer Klientin mit einer Essstörung illustriert.

TI: Sterbebegleitung
AU: Gruber,-Frank-W.
AD: 143 Orleans Circle, Norfolk, VA 23509, United States
SO: NLP-Journal, 1991, 4, 20-21
AB: Am Fallbeispiel einer im Endstadium krebskranken Patientin werden Möglichkeiten der Sterbebegleitung durch Techniken des Neurolinguistischen Programmierens (NLP) beschrieben. Im Prozess werden Zeitlinien und Übergangsmuster der Sterbenden evoziert, in Verbindung mit ihren Werten gebracht und in Verabschiedungsrituale integriert.

TI: Durch bildnerisches Gestalten zur Sprache? Neue Wege in der Aphasiebehandlung
AU: Becker,-Eva
IN: Geriatrisches Krankenhaus Elbroich, Düsseldorf, Germany
SO: Geriatrie & Rehabilitation, 1990, 3 (2), 67-75
AB: Auf der Grundlage systemtheoretischer Denkansätze und Erkenntnisse des Neurolinguistischen Programmierens wird ein Netzwerkmodell der Sprachspeicherung vorgestellt. Ausgehend von diesem Modell wird darauf hingewiesen, dass bei Aphasikern häufig der Zugang zum visuellen Repräsentationssystem gestört ist. Anhand von Patientenarbeiten wird gezeigt, wie durch Mal- und Töpferarbeit mit Aphasikern versucht wird, das innere Bild außen sichtbar zu machen und dadurch das innere Bild zu verdeutlichen oder auch zu korrigieren. Es gibt Hinweise darauf, dass sich diese Arbeit am inneren Bild auch in verbesserter sprachlicher Kompetenz auswirkt.

TI: Neurolinguistisches Programmieren (NLP) in der Kurzzeittherapie
AU: Geck,-Karl-A.
AD: Poststr. 11, 7886 Murg-Hänner, Germany
SO: Psycho, 1988, 14 (10), 750-758
AB: Das neurolinguistische Programmieren wird als prozessorientiertes psychotherapeutisches Verfahren im Rahmen der Kurzzeittherapie beschrieben. Wesentliche Techniken dieses Ansatzes werden beschrieben: Matching, Pacing, Leading, Reframing, Phobietechnik. Zur Illustration werden vier Fallberichte (Asthma, Nägelkauen, Abdominalsymptomatik, Klaustrophobie) vorgestellt.

TI: Information Exchange Between Client and the Outside World from the NLP-Perspective
AU: Hoenderdos,-H.-Th.-W.; van-Romunde,-L.-K.-J.
JN: Communication-and-Cognition; 1995 Vol 28(2-3) 343-350
AB: Explains the Neurolinguistic Programming (NLP) as a method of communicating subjective experiences of human beings. NLP originates largely from studies on hypnosis. Central in the NLP-model is the finding that memory and recall are based on sensory-based representational systems in the brain. As a highly sensitive method, NLP application is at the level of psychotherapy and at the level of business and governmental health organizations. In these circumstances NLP-techniques are known to significantly improve sensorily-mediated communications.

TI: Belief Change and Neurolinguistic Programming.
AU: Davis,-Donald-I.; Davis,-Susan-L.
IN: Family Therapy Inst of Alexandria, VA, US
JN: Family-Dynamics-of-Addiction-Quarterly; 1991 Jun Vol 1(2) 34-44
AB: Discusses limiting beliefs and ways to change them in therapy. The basic elements of a belief change process included at least some of the following: eliciting and installing appropriate, resourceful states in the client; a procedure for going back in memory with these new resources; an objective assessment of the new generalizations formed; consolidation and integration of the new beliefs; mental rehearsal of the future; and testing the new beliefs. A case illustration involving a woman in her 30s is presented.

TI: Neuro-Linguistic Programming and Family Therapy.
AU: Davis,-Susan-L.; Davis,-Donald-I.
IN: Family Therapy Inst of Alexandria, VA
JN: Journal-of-Marital-and-Family-Therapy; 1983 Jul Vol 9(3) 283-291
AB: Presents 2 types of intervention for facilitating communication in family therapy that are based on the neurolinguistic programming (NLP) technique developed by R. Bandler and J. Grinder (1975) and Grinder and Bandler (1976). These interventions deal with identifying and bridging sensory differences between family members and with anchoring responses to contexts in which they would be desirable. Two clinical examples illustrate how NLP can be used to identify behavioral sequences, use this information to evoke the desired response in the patient, and bypass conscious resistance.

TI: Neurolinguistic Programming in Orientation and Mobility
AU: Williams-MF; Jacobson-WH
AD: Department of Rehabilitation, University of Arkansas,
2801 South University Avenue, Little Rock, AR 72204, United States
SO: J-VISUAL-IMPAIRM-BLINDN. 83/9 (454-456) 1989
AB: Neurolinguistic programming is a communication model whose basic principles are that human beings process information through the five senses (representational systems), tend to favor one of the primary representational systems (visual, auditory, or kinesthetic) over others, and display how they are thinking in subtle ways. This article describes this model in detail and discusses how orientation and mobility instructors can implement it to teach congenitally totally blind students, who have access to only the auditory and kinesthetic primary systems, to use a cane or a dog guide more effectively.

TI: Bitte sprechen Sie ... jetzt!
Sprachtherapie mit NLP aus der Sicht eines angehenden NLP-Practitioners
AU: D'-Hondt,-Sabine
SO: MultiMind – NLP aktuell, 1994, 1, 24-26
AB: Anhand von zwei Fallbeispielen wird gezeigt, wie die Techniken des Neurolinguistischen Programmierens in der stationären neurologischen Sprachtherapie von Erwachsenen eingesetzt werden können. Dabei wird insbesondere auf das Wechselspiel von „Pacing“ und „Leading“ zur Herstellung von Rapport in Gespraechssituationen mit den Patienten sowie auf die Prinzipien des „well-formed outcome“ eingegangen.

TI: The NLP Swish Pattern: An Innovative Visualizing Technique.
AU: Masters,-Betsy-J.; Rawlins,-Melanie-E.; Rawlins,-Larry-D.; Weidner,-Jean
IN: Cowden-Herrick Schools, Cowden, IL, US
JN: Journal-of-Mental-Health-Counseling; 1991 Jan Vol 13(1) 79-90
AB: Describes the swish pattern visualizing technique developed within the neurolinguistic programming (NLP) framework. A brief overview of NLP is followed by an explanation of the basic theory and expected outcomes of the swish. Specific steps for using the swish include identifying the context, creating a desired self-image, checking ecology, swishing, and testing. Two case studies using the swish technique to alleviate stress and help a batterer change are presented to illustrate its versatility and effectiveness.

TI: The Effect of Matching Primary Representational System Predicates on Hypnotic Relaxation.
AU: Yapko,-Michael-D.
IN: Hypnosis Ctr & Counseling Alternatives, San Diego, CA
JN: American-Journal-of-Clinical-Hypnosis; 1981 Jan Vol 23(3) 169-175
AB: The newly-emerging and rapidly growing neurolinguistic programming model of communication states that conversational language reflects a favored sense for processing information, the „primary representational system“ (PRS). Using similar language structures while interacting is thought to increase rapport and influence. The present study tested that assumption. 30 undergraduates were exposed to 3 different hypnotic inductions varying in sensory language structure according to major representational systems. Ss were evaluated by EMG for relaxation obtained from compatible and noncompatible inductions. Ss objectively obtained greatest relaxation when experiencing hypnotic inductions containing predicates corresponding to their PRS. Matching PRS predicates increased the relaxation level of Ss exposed to matching and nonmatching hypnotic inductions. Identifying and matching PRS language structures appears to enhance rapport and influence.

TI: Treating Symptoms of Post-Traumatic Stress Disorder with Neuro-Linguistic Programming.
AU: Gregory,-Peter-B.
IN: Veterans Administration Center, Fort Harrison, MT
BK: *Magic in Action* (Richard Bandler), pp. 205-228. Meta Publications, Cupertino, CA
AB: This case study describes, in systematic detail, the therapeutic use of selected neuro-linguistic programming techniques as they were successfully applied in the desensitization of a Vietnam combat veteran suffering from a variety of Post-traumatic Stress Disorder symptoms. A total of 6 hours of actual therapeutic treatment interaction with the veteran were required to modify his maladaptive responses that were directly related to his wartime experiences. At the end of therapy, a 22-month follow-up period demonstrated that the veteran had effectively readjusted to civilian life and no longer manifested pre-treatment symptoms.

Neuro-linguistic programming modelers have recently been describing a variety of therapeutic techiques that they claim rapidly and permanently modify not only phobic, but other maladaptive behaviors that have resulted form traumatic events. Among these techniques are: 1) visual-kinesthetic disassociation (VKD) that is claimed effective in rapidly and permanently desensitizing clients to traumatic incidents and phobias, 2) change history, (CH) that reputedly enables clients to quickly learn to access or re-access adaptive behavioral resources and integrate them into specific situations when and where they are needed, and, 3) reframing; a process by which, in part, clients are given new perspectives with which to perceive specific problem situations differently than previously and turn these into positive and adaptive learning resources. These therapeutic techniques rely heavily upon the use of anchors; an anchor being any stimulus that, when presented to a person, evokes a consistent conditioned paired response.

Related Studies

TI: Aus der Praxis für die Praxis: Marmelade heute: das Selbstvertrauen – Self-confidence
AU: Spangenberg,-Brigitte; Spangenberg,-Ernst
AD: Karl-Marx-Str. 3, 64404 Bickenbach, Germany
SO: MultiMind – NLP aktuell, 1996, 5 (3), 20-21
AB: Überlegungen zum Aufbau von Selbstvertrauen aus der Perspektive des Neurolinguistischen Programmierens werden mitgeteilt. Dabei wird hervorgehoben, dass Selbstvertrauen einerseits durch Anerkennung durch andere Personen entsteht (Fremdreferenz), andererseits sich aber auch durch die Entwicklung von Selbstreferenz von dieser Anerkennung ablösen muss. Ein Fallbeispiel illustriert das Vorgehen einer therapeutisch induzierten Steigerung von Selbstvertrauen durch Timeline-Interventionen.

TI: Behebung von Legasthenie/LRS mit NLP-Methoden
AU: Karig,-Franz
SO: MultiMind – NLP aktuell, 1996, 5 (1), 15-17
AB: Anhand von zwei Fallbeispielen wird gezeigt, wie das Neurolinguistische Programmieren zur Therapie von Legasthenie bei erwachsenen Personen eingesetzt werden kann. Ein drittes Fallbeispiel verdeutlicht Besonderheiten im Vorgehen bei Kindern mit Legasthenie.

TI: Was wir ohne Worte sagen...
Über Körpersprache und Persönlichkeitsentwicklung

AU: Rebel,-Günther
SO: MultiMind – NLP aktuell, 1996, 5 (2), 40-42
AB: Ein Überblick über nonverbale Kommunikation mittels Körpersprache wird gegeben. Dazu wird Körpersprache definitorisch umschrieben, die Bedeutung von Gestik und Mimik skizziert und eine Übersicht der Gesten gegeben. Die Themenbereiche eines Körpersprachetrainings und seine Wirkungen auf die Persönlichkeitsentwicklung werden angesprochen. Bezüge zum Neurolinguistischen Programmieren werden diskutiert.

TI: Die Vasco-da-Gama-Strategie
AU: Struwe,-Gerhard
SO: MultiMind – NLP aktuell, 1995, 6, 28-30
AB: Auf der Grundlage des Neurolinguistischen Programmierens wird die Strategie, nach der der Entdecker Vasco da Gama im 15. Jahrhundert seine Seereise nach Indien geplant hat, herausgearbeitet. Es wird deutlich gemacht, wie die Schritte dieser Strategie sowohl für Zielplanungen in Teams als auch für persönliche Ziele angewandt werden können.

TI: Was nützt NLP?
Beispiele praxisbezogener Forschung
AU: Blickhan,-Daniela
IN:I Inntal Institut, Grosskarolinenfeld, Germany
SO: MultiMind – NLP aktuell, 1992, 1, 23-24
AB: Die Ergebnisse von zwei Studien von Robert Duncan über die Auswirkungen eines intensiven Ausbildungstrainings im Neurolinguistischen Programmieren (NLP) auf die Teilnehmer werden dargestellt. In der ersten Untersuchung beantworteten 54 Teilnehmer der Ausbildungsgruppen vor und nach einem dreiwöchigen NLP-Training das „Personal Orientation Inventory" von Shostrum. Es zeigte sich, dass durch die Arbeit an persönlichen Erfahrungen, die ein wesentlicher Bestandteil der Ausbildung darstellt, eine Steigerung der Selbstaktualisierung erreicht werden konnte. Eine zweite Studie konnte eine Reduktion von Trait-Angst (erfasst mit dem State-Trait Anxiety Inventory) und eine Steigerung der internen Kontrollüberzeugungen bei Teilnehmern des Trainings „NLP-International" 1989 in der Schweiz nachweisen.

TI: NLP und Medizin
Ein Plädoyer fuer eine neue und wirkliche Humanmedizin
AU: Dyckhoff,-Bernd
AD: Nettekovener Str. 1, 53347 Alfter-Witterschlick, Germany
SO: MultiMind – NLP aktuell, 1994, 2, 20-21
AB: Für die Entwicklung einer Humanmedizin, die sich nicht nur auf die Diagnose und Behandlung von Organstoerungen beschränkt, sondern sich auch als Zuwendungsmedizin versteht, wird plädiert. Es wird deutlich gemacht, inwieweit die Methoden des Neurolinguistischen Programmierens einen Beitrag zur Gestaltung effektiver Kommunikation zwischen Arzt und Patient leisten koennen.

TI: Burnout bei Heilberufen.
Nützliche Hinweise, die in allen helfenden Berufen Anwendung finden können – hier am Beispiel des Arztberufes

AU: Hickey,-Birgit
AD: Ippendorfer Allee 55, 53127 Bonn, Germany
SO: MultiMind – NLP aktuell, 1994, 4, 45-46
AB: Besonderheiten des Burnout-Syndroms in bezug auf den Arztberuf werden aus Sicht des Neurolinguistischen Programmierens aufgezeigt. Hinweise zur Überwindung und Vermeidung des Burnouts werden gegeben.

TI: NLP in der hausärztlichen Praxis
AU: Müller,-Joachim
SO: MultiMind – NLP aktuell, 1993, 3, 30-33
AB: Über Erfahrungen mit dem Einsatz des Neurolinguistischen Programmierens (NLP) in der hausärtzlichen Praxis wird berichtet. Es wird deutlich gemacht, wie durch NLP der Umgang mit dem Patienten durch die Beachtung nonverbaler Signale, die positive Wertschätzung der Widerstände der Patienten und die Verbesserung des Rapports veraendert werden kann. Ebenso erweist sich die Vermittlung von Grundannahmen des NLP (positive Funktion von Symptomen) an den Patienten als nützlich. Die Anwendung der NLP-Techniken bei einzelnen Erkrankungen (Allergien, Bluthochdruck, psychosomatische Beschwerden, Suchtkrankheiten, Phobien, depressive Symptome, Infektanfälligkeit, Autoimmunerkrankungen, Krebs) wird erläutert.

TI: Anmerkungen zur Supervision in den NLP-Ausbildungen
AU: Bergner,-Ingo
AD: Wunstorfer Str. 76, 30453 Hannover, Germany
SO: MultiMind – NLP aktuell, 1993, 5, 34-37
AB: Auf dem Hintergrund des radikalen Konstruktivismus und Aspekten der allgemeinen Systemtheorie werden Merkmale eines teilnehmerorientierten Ausbildungs- und Supervisionskonzeptes des Neurolinguistischen Programmierens (NLP) entworfen. Es wird dafür plädiert, dass bei der Supervision in der NLP-Ausbildung mit dem Instrumentarium des NLP Selbstbezogenheit und Selbstreflexion von Beratungssituationen bei den angehenden Beratern bearbeitet werden sollen. Weitere Ziele, Methoden und Strategien der Supervision sowie Aufgaben des Supervisors werden dargestellt.

TI: Neurolinguistisches Programmieren in der Arzt-Patient-Kommunikation.
Grundzüge des Verfahrens – Beispiele zur Anwendung aus der Chirurgie.
AU: Graf,-U
SO: Fortschr-Med. 1995 Sep 20; 113(26): 368-71
AB: Neurolinguistic programming (NLP) is a means of improving physician-patient communication that can be learned by any doctor. The present article first describes some of the fundamentals of NLP and then provides examples taken from the field of surgery – in the first instance dealing with the treatment of painful conditions by means of trance or dissociation and, secondly, on the influencing of expectations and the restructuring (reframing) of doctrines in a patient with malignant disease.

TI: Interkulturelle Kommunikation
Ein Spiegelbild des NLP
AU: van-der-Horst,-Brian

AD: P.O. Box 286, Franktown, CO 80116, United States
SO: MultiMind – NLP aktuell, 1992, 6, 13-18
Note: Bereits in englischer Sprache erschienen in: Anchor Point 1992, 6 8)
AB: Anhand eigener Erfahrungen werden Verbindungen zwischen dem Forschungsfeld der interkulturellen Kommunikation und dem Neurolinguistischen Programmieren (NLP) deutlich gemacht. Die Bedeutung von NLP für die Entwicklung von Konzepten der multikulturellen Erziehung und Therapie bzw. des multikulturellen Managements wird aufgezeigt. Auf ein Projekt zur Modellierung multikultureller Kompetenz wird eingegangen.

TI: Neuro-linguistic programming as practised by an educational psychologist.
AU: Beaver,-Rick
JN: Educational-Psychology-in-Practice; 1989 Jul Vol 5(2) 87-90
AB: Provides some examples of an educational psychologist's practice using neurolinguistic programming (NLP). The author outlines case studies of work with a 9-yr-old girl and 4 boys aged 7, 10, 10, and 14 yrs when NLP was particularly effective. Cases are preceded with a brief description of the major elements of NLP used with the client (rapport building, swish pattern, anchor chaining, visual/kinesthetic dissociation, and spelling strategy).

TI: Representational systems in counselling.
AU: Gillam,-T
SO: Nurs-Stand. 1993 Nov 24-30; 8(10): 25-7
AB: The theories of neuro-linguistic programming are becoming more popular in shaping the approaches of nurses to counselling. The use of one facet of these theories, primary representational systems, is explored here. Examining the case of an imaginary patient, the author shows how the primary representational systems of patients and health workers can create problems if in disharmony, and how a proper understanding can lead to increased empathy and more constructive dialogue.

TI: Using rapid change techniques to improve sporting performance.
AU: Stanton,-Harry-E.
IN: U Tasmania, Hobart, Australia
JN: Australian-Journal-of-Clinical-and-Experimental-Hypnosis; 1989 Nov., Vol. 17(2) 153-161
AB: Suggests that brief therapeutic interventions can produce successful outcomes; in particular, neurolinguistic programming (NLP) can achieve considerable success with single session interventions. Three rapid change techniques (ego-state reframing, changing personal history, and symptom prescription) are described. Case studies are used to illustrate how each of these has been used to facilitate improved sporting performance.

TI: Multi-Identity-Rebalancing
Das M.I.R.-Modell
AU: Haberzettl,-Martin; Schneider,-Anette
AD: Straubinger Str. 14, 90480 Nürnberg, Germany
SO: MultiMind – NLP aktuell, 1995, 2, 30-31

AB: Das in Anlehnung an Robert Dilts' „Re-Imprinting" entwickelte M.I.R.-(Multi-Identity-Rebalancing-)Modell wird vorgestellt. Bei diesem Modell werden durch eine Kombination von Time-Line-Techniken mit der Arbeit mit neurologischen Ebenen miteinander konfligierende Persönlichkeitsanteile oder Teil-Identitäten in Kontakt zueinander gebracht und veraendert.

TI: Was kann NLP im Gesundheitstraining leisten?
Eine Möglichkeit der persönlichen Gesundheitsförderung
AU: Engel,-Monika; Unterberger,-Gerhart
IN: Fachhochschule Hildesheim, Germany; Institut für Therapie und Beratung
SO: Prävention, 1995, 18 (1), 23-24
AB: Möglichkeiten des Einsatzes des Neurolinguistischen Programmierens (NLP) im Rahmen der Gesundheitsförderung werden erörtert. Dabei wird insbesondere auf Grundannahmen des NLP und auf Möglichkeiten der Anregung notwendiger Verhaltens- und Einstellungsänderungen sowie der gezielten Heilungsförderung eingegangen. Die bisherigen Erfahrungen mit Methoden des Neurolinguistischen Programmierens (NLP) lassen darauf schliessen, dass NLP zur Gesundheitsförderung besonders geeignet ist. Die schnelle und wirksame Anregung von notwendigen Verhaltens- und Einstellungsänderungen ist genauso möglich wie gezielte Heilungsförderung. Auf dieser Basis wurde mit dem Hildesheimer Gesundheitstraining HGT ein Konzept zur persönlichen Gesundheitsförderung entwickelt. Das HGT ist vorrangig nicht an Krankheiten, sondern an Gesundheit, an Zielen und Ressourcen orientiert.

TI: Sterbebegleitung
AU: Gruber,-Frank-W.
AD: 143 Orleans Circle, Norfolk, VA 23509, United States
SO: NLP-Journal, 1991, 4, 20-21
AB: Am Fallbeispiel einer im Endstadium krebskranken Patientin werden Möglichkeiten der Sterbebegleitung durch Techniken des Neurolinguistischen Programmierens (NLP) beschrieben. Im Prozess werden Zeitlinien und Übergangsmuster der Sterbenden evoziert, in Verbindung mit ihren Werten gebracht und in Verabschiedungsrituale integriert.

TI: Looking at Yourself Through Loving Eyes.
AU: Childers,-John-H.
IN: U Arkansas, Fayetteville, US
JN: Elementary-School-Guidance-and-Counseling; 1989 Feb Vol 23(3) 204-209
AB: Presents a modified version of L. Cameron-Bandler's (1985) neurolinguistic programming technique for building self-esteem in elementary school students. This technique is a form of dissociation that allows children to internally generate the experience of being loved rather than relying only on external verification. Steps for implementing this technique in classroom settings are outlined. This approach has been found to be useful in working with elementary school students and in preparing elementary school counselors.

TI: Neurolinguistic Programming Training, Trait Anxiety, and Locus Of Control.
AU: Konefal-J; Duncan-RC; Reese-MA
SO: Psychol-Rep. 1992 Jun; 70(3 Pt 1): 819-32

AB: Training in the neurolinguistic programming techniques of shifting perceptual position, visual-kinesthetic dissociation, timelines, and change-history, all based on experiential cognitive processing of remembered events, leads to an increased awareness of behavioral contingencies and a more sensitive recognition of environmental cues which could serve to lower trait anxiety and increase the sense of internal control. This study reports on within-person and between-group changes in trait anxiety and locus of control as measured on the Spielberger State-Trait Anxiety Inventory and Wallston, Wallston, and DeVallis' Multiple Health Locus of Control immediately following a 21-day residential training in neurolinguistic programming. Significant within-person decreases in trait-anxiety scores and increases in internal locus of control scores were observed as predicted. Chance and powerful other locus of control scores were unchanged. Significant differences were noted on trait anxiety and locus of control scores between European and U.S. participants, although change scores were similar for the two groups. These findings are consistent with the hypothesis that this training may lower trait-anxiety scores and increase internal locus of control scores. A matched control group was not available, and follow-up was unfortunately not possible.

TI: Effect of Neurolinguistic Programming Training on Self-Actualization as Measured by the Personal Orientation Inventory.
AU: Duncan-RC; Konefal-J; Spechler-MM
AD: Department of Oncology, University of Miami School of Medicine, FL.
SO: Psychol-Rep. 1990 Jun; 66(3 Pt 2): 1323-30
AB: Neurolinguistic programming training is based on principles that should enable the trainee to be more „present"-oriented, inner-directed, flexible, self-aware, and responsive to others, that is, more self-actualized. This study reports within-person changes on self-actualization measures of the Personal Orientation Inventory following a 24-day residential training in neurolinguistic programming. Significant positive mean changes were found for 18 master practitioners on nine of the 12 scales and for 36 practitioners on 10 of the 12 scales. Findings are consistent with the hypothesis that training increases individual self-actualization scores.

TI: Neuro-Linguistic Programming Applied: The Use of Visual-Kinesthetic Dissociation to Cure Anxiety Disorders
AU: William A. McDowell, Ph.D., and Judith A. McDowell, M.A.
IN: C. R. Figley (Ed.), *Brief Treatments in Traumatology*. Philadelphia: Brunner/ Mazel Series in Trauma and Loss.
Abstract (http://sow5367-02.su99.fsu.edu/VKD.htm)

While several behavioral methods show some success with the treatment of anxiety disorders, they involve laborious and time-consuming procedures. Neuro-Linguistic Programming (NLP) techniques allow for rapid and permanent modification with phobic, as well as other maladaptive behaviors that have resulted from traumatic events. The NLP model focuses on the client's internal structure of the traumatic experience and allows the client to change not only the behavior, but also his or her perspective and belief without having to talk through the experience. The step-by-step process and case study of the Visual-Kinesthetic Dissociation intervention (VKD) demonstrates how the therapist guides the client through these internal changes.

Das Autorenteam

Herausgeber und Autoren

Brigitte Gross, Dr. phil., Psychologin & Psychotherapeutin. Schwerpunkt Organisations- und Familienaufstellung mit NLP, Lehrpsychotherapeutin NLPt (EAP-EA-NLPt), Lehrmediatorin und Lehrsupervisorin.
e-mail: brigitte.gross@utanet.at
http://www.brigitte-gross.com

Siegrid Schneider-Sommer, Dr. phil., Mag. art., Klinische Psychologin und Psychotherapeutin (HY, KP), Lehrpsychotherapeutin NLPt (EAP-EANLPt), Lehrtherapeutin in Kunsttherapie, Lehrbeauftragte für psychische Betreuung Schwerstkranker an der medizinischen Fakultät Wien, Lehrmediatorin und Lehrsupervisorin.
e-mail: siegrid@nlpt.at

Helmut.Jelem, Dr. med., Leiter einer psychiatrischen Rehabilitationsstation, Lehrpsychotherapeut NLPt (EAP-EANLPt), Präsident EANLPt, Lehrtherapeut der Österreichischen Ärztekammer, EMDR-Europa Consultant, Lehrmediator und Lehrsupervisor.
e-mail: h.jelem@vienna.at

Peter Schütz, M.Sc., Unternehmensberater, Gesundheits- und Sicherheitspsychologe, Lehrpsychotherapeut NLPt (EAP-EANLPt) und dynamische Guppenpsychotherapie, Generalsekretär EANLPt, EMDR-Europa Consultant, Lehrmediator und Lehrsupervisor.
e-mail: friendly@eunet.at
http://www.schuetz.at

Yvonne Brandstetter-Halberstadt, Mag. rer. nat., Klinische Psychologin, Gesundheitspsychologin, zertifizierter NLP-Coach, EMDR-Europa Consultant, senior scientist ÖTZ-NLP.
e-mail: yhalber@attglobal.net

Österreichisches Trainingszentrum für NLP (ÖTZ-NLP):
e-mail: info@nlpzentrum.at
http://www.nlpzentrum.at

Autoren

Gerd Bauer ist evangelischer Theologe, NLP-Master-Practitioner mit Zulassung zur heilpraktischen Psychotherapie. In seiner Promotion untersuchte er die geistigen Wurzeln, die Entwicklung und die praktischen Anwendungsmöglichkeiten des NLP in kirchlichen Handlungsfeldern. Als Gemeindepfarrer setzt er sein theoretisches und praktisches NLP-Wissen konkret um.
e-mail: gerd.bauer.pfarramt.schoenberg@t-online.de

Günter Klug, Psychiater, Psychotherapeut, NLP-Lehrtherapeut, ist Leiter des psychosozialen Dienstes Graz Ost, für die Gesellschaft zur Förderung seelischer Gesundheit sowie Obmann des „Dachverbandes der sozialpsychiatrischen Vereine Steiermarks".
e-mail: dachverband@seelische.gesundheit.or.at

Cartoons

Michael Wittmann, Jahrgang 1959, ist Jurist, Cartoonist und Karikaturist und lebt in Wien. Seine Comics, Cartoons und Illustrationen wurden u.a. im Diners Club Magazin, in BESTSELLER, Perry Rhodan, KLEIN&KUNST und in der Wiener Zeitung veröffentlicht. Außerdem zeichnet er Karikaturen bei Veranstaltungen und Storyboards für die Werbewirtschaft. 1995 bis 1997 absolvierte er die Practitioner- und Master-Practitioner-Ausbildung im ÖTZ-NLP.
e-mail: michael.wittmann@chello.at
http://galerie.grendelkom.com

Personen- und Stichwortregister

Personenregister

Stichwortregister

L

M

N

O, P

R